WALTER VOGT

*Werkausgabe
Zehnter Band
Essays*

NAGEL & KIMCHE

WALTER VOGT

Schreiben als Krankheit und als Therapie

NAGEL & KIMCHE

WERKAUSGABE HERAUSGEGEBEN VON
DORIS HALTER UND KURT SALCHLI

ZEHNTER BAND
HERAUSGEGEBEN VON KURT SALCHLI
MIT EINEM NACHWORT VON KURT MARTI

Autobiographisches

MENSCH ADAMATOM

Inwiefern verstehen Sie Ihr Werk als gesellschaftsbezogen?

Im Zimmer meines fünfzehnjährigen Jungen hängt eine kleine Zeichnung an der Wand, die er als vierzehnjähriger Junge gemacht hat – eine Art Grabstein, oder Stele, darauf steht geschrieben: «Mensch Adamatom» und darunter «Christus ist Sieger».

«Christus ist Sieger» ist vermutlich nicht religiös gemeint. Noch weniger ironisch, noch weniger entlarvend. Ich kann meinen Jungen nicht fragen, denn vermutlich weiß er nicht, was «ironisch» bedeutet, noch was mit «entlarvend» gemeint ist. Die großartige Erfindung «Mensch Adamatom» und der alte Spruch «Christus ist Sieger» stehen so selbstverständlich und cool nebeneinander, wie die Pop-Kultur eben Versatzstücke aller Zeiten und Weltgegenden samt dem Noch-nie-Dagewesenen nebeneinanderstellt. Von dieser Situation ist auszugehen.

Ich bin nicht der Mann orgiastischer oder orgastischer Bekenntnisse. Wenn ich von Engagement oder gesellschaftlichem Bezug meines Werkes reden soll, muß ich das vorerst von der Publikumsreaktion her definieren.

Als ich mit 34 zu schreiben anfing, lag mir nichts ferner als ein gesellschaftliches oder politisches Engagement. Ich glaube, ich kannte das Wort «Gesellschaft» gar nicht – eine Gesellschaft war für mich eine Party-Blabla-Société. (Und man vergißt besser nicht ganz, daß das Wort diese Bedeutung auch hat.) *Wüthrich,* den Roman eines sterbenden Arztes, habe ich nicht als böses Buch geschrieben, sondern als ein großes Buch. Als ein junger Buchhändler mich schwitzend, errötend und stotternd fragte, ob ich das als mein Engagement akzeptieren würde, daß das untauglich gewordene Alte dem Neuen

9

(oder Jungen) zu weichen habe, erschrak ich. Daran
hatte ich nie gedacht. Ich hatte auch das Wort Engagement noch kaum je gehört. («Engagements» gab es an
der Oper – sonst sprach man lieber sachlich von Anstel-
lungsverhältnissen. Vermutlich ist es hier auch ganz gut,
wenn man den etwas opernhaften Aspekt des «Engagement» nicht völlig außer acht läßt.)

Ich spürte, daß diese Formulierung einerseits zu allgemein, und dadurch nichtssagend, war, andrerseits engte
sie mein Buch auf etwas ein, das unmöglich seine einzige
Aussage sein konnte. Ich mißtraue überhaupt einer so
klar und eindeutig formulierbaren «Aussage» eines
Werks. Wenn diese Aussage das einzige ist, was ein Werk
auszusagen hat, warum sagt man es dann nicht einfach
aus? Wozu das ganze Werk drumherum? Aus purer Gra-
phomanie?? Oder ist heute noch jemand so naiv zu glauben, daß man eine Aussage, eine Idee oder eine humane
Intention, in einen Roman verpackt besser an die Leute
heranbringt? (So à la *Onkel Toms Hütte* zum Beispiel.)
Ich bin nicht Literaturhistoriker, folglich nicht legitimiert zu bestreiten, daß es jemals so war. Sicher verhält
es sich heute nicht so. Dagegen sprechen die Auflageziff-
fern von Literatur mit «Aussage», verglichen mit den Auf-
lageziffern der Literatur ohne, aber auch verglichen mit
den Auflagen engagierter Information oder Politsach-
buch usw.usf. Dagegen spricht aber erst recht die generelle Schwierigkeit und der experimentelle Charakter dessen, was man nach einer mehr oder weniger gültigen
Übereinkunft die «Literatur» der Gegenwart nennt.

Ich habe den gesellschaftlichen Bezug meines Werkes
sozusagen sekundär akzeptieren gelernt, wie gesagt, in
etwa entsprechend der Publikumsreaktion. Interessant
ist vielleicht in meinem Fall – vielleicht ist das nur «in
meinem Fall» so, vielleicht auch öfter mal – daß weniger,
oder jedenfalls nicht nur, *was* ich schreibe, sondern vielmehr, *daß* ich schreibe, aber auch nicht nur einfach, daß

ich schreibe, sondern, daß ich *so* schreibe, zu Publikums-reaktionen geführt hat.

Es scheint, ich erfülle die Erwartungen nicht, die man – sogar *nach* Dürrenmatt und Frisch – in der Schweiz an einen Autor stellt, und ich erfülle erst recht die Erwartungen nicht, die man in Deutschland von einem *Schweizer* Autor hegt (in Italien, Polen und sogar in der West-schweiz scheint das etwas anders zu sein. Liegt vermut-lich an mir.)

Warum erzähle ich das alles?

Man gerät als Schriftsteller in eine ungeheure Isola-tion. Man wird, wie die Verrückten und die Künstler, von der Gesellschaft aktiv sequestriert, daran ist kein Zweifel möglich. Und nun ist «Engagement» eine Mög-lichkeit, diese Sequestration in etwas Positives zu verkeh-ren, mancher Krampf des Engagements ist aber auch der schlichte Versuch, aus der unerträglichen Isolation auszu-brechen.

Hier erinnere ich daran, daß die Studenten der Mai-revolte 1968 (Paris), die gleich die ganze Welt selbst ge-macht haben wollten, mit niemandem massiver um-sprangen als mit den Autoren, die ihnen nach dem Maul zu reden versuchten, aber nicht ganz genug – und außer-dem hatten sie weder deren Bücher gelesen noch ihre Stücke angesehen. Zu meiner größten Genugtuung geht es auch den Professoren manchmal ein wenig so.

Zielt Ihr Werk auf eine Veränderung der Gesellschaft hin oder auf eine Veränderung der Mentalität der Menschen, d.h., wollen Sie Ihre Leser beeinflussen?

Schriftsteller sind, je nach Zuschnitt, versteht sich, ent-scheidende und unersetzliche Positionen in der Bewußt-seinsindustrie. Sie entscheiden zum Teil darüber, *was* ins allgemeine Bewußtsein dringt. Man vergißt heute zu leicht, daß es sehr viele Erfahrungen gibt, die noch lange nicht «wissenschaftsfähig», aber bereits «literaturfähig» sind. Ferner entscheiden sie darüber, *wie* etwas ins allgemeine Bewußtsein dringt, und darüber entscheiden sie im Bereich der verbalen Kommunikation, abgesehen von Fach- und Ideologiejargon, allein.

Selbstverständlich will ich meine Leser beeinflussen, um so zu denken, wie ich schreibe, und die Dinge so zu sehen, wie ich sie darstelle.

Meine Stärke liegt in meiner Naivität: als ich zu schreiben anfing, glaubte ich, jedermann müßte alles so sehen, wie ich es sah. Ich habe diese Naivität heute noch, wenn ich «schreibe». Ich sehe in jedem Fall nur *eine* Möglichkeit. Meine Darstellung (meine «Wahrheit», wenn Sie lieber wollen) muß von meinen Lesern einmal angenommen werden.

Für biologische Gegenreaktionen ist nachher immer noch Zeit.

Glauben Sie, daß der Schriftsteller imstande ist, durch sein Werk die Welt, d.h. die Gesellschaft zu verändern, zu verbessern, zu humanisieren?

Kann Ihrer Ansicht nach ein schriftstellerisches Werk verhindern, daß sich schlimme Vorkommnisse der Vergangenheit in der Zukunft wiederholen, dadurch, daß es sie zur Kenntnis bringt, sie bewußt macht?

Diese beiden vertrackten Fragen beleuchten meines Erachtens je einen Aspekt derselben Sache. Ich kann nicht anders als sie gleichzeitig beantworten – oder einer Antwort ausweichen.

Ich habe vor Jahren von einem Schriftsteller, einem berühmten Mann (ehrlich, ich weiß nicht mehr genau, wer es war) gelesen, daß er sich darüber entsetzt, daß er mit seinem umfangreichen Werk und seine Kollegen mit ihren ebenfalls umfangreichen Werken noch nie einen Krieg verhindert haben. Diese Ansicht kam mir damals unerlaubt naiv vor.

Heute glaube ich, sind die meisten Schriftsteller eher zu skeptisch in bezug auf eine Wirkung ihrer Werke überhaupt. Vermutlich kennen wir einfach die kommunikativen Strukturen, die eine derartige Wirkung ermöglichen, aber auch kanalisieren und konditionieren, zuwenig. Es geht uns ein wenig wie den Psychotherapeuten, die auch Mühe haben, ein vernünftiges Verhältnis zu ihrer eigenen Tätigkeit zu bekommen. Entweder glauben sie an ihr eigenes therapeutisches Bemühen wie an eine Heilslehre, völlig kritiklos, absolut, oder aber sie sind übertrieben skeptisch in bezug auf irgendeine reale Wirkung, nur weil sie selbst davon nichts sehen.

Wir haben natürlich irgendwelche Vorstellungen von einem «Leser», wir sprechen von einer «Zielgruppe», weil man das heute so sagt, ohne aber über diese Zielgruppe mehr zu wissen als ihr Alter, Geschlecht und / oder sozialen Status, und das ist eben, gerade auf unser Unterfangen bezogen, wenig oder nichts. Wir haben vielleicht eine Idee davon, wie unsere Sachen unter Lesern oder Zuschauern diskutiert werden. Ich persönlich war zum Beispiel mächtig stolz darauf und werde nicht müde, es zu wiederholen, daß mein Fernsehstück *Spiele der Macht* am Stammtisch unseres Briefträgers diskutiert wurde usw.usf. Auch die Träger der Macht, man muß es zugeben, sind durchaus nicht immer *des illettrés* und wahrscheinlich durch ihre gegenwärtige und frühere Lektüre und Lesegewohnheiten etwa ebenso beeinflußt wie Menschen wie du und ich (was die Träger der Macht per definitionem ohnehin sind.) Wenn da also der Eindruck entsteht, daß Literatur total wirkungslos sei, ist offensichtlich unsere Modellvorstellung einer möglichen Wirkung von Literatur falsch, das heißt, wir kennen eben tatsächlich die kommunikativen Strukturen zu wenig, oder ungenau, oder überhaupt nicht, die eine solche Wirkung tragen.

Es ist eine Geschichte ohne verbale Überlieferung denkbar. Vielleicht hat es sie einmal (näherungsweise, prähistorisch) gegeben, vielleicht steht sie uns unter den Hammerschlägen einer zeitlich dimensionslosen permanenten simultanen Live-Information (damit ist schlicht das Fernsehen gemeint, aber das Fernsehen ist eben nicht «schlicht», das heißt, das Programm schon, aber das Gesamtphänomen ist die größte technische Revolution aller Zeiten, bislang), vielleicht also steht sie uns erst bevor. In dieser grundsätzlich ahistorischen Geschichte wiederholen sich bestimmte gesellschaftliche und politische Konstellationen immer wieder in genau derselben Art. Die Reaktion der Individuen und der Massen ist immer dieselbe. Die Auseinandersetzungen, auch die vorangehenden Diskussionen, gleichen sich unwandelbar, perfekt. Der Ausgang ist jedesmal beispielsweise ein Aufstand oder ein Überfall – oder auch eine Übereinkunft à la «gegenseitige Hilfe» von Kropotkin.

Wenn nun aber eine verbale Überlieferung besteht, verläuft derselbe Vorgang anders. Die Diskussionen und Argumente vor der Intervention werden jedesmal andere sein, weil man sich auf die Überlieferung beruft. Auch wenn man sich absichtlich darauf bornieren wollte, dieselben Fehler immer wieder zu machen, wären es eben doch nicht dieselben Fehler, weil man sie vorher reflektiert hat. Darüber ist selbstverständlich nichts gesagt, ob die Fehler dadurch schlimmer oder weniger schlimm werden.

Da nun die Schriftsteller (im weitesten Sinn) mit ihren Stilisierungen und ihrem Auswahlverfahren zum Teil entscheiden, *was,* und allein entscheiden, *wie* überliefert wird, ist ihre Rolle in dem ganzen Bewußtseinsentfaltungs- oder -schrumpfungs-Prozeß – auch darüber sind die Akten nicht geschlossen – groß genug.

14

Es geht auch nicht um die Alternative, entweder die Welt zu beschreiben oder sie zu verändern – wer sie beschreibt, verändert sie gleichzeitig (weil man nichts beschreiben kann, ohne daß etwas Neues entsteht), und wer sie verändert, stellt sie gleichzeitig dar usw. usf.

Selbstverständlich sind die Veränderungen, die wir setzen, differentiell. Man kann nun, nachdem das alles gesagt ist, die Aktivität des Schriftstellers immer noch entweder großartig finden oder *du dernier ridicule*.

(Und man kann die beiden Fragen für beantwortet halten oder nicht, und man kann finden, daß es an mir liegt oder ein wenig vielleicht auch an den Fragen selbst ...)

Nur am Rand: was heißt schon «verbessern», «humanisieren»? Hier sehe ich, nur zum Beispiel, ein Problem: was passiert, wenn eines Tages einer der ganzen Peace-Generation, die nichts als Liebe und das Gute will, etwas ganz offen deklariert Böses offeriert? Welche Widerstände wird sie fähig sein dagegen zu mobilisieren?? (Man kann befürchten: keine.)

Vermutlich muß unsere Welt lernen, jenseits von Gut und Böse zu leben. Es ist nicht einfach, und wir haben keine Übung darin. Der Manichäismus von Gut und Böse ist nicht nur ein mörderisches Unterfangen – denn die Vokabel «gut» hat immerhin im Laufe der Geschichte einfach alles legitimiert –, er ist heute auch zum Anachronismus geworden. Das, was die Schweizer schon sind, wird der ganzen verschweizerten Welt nicht zu werden erspart bleiben: Fanatiker des Pragmatismus, auch, aber nicht nur, in der Politik. Ich setze, ungern genug, voraus, die ganze Welt befinde sich in einem unaufhaltsamen Verschweizerungsprozeß. Darum lebt man am besten gleich hier. Man realisiert es dann wenigstens. Und aus Gründen der kritischen Minimalgröße für ein einigermaßen autarkes politisches Gebilde (ca. 1 Mio. Einwohner) kann nun ihrerseits die Schweiz nicht, wie

Friedrich Dürrenmatt es vielleicht gern sehen möchte, verliechtensteinern. Wenn die Schweiz versteinert, und mit ihr die Welt, dann ohne Liechten, einfach so.

Was verstehen Sie unter Engagement im allgemeinen, und was ist Ihr ganz persönliches Engagement?

«Engagement» kann nach meiner Auffassung nur ein verhältnismäßig genau umschriebenes politisch-soziales Engagement bedeuten. «Engagement für das Wort» und was man alles gelegentlich zu hören bekommt, hat wohl nicht viel Sinn, da es eine Selbstverständlichkeit bedeutet. Zumindest sollte es selbstverständlich sein, daß ein Schriftsteller sich für «das Wort» «engagiert». Selbstverständlich kann man unter einem solchen «Engagement für das Wort» auch wieder alles Erdenkliche verstehen und mißverstehen. Zum Beispiel experimentelle linguistische Spiele, wie die sogenannte konkrete Poesie, oder die Verpflichtung, auf eine ganz bestimmte Art die eigene (primär meinetwegen subjektive, effektiv einzig objektive) «Wahrheit» zu sagen, ohne Rücksicht auf offizielle Ideologie. Hier ist der Punkt, wo ein Schriftsteller gerade durch sein Engagement (im engeren, polit-sozialen Sinn) sich selbst zu verraten in Gefahr kommen kann.

Jede Gesellschaft verlangt von einem Schriftsteller, daß er sich mit ihr identifiziert und sie von ihren gloriosen Zielen her darstellt, statt von den Fakten, die nicht so glorreich sind. Die Forderung nach sozialistischem Realismus hat durchaus ihr kapitalistisches Gegenstück, die Forderung nach einem Realismus, der dem Guten im Menschen Rechnung trägt etc. – nur wird sie im Westen weniger lautstark erhoben und mit geringeren Machtmitteln durchgesetzt. Wobei das, was als «Realismus» akzeptiert wird, meist dem Ideal der Lektüre der Schulzeit derer entspricht, die es akzeptieren.

Die Wörter «Politik» und «Gesellschaft» erfahren in den letzten Jahren eine entsetzliche Begriffsinflation. Clevere junge Leute deklarieren alles, was geschieht, als gesellschaftlich notwendig. Man kann ihnen nicht widersprechen. Es ist so. Nur besagt es dann halt nichts mehr. So ist auch alles «politisch». Hier gibt es einen Taschenspielertrick. Man stellt fest, daß jedes schriftstellerische Werk (nur zum Beispiel) ein Politikum ist. Natürlich stimmt das, wenn man Politik in einem sehr weiten Sinn versteht. Dann wird aber umgeschaltet auf einen viel engeren Begriff von Politik und daraus Forderungen an ein Werk oder an weiß ich wen oder was abgeleitet, oder zur Beurteilung oder Interpretation. Gleichartige Spiele gibt es auch mit dem Begriff Wissenschaft.

Nun ist zweifellos jedes Werk ein (großes oder kleines) Politikum. In einer Zeit, die alles politisiert, wäre ein wirkliches und wirksames *Disengagement* das heißeste Politikum. Vielleicht darf ich hier mich selber zitieren: «Unheimlicher als eine politisch engagierte Literatur ist eine Dichtung, die sich endgültig abwendet von den Spielen der Macht ... Vielleicht ist der sequestrierte Wahn das Allerunheimlichste und das allerbrisanteste Politikum dazu. Ebenso die sequestrierte Poesie.» (So gesagt in der Linzer Rede «Schizophrenie der Kunst».)

Diese Formulierung von 1969 ist mir heute zu eingleisig. Sie führt, als Forderung, zu weit weg von der Alltagsrealität. Ich selbst bleibe lieber unmittelbar unter der Haut. Entscheidend ist eine Betrachtungsweise, die sich der Alltagswelt annimmt, aber von woanders her kommt.

Verstehen Sie Ihr Werk als eine Herausforderung? Oder als Zeitkritik?

Ich selbst verstehe mein Werk überhaupt nicht. Das möchte ich wörtlich verstanden wissen. Ich bin immer wieder erstaunt, was andere da lesen, wo ich bloß geschrieben habe.

Möchten Sie Zeitgeschichte aufzeichnen und geben Sie dabei der Dokumentation den Vorzug, oder halten Sie die dichterische Erfindung, die Fabel, die Parabel, das Modell für das geeignetere Mittel zur Verfolgung Ihrer Ziele, zur Gestaltung Ihrer Anliegen?

Mein erstes Buch trug den Untertitel «wahrscheinliche und unwahrscheinliche Geschichten». Das heißt, ich glaube nicht so sehr an die Unterscheidung von «erfunden» und «wahr». Ich sagte damals, mich beschäftige «die Frage nach der Wahrscheinlichkeit der Wahrheit». Ein Philosophiestudent fragte mich nach einer Diskussion, etwas fassungslos, ob mir auch bewußt sei, daß dieser Satz eine ganze Philosophie enthält. Es war mir tatsächlich bewußt. Ich habe bloß auf das Herstellen von Philosophien nie wert gelegt. Ich fasse sie gern in einem Satz zusammen.

Wenn Pilatus tatsächlich gesagt hat «Was ist Wahrheit», war er der erste moderne Informationstheoretiker.

Die Information, die heute ganz groß geschrieben wird, die gibt es gar nicht. So wenig es «die Wahrheit» gibt. Sogenanntes Sachbuch ist heute Mode, die generelle Wissenschaftsgläubigkeit nimmt ein astronomisches Maß an. Viele Schriftsteller kapitulieren. Nur eine profunde Unkenntnis des Vorgangs der Wissenschaft kann meine schreibenden Kollegen zu dieser selbstmörderischen Kapitulation vor Information und Wissenschaft (als Gegensatz zu «Kunst», die man negiert) treiben. Tatsächlich ist es einfach so, daß dem wirtschaftlichen Gefälle nach die Dichter und Denker unter die Forscher gegangen sind. Es sind aber auch ganz andere Leute unter die Forscher gegangen. Wiener, der Erfinder der

Kybernetik, der es ja schließlich wissen müßte, sagt irgendwo, wer noch vor einer Generation mit schlechten Versicherungen und unsicheren Aktien reiste, sitzt heute in den Forschungslabors – oder so ungefähr.

Es gibt keine Information ohne Redundanz. Ich werde hier nicht über den Begriff «Redundanz» streiten. Redundanz ist das «Überflüssige» an der Information oder das, was eben die Information ausmacht, die «latente Information», auf unserem Gebiet der Stil.

Wir bestimmen die Redundanz – und damit die Information.

Ob wir es dadurch tun, daß wir Zeitungsmeldungen, Tagesgeschichte anders schreiben oder indem wir fabulieren oder Modelle aufstellen, scheint mir unwichtig, und manchmal auch schwer zu unterscheiden. Ich selbst schreibe wahrscheinlich dort, wo meine Geschichten am erfundensten sind, die nackteste Wahrheit usw. usf.

Stimmt Ihr dichterisches Engagement mit Ihrem Engagement als Bürger überein? Oder sehen Sie da Unterschiede inhaltlicher oder formaler Art?

Ich glaube, man muß das grundsätzlich trennen. Daß ich überhaupt als Bürger lebe, ist schon ein Arrangement – ich komme beispielsweise ohne meinen kleinen Komfort nicht aus –, außerdem bin ich *verfant* in die absurden kleinen Spiele der bürgerlichen Existenz. Ich setze mich auch ganz gern mal für etwas ein, aber eigentlich lieber gezielt. Ich bin dabei vielleicht auch beruflich als Psychiater etwas weniger frustriert als viele andere Schriftsteller. Auch beim «Schreiben» muß man unterscheiden – «Werke», die vorerst einfach einmal *da* sind – und andere Äußerungen, die je nachdem einen ganz bestimmten, deklarierten Zweck verfolgen. Die absolute Einheit von Leben und Werk, so bestechend sie zuerst ist und so grandios sie in einigen Fällen (die man allerdings immer auch näher untersuchen sollte) zu sein scheint, birgt doch in sich die enorme Gefahr einer grotesken Selbststilisierung, eines schließlich denn doch eher skurrilen Ästhetizismus in Leben und Werk.

Trotzdem stehen Leben und Werk (hier in bezug auf «Engagement») nicht beziehungslos nebeneinander: sie wirken gegenseitig aufeinander ein. Ich muß gestehen, daß ich selbst sogar ganz eindeutig erst durch mein Schreiben zu einer differenzierteren, kritischeren politischen Haltung gekommen bin. Auch das Umgekehrte dürfte vorkommen.

Dennoch weigere ich mich, meine politischen Ziele innerhalb meines Werkes unmittelbar zu verfolgen. Ich weigere mich auch glattweg, alles was ich schreibe, auch zu leben.

Zum Schluß, und ein wenig auch zusammenfassend, möchte ich noch einiges zu sagen versuchen, das mir besonders wichtig scheint. Engagement (genau definiertes, polit-soziales Engagement) scheint mir durchaus eine innerliterarische Möglichkeit zu sein. Es jedoch zu fordern und zu verlangen, ist a) nackter Terror und b) unverhüllter Schwachsinn.

Ich erinnere mich an die Formulierung von Ernst Fischer:

> *Die Kunst darf alles.*
> *Die Kunst muß nichts.*

(Die Sätze habe ich absichtlich umgestellt.) Wer engagiert schreibt, geht das Risiko ein, daß etwas anderes dabei herausschaut, als das, was er «meint». Ich erinnere daran, daß man Bertolt Brecht gar nicht etwa nur «marxistisch» (im engeren Sinn) lesen kann – man kann ihn durchaus auch anarchistisch lesen oder beispielsweise alttestamentlich-aufrührerisch, etwa im Sinn von Ernst

20

Bloch oder einfach als «gutgemacht». Vermutlich kann man sogar Karl Marx ganz anders als marxistisch lesen.

Wir vergessen in den Diskussionen und im Bemühen um ein «Engagement» allzu leicht, daß unser Geschriebenes ja schließlich ein Werk darstellt, ein Objekt (für Betrachtung, Diskussion, Meinungsbildung usw. usf.), und nicht eine so und so geäußerte Meinung. Dahinterzukommen, was wir gemeint haben könnten, müssen wir schon unseren Interpreten überlassen. Damit rede ich nicht literarischem Obskurantismus das Wort. Ich gehöre weiß Gott zu denen, die manchmal ganz schön Klartext schreiben. Ich stelle einfach fest, daß meine Interpreten offensichtlich meine Sachen anders interpretieren als ich selbst. Ich halte jede Interpretation grundsätzlich für möglich und alle vorerst für gleichwertig.

Die Situation im «Westen», soweit er sich als demokratisch versteht, ist in dem Sinne speziell, als es zumindest für «Literatur» keine Zensur gibt. Der Popanz Staat hat bei uns ein ganz anderes Gesicht. Man läßt uns reden. Der Klartext ist zulässig. Man riskiert nichts. Das hat nun aber gerade den einen Haken: das politisch-literarische Engagement ist ungeheuer billig geworden. Es kostet nichts, und es bewirkt auch nichts.

Man muß schon sehr konkret werden, wenn man noch irgendeine Reaktion hervorrufen will. Etwa Kurt Marti, wenn er nicht von einer gesellschaftlichen Utopie spricht, sondern vom Bodenrecht.

Gleichzeitig schließt dieses Konkretwerden selbstverständlich die Gefahr in sich, daß man auch kleinkariert wird. Und damit hätte das unsichtbare Ungeheuer «Gesellschaft» wieder erreicht, was es möglicherweise will: uns zu den Gartenzwergen gemacht, zu denen wir gern die «andern» stempeln würden.

Ich fürchte, wir müssen persönlich werden. Damit meine ich weniger, daß wir einen Staatsanwalt oder einen Bundesrat persönlich angreifen oder darstellen sollten – obgleich auch da ungenutzte Möglichkeiten zu Weltliteratur auf der Straße lägen.

Ich meine damit, wir brauchen eine experimentelle Dichtung, die sich mit den noch nicht wissenschaftsfähigen Untiefen der eigenen Person befaßt. Diese Person verstanden als ein Thermometer oder Seismograph oder Parameter oder was immer des augenblicklichen Zustandes der Gesellschaft.

Voreilige Fokussierung auf gesellschaftliche Strukturen, die man mehr oder weniger abstrakt von der Soziologie übernimmt, ist zu billig, weil sie persönlich nichts bedeutet. Wir müßten endlich mal gegen die Tabus anrennen, mit denen wir uns selbst identifizieren.

Meditate it.

Aber das ist natürlich nicht so einfach, solange man lebende Familienangehörige hat und / oder selbst am Leben ist.

Aber einfach hatten wir uns das Schreiben ursprünglich auch gar nicht vorgestellt.

EIN SCHRIFTSTELLER IN LOS ANGELES

Als erstes muß ich wohl erklären, wie ich nach Los Angeles gekommen bin. Ich habe für ein Semester die Position eines «Writer in Residence», auf deutsch etwa «Schriftsteller als Gastdozent», an der Universität von Südkalifornien (University of Southern California, USC). Der Sinn dieser Einrichtung ist es, den Literaturstudenten die Möglichkeit zu geben, mit lebenden Schriftstellern einen lebendigen Kontakt zu haben, was in den USA offenbar für etwas Nützliches gehalten wird.

Auf dem Campus

Die USC feiert 1980 ihren hundertsten Geburtstag. Sie ist eine private Uni, die älteste in Los Angeles. Sie hat ungefähr 34 000 Studenten. Amerikanische Universitäten pflegen auf einem «Campus» zu liegen, einer Art Stadt in der Stadt. Der Haupt-Campus von USC liegt unmittelbar südlich von Downtown Los Angeles, dem Zentrum der ganzen Riesenstadt. Die medizinische Fakultät liegt etwas nördlich auf einem eigenen Campus. Ferner gibt es in einem Gebirgswald südlich von Los Angeles einen speziellen Campus für die Abteilung Musik, der schon ziemlich in Einsamkeit und Wildnis liegt. Im Gegensatz zu andern amerikanischen Universitäten lebt auch nur ein Teil der Studenten auf dem Campus selbst, die übrigen irgendwo in der Stadt – einige meiner Hörer wohnen zum Beispiel in Hollywood, Pasadena, Santa Monica, wie ich selbst; das sind leicht fünfzehn bis zwanzig Kilometer von der Uni weg. Ich war anfangs etwas enttäuscht, so weit entfernt vom Campus zu wohnen, halte es jedoch inzwischen eher für positiv. Man macht sich auf diese Weise weniger falsche Vorstellungen über die Stadt, von ihren Abmessungen, ihrer Struktur, als auf dem Campus, der sein eigenes Dorfleben führt.

Sports and Shirts

Eine Universität hat hierzulande einen völlig anderen Stellenwert als im kontinentalen Europa. Wenn man europäische Universitäten als einen Lehr- und Dienstleistungsbetrieb ansieht, ist das eine amerikanische Uni selbstverständlich ebenfalls; sie ist darüber hinaus jedoch etwas mehr, eine Heimat. Selbstverständlich hat die USC berühmte Sportmannschaften wie die staatliche

University of California in Los Angeles (UCLA), ihre Gegenspielerin, ebenfalls. Es gibt eine Ehrenhalle mit Siegestrophäen, die auf Sockeln aufgestellt sind wie antike Statuen in einer gepflegten Sammlung. Es gibt USC-Shirts, USC-Autokleber; es gibt drei USC-Blätter, eine Radiostation (UCLA betreibt einen Fernsehsender) – kurz, eine solche Universität ist eine kleine, abgeschlossene Welt für sich. Kino, Theater, Konzertsaal und ein eigenes Kirchenzentrum verstehen sich, après tout, wohl von selbst. Um dieses ganze Phänomen ein wenig zu begreifen, muß man wissen, daß die amerikanische Universität viel mehr in der Tradition der englischen als der deutschen Uni steht – *und:* was eine durchschnittliche amerikanische Stadt für ein merkwürdig anonymes, rechtwinkliges, dabei irgendwie beliebiges Gebilde darstellt.

L.A. ist nun allerdings alles andere als eine durchschnittliche amerikanische Stadt – immerhin, über riesige Flächen ist sie genau gleich wie eine solche überbaut, und erst durch die Riesenhaftigkeit ihrer Ausdehnungen geschieht etwas Erstaunliches, der Übergang von einer Quantität zu einer neuen Qualität, von einer beliebigen amerikanischen zur faszinierendsten Stadt der Welt. Das Gebiet von Groß-Los Angeles («Greater L.A.») ist das wohl weitaus größte Stadtgebiet der Welt – neun bis elf Millionen Einwohner, größter Durchmesser Nord-Süd und West-Ost je etwa 110 Kilometer. Die Angelenos, wie die Leute von L.A. sich nennen, *leben* jedoch gar nicht in dieser gigantischen Siedlung, diesem absurden und phantastischen Ninive.

Das Dorf im Dorf

Sie leben vielmehr in einem sehr engen und geschlossenen Kreis persönlicher Beziehungen und in winzigen

Siedlungsausschnitten; verglichen damit ist ein Dorf wie Konolfingen schon beinahe eine Weltstadt, zumindest eine welthaltige Stadt. Einer meiner Studenten, ein gesetzterer Herr, der seit vielen Jahren in L.A. wohnt, hat dieses Phänomen in einem Text sehr plastisch beschrieben.

Sein «Dorf» besteht aus einigen Häusern, Blocks und Straßen, wo er mit seiner Frau wohnt, Einkäufe besorgt und was eben dazu gehört; aus einer schnurgeraden Straße bis zur Universitätsbibliothek, seinem Arbeitsplatz; einem wiederum winzigen Ausschnitt aus dem Universitätscampus... und aus seinem Auto, das er möglichst behaglich als Wohnraum eingerichtet hat. Ins Stadtzentrum, wenn man Downtown Los Angeles überhaupt als solches bezeichnen will, fährt er am liebsten gar nicht, höchstens jedoch einmal im Jahr. In seinem Auto nimmt er sein Heim mit auf die Fahrt durch das als feindselig empfundene L.A.

Das mag ein wenig extrem klingen, aber es gibt hier zweifellos eine ganze Menge Leute, die eher nach London, Athen und Paris fliegen, als daß sie einmal Downtown gehen, außer vielleicht einmal zu einem Konzert im Musikzentrum; aber das Music Center ist nicht Downtown, es liegt mehr zufällig dort. Dabei ist zum Beispiel Broadway in Downtown L.A., am Samstagnachmittag zum Beispiel, eine richtig lustige, angenehme, belebte Straße, von den Yankees völlig der mexikanischen Bevölkerung, den Chicanos, überlassen. Die Yankees müssen sich hier fühlen wie verängstigte, verunsicherte Touristen. Da fliegt man denn zum Bummeln doch lieber nach Wien.

Oder Watts, die Schwarze Stadt. Ich will Watts keineswegs verharmlosen, habe es selbst auch nur im Schutz des gleißenden Mittagslichtes besucht. Zu dieser Tageszeit macht Watts den Eindruck einer heiter-melancholischen, sehr südlichen Stadt, wiederum, verglichen mit der Friedhofsstille der Yankee-Viertel, wunderbar belebt. Man sieht Kinder miteinander spielen, durcheinanderpurzeln. Jugendliche auf den Straßen miteinander palavern. Kann sein, das wirkt auf einen Yankee schon fast wie eine Zusammenrottung. Um so etwas zu sehen, reist man lieber nach Neapel, Marrakesch oder sonst in eine Stadt, die berühmt ist dafür. Es muß in L.A. eine schöne Anzahl Leute geben, die eher nach Venedig fliegen, als daß sie einmal ihr eigenes Venice besuchen, die wohl sonderbarste Stadt in der Stadt, eine südeuropäisch anmutende Mischung von Verkommenheit und Poesie, mit einem der schönsten gelben Sandstränden der Welt, sauber, täglich gereinigt, von Polizeihelikoptern tagsüber bewacht, aber eben: einfach so, ohne Kabinen, ohne Restaurants, ohne «Facilities» ganz allgemein, ohne Süßwasser Pool.

Tod in Venedig

Venice wurde übrigens seinerzeit tatsächlich von einem Irren aus Hollywood oder Beverly Hills als Imitation von Venezia geplant – so, wie es in den vier weltberühmten Friedhöfen von Los Angeles, genannt Forest Lawn, getreue Marmorkopien der berühmtesten Werke Michelangelos gibt; man hat sogar, für einmal, darauf verzichtet, sie besser, größer und schöner zu machen als die Originale. Einige halbverlandete Kanäle gibt es noch sowie ein paar zum Teil schöne Häuser im venezianischen Stil, oder fast. Mir und meinen Freunden hier paßt Venice natürlich sehr. Es gibt verkommene, verladene Typen, kaputte Typen, Straßensänger, Hydepark-Corner-Redner sonntags; die Überreste der kalifornischen Jugendrevolte hängen hier herum – unmittelbar neben dem südkalifornischen Jugend-Schönheit-Gesundheitskult. Es herrscht am «Ocean-Front-Walk» ein buntes Treiben:

Jugendliche produzieren kleine und größere Kunst-
stücke auf ihren Skateboards; man kann Velos mieten
und auf Velowegen fahren; es gibt ein kleines, absurdes
Freiluft-Body-Building-Zentrum nebst anderen kleinen, aber schwervergitterten Sportanlagen. Gesundheit
und Leibesübungen werden hier ganz allgemein groß-
geschrieben; so viele Leute im Dauerlauf, bei allen er-
denklichen Freiübungen, Yogapositionen und so weiter
und so fort, wie in L.A. habe jedenfalls ich noch nirgends
gesehen. Es gibt in Venice ein Café-Restaurant, in dem
die Gerichte nach Dichtern benannt sind, zum Café
gehört mehr oder weniger eine kleine Buchhandlung;
auf dem WC liest man statt obszönen psychedelisch-
philosophische Inschriften, zum Beispiel die tiefe Frage:
«Wer braucht nun L.A. wirklich?» Nach Monaten hat
sich einer entschlossen hinzuschreiben: «Niemand.»

Ich will auch mein liebes Venice nicht harmloser darstellen, als es möglicherweise ist. Vor wenigen Wochen
wurde an *meinem* Strand morgens um drei ein junger
Mann umgebracht, weil er sich für die zwei Mädchen
wehrte, die mit ihm waren, als sie von einer Bande verge-
waltigt werden sollten.

Es geht einem in L.A. überhaupt merkwürdig. Man
kann unbehelligt in der ganzen Stadt herumfahren und
-laufen. Man kann sogar, irrtümlich, den Wagen unver-
schlossen stehenlassen. Es geschieht nichts. Aber allmählich lernt man Mädchen kennen, die einmal zusammen-
geschlagen und beraubt worden sind. Studentinnen, die
sich nachts nicht allein nach Hause getrauen, obgleich
der Weg nur ein paar hundert Meter beträgt und die Straßen hell erleuchtet sind – einzelne, die Freunde oder
Bekannte verloren haben, durch Mord, oder deren
Freunde einen Sohn verloren haben, durch Totschlag
oder Mord.

Trotzdem ist selbstverständlich das Bild von L.A., das
in unserer Presse und den Medien angeboten wird, völlig

absurd, weil es ja aus nichts anderem als gutausgelesenen Sensationsmeldungen besteht. Ein wenig sind die hiesigen Nachrichtenmacher schuld daran; sie verehren das Große, Gefährliche, Erhabene, Tödliche. Und: Sie haben in Hollywood gelernt.

Automania

Erstaunlicherweise ist das einzige, wovor man in dieser Stadt tatsächlich ständig ein wenig Angst hat, die Polizei. Sie ist auf unbehagliche Art allgegenwärtig; nur bei der Aufklärung wirklicher Verbrechen macht sie, wie es scheint, nicht so recht mit. Aber das ist ein weites Feld.

Die erste Festnahme, die ich hier beobachtet habe, war ein ziemlicher Schock. Inzwischen habe ich mich an den Anblick junger Leute mit hinter dem Kopf gefalteten Händen in den nächtlichen Straßen so ziemlich gewöhnt.

Was macht denn nun eigentlich diese unmögliche, ausgeuferte, unbewohnbare Stadt zu dem, was sie ist: zum faszinierendsten Gebilde der Welt?

Man kann auf die öden Räume von Los Angeles süchtig werden wie auch auf die Vereinsamung, die sich hier wie eine Seuche auszubreiten vermag, und auf das Freeway-System.

Die Freeways, die Schnellstraßen der Stadt, sind mit äußerster Rücksichtslosigkeit *über* die Stadt gelegt. Aber das großartigste plastische Kunstwerk der mir bekannten Welt sind sie eben auch. Zu Stoßzeiten gleiten unzählige Autos wie Lemmingherden mit etwa sechzig Stundenmeilen über die Freeways – bald merkt man nicht mehr, wie schnell und wie weit, hört auf «Saturday Night Fever» am Autoradio; das Auge schweift über die anderen Autos hinweg zum südkalifornischen Himmel, zu den Kokos- und Dattelpalmen, die hier höher sind als in andern Weltgegenden, übrigens samt und sonders (mit Ausnahme der Fächerpalme) eingeführt, und wieder zu den anderen Autos zurück.

Wenn es heiß ist, der Smog von der Straße aufsteigt und als Dunstglocke über L.A. hängenbleibt, gerät man leicht in einen träumerischen Zustand, hofft, daß das alles ewig so weitergeht, man nie mehr einen Entschluß fassen muß… Gewissermaßen bedeutet es dann ein kleines Wunder, wenn man überhaupt am Ziel ankommt.

Nirwana

Man verfährt sich in dieser Stadt, weniger auf den Freeways als auf den Boulevards, ausgiebig und oft. Man gelangt aber auch immer wieder auf einen Straßenzug, den man kennt, zumindest dem Namen nach – vorausgesetzt, daß man das «eigene» Gebiet von L.A. nicht verläßt. Für den, allerdings entsetzlichen, Fall, daß man sich außerhalb des bekannten L.A. verirrt, führt jedermann einen Stadtplan mit, ein riesiges gefaltetes Blatt oder ein ganzes Buch.

Vermutlich wird das gezielt-ziellose Herumfahren in der täglichen und nächtlichen Stadt das sein, was mir nach meiner Heimkehr am meisten fehlen wird. In der Tat sind die Freeways von Los Angeles ein beträchtlicher Teil dessen, was man gern als das südkalifornische Nirwana bezeichnet. Verglichen mit den Freeways von L.A. sind alle andern, auch diejenigen von San Francisco, ganz einfach lächerliche, bürgerliche, vernünftige, nützliche Einrichtungen. Die Freeways von L.A. hingegen sind etwas für sich, ein Urerlebnis unter Hunderten von merkwürdigen kleinen und größeren Schlüsselerlebnissen, die man hier hat und, um überhaupt durchzukommen, auch braucht. Das «South Cal. Nirwana» besteht jedoch nicht nur aus der unerklärlichen und schwer erträglichen Faszination durch diese träge und lebhafte, liebenswürdige und hassenswerte Stadt, aus der Lethe des Pazifiks *und* des Smog, dem Traumzustand auf den Freeways – es besteht mindestens ebensosehr darin, daß man jedes Raum- und Zeitgefühl verliert. Hier kann alles zugleich groß und kleinlich, schön und häßlich, gut und böse sein. Man denkt nie darüber nach. Es ist auch bloß eine kleine Übertreibung, daß man in L.A. gar nie wirklich ankommt, gar nie wirklich in L.A. *ist.*

Es braucht einen gewissen Mut, in dieses Nirwana einzutauchen, mehr Mut, einen Gast von zu Hause einzutunken; tut man es jedoch nicht, läuft man Gefahr, nichts, aber auch gar nichts hier zu begreifen. Wer diese Stadt verläßt, ist nicht mehr derselbe, der angekommen ist; aber auch die Stadt, die man verläßt, ist nicht mehr dieselbe, in der man gelandet ist. Das ist insofern wörtlich zu nehmen, als hier tatsächlich alles ständig im Fluß, im Umbruch, in der Veränderung ist – die Menschen wie die Häuser, in denen sie, vorübergehend, wohnen.

Reden und Predigten

VORREDE

Hier werden vier Reden vorgelegt – zwei davon sind Predigten. Reden also, die in einer Kirche gehalten wurden. Die vier Reden sind 1968 und 1969 gehalten worden. 1970 habe ich geschwiegen.

Als Arzt unterliege ich der Schweigepflicht, als Schriftsteller der Pflicht zu reden. Das kann selbstverständlich Konflikte schaffen. Nützt man seine Patienten aus, wenn man ihre Geschichten und ihre Einsichten verwertet – die Poesie der Hirnkranken, «die philosophischen Einsichten der Herzkranken oder die Religion der Emphysematiker», wie ich es in der Linzer Rede gesagt habe? Andererseits ist es vielleicht gut, wenn, was die Kranken leben, irgendwo auch registriert wird, anders als in einer Krankenhaus-Statistik – gut nicht für die Kranken, die es ohnehin leben, gut vielmehr für diejenigen, die es vernehmen.

Welthistorisch fallen die vier Reden ungefähr in die Zeit zwischen der ersten Herztransplantation und der ersten Mondlandung – Ereignisse, die den alten Fortschrittsglauben ungeheuerlich wiederaufleben ließen, nachdem die Atombombe ihn ein bißchen gedämpft hatte. Ereignisse aber auch, die durch einen undurchsichtigen Mechanismus die Menschen viel mehr das Fürchten vor sich selbst lehrten als die grausameren Errungenschaften früherer Jahre, obgleich es sich um durchaus menschenfreundliche Taten handelte… vielleicht menschenfreundlich und un-menschlich zugleich, nämlich in einer grundsätzlich anderen Art über das für uns eben noch «Menschliche» hinausgehend als reiner Totschlag, Entwicklung von Geschwindigkeit, Lärm und Dreck – Dinge, die genaugenommen immer nur quantitativ, aber nicht qualitativ über Altgewohntes hinausgingen.

In diesen Jahren hatte ich das Bedürfnis und, was gar

nicht selbstverständlich ist, die äußere Möglichkeit zur direkten Rede. Man vergißt das zu oft: man sollte den Veranstaltern von Reden und Predigten danken. Denn eine Rede, die nicht gehalten wird, hat keinen Sinn. Eine Rede wendet sich von vornherein an ein ganz bestimmtes Publikum, wird gehalten zu einem ganz bestimmten Anlaß – ganz anders als eine Geschichte, die schließlich auch für die Schublade, zur Selbstheilung oder für die Nachwelt geschrieben werden kann. Reden sollten überhaupt nicht geschrieben, sondern gehalten werden. Selbstverständlich macht es auch viel mehr Spaß zu improvisieren, und es gibt in meinem Fall Anhaltspunkte dafür, daß die Diskussionsbemerkungen im Anschluß an eine Rede bei dem bestimmten Anlaß viel genauer trafen als die Rede selbst. Ob die Diskussionsbemerkungen, die so genau auf die Gesamtgestimmtheit des Anlasses abzielen, nachher, in verändertem Kontext, noch halten, was sie einst versprachen, ist eine andere Frage. So, wie es heute nun einmal ist, schreibt man im allgemeinen eine Rede auf, bevor man sie hält. Man befürchtet sonst, entweder das Wichtigste zu vergessen – das ist nicht so schlimm – oder umgekehrt vom Hundertsten ins Tausendste zu geraten, oder beides. Sicher muß der Inhalt einer Rede erst erarbeitet werden, und das geschieht am besten in der Stille, höchstens durch das Klappern der Schreibmaschine auf einer bestimmten Stufe der Wachheit gehalten. So daß eine derart aufgeschriebene Rede schließlich die Mitte hält zwischen der von vornherein herausgeredeten Diskussion und dem Schweigen des Inneren Monologs des Denkens.

Wenn ich von mir selbst sprechen darf, liegen die vier Reden ungefähr zwischen dem Abschied von der Radiologie und meinem Debüt in der Psychiatrie.

Ich habe 1961, im Anschluß an eine längere und ziemlich schwere Krankheit zu schreiben angefangen. Ich kann selbstverständlich nicht sagen, warum das so ist.

Aber ich erinnere mich, daß ich mich selbst darüber verwunderte, daß ich Geschichten schrieb. Ich legte mir dafür eine Erklärung zurecht, die wahrscheinlich auch etwas trifft: Was ich zu sagen hatte, war zu kompliziert, als daß ich es im Klartext hätte äußern können. Später, als meine ersten Bücher erschienen waren, lag mir mehr an einer direkten Aussage: die Reden entstanden. Die Aussage in diesen Reden ist allerdings auch wieder nicht so sehr direkt. Manches steht zwischen den Zeilen, hängt oder hing von der Art ab, wie es gebracht wurde – und das macht eben den ungeheuren Reiz einer Rede aus. Man bietet Dinge an, von denen man selbst nicht weiß, ob sie stimmen. Man muß es sich durch die Zuhörer bestätigen lassen. Und zwar durch ihre unmittelbare Reaktion, im Gegensatz zu einem wissenschaftlichen Vortrag, der nichts anderes kann, als Richtiges oder Unrichtiges bringen; die weitere Entwicklung der Wissenschaft bringt es dann schon an den Tag. In einer Rede kann auch Unrichtiges stimmen. Deshalb ist die Rede auch eine Form von Kunst. In Werner Heisenbergs Buch *Der Teil und das Ganze* steht auf Seite 143, aus dem Munde von Niels Bohr, der Satz: «Das Gegenteil einer richtigen Behauptung ist eine falsche Behauptung. Aber das Gegenteil einer tiefen Wahrheit kann wieder eine tiefe Wahrheit sein.»

Aus diesem Grund, auch wenn es nicht gerade um «tiefe Wahrheit» geht, hat der Redner und Prediger auch das Recht, sich zu widersprechen. Ich hoffe, ich habe von dem Recht ausgiebig Gebrauch gemacht. Reden und predigen spiegelt eher einen Vorgang, als daß es Fakten wiedergibt, den Vorgang nämlich, wie eben ein Gedanke Sprache wird und wie die Möglichkeiten der Sprache ihrerseits wieder auf die Form und Formulierung des Gedankens zurückwirken. Mit einer Rede oder Predigt tritt man aus der Einsamkeit des Nachdenkens heraus: was Sprache wird, wird gleichzeitig in die Öffentlichkeit getragen – und zwar in einer ganz anderen Unmittelbarkeit als bei Geschichten, wo man sich hinter Personen verstecken kann. Das ist der Vorteil einer Rede. Ihre Beschränkung liegt darin, daß nicht so sehr etwas Konkretes hergestellt wird, wie es eine Geschichte oder ein Theaterstück ist, das heißt, eine Rede lebt von dem, was sie sagt, oder von dem, was sie verschweigt – aber nicht von dem Ganz Anderen, das sie darstellt. Aus diesen Gründen ist der Alterungsvorgang bei Reden ein völlig anderer als bei der «Dichtung».

Mein Fach, wie gesagt, ist heute die Psychiatrie – vielleicht war es immer die Psychiatrie. Ich werde selbst den Verdacht nicht los, daß es sich zum Beispiel bei der Novelle *Der Vogel auf dem Tisch* um eine Art Heimwehliteratur gehandelt hat. Mich interessiert die Innerlichkeit des Menschen ebensosehr wie die Arrangements von *Play* und *Game*. Ich bin keineswegs unglücklich darüber, wie viele meiner Kollegen, die gerne positive Forschung treiben möchten, daß wir etwas über die Innerlichkeit des Menschen wissen. Fächer wie Psychiatrie und Psychologie sind mit dieser Tatsache geschlagen. Eine reine Verhaltensforschung wie bei den Tieren ist beim Menschen teils nicht möglich, teils gibt sie nichts her. Das menschliche Verhalten ist wahrscheinlich nicht so sehr zu primitiv als vielmehr zu vielschichtig determiniert, um einen brauchbaren Parameter abzugeben.

Es gibt in der Psychotherapie eine Situation, die mich fasziniert: die der klassischen Freudschen Psychoanalyse. Dort stehen sich gegenüber einer, der als Patient deklariert ist, er liegt und spricht – und ein anderer, als Therapeut oder Arzt deklariert: er sitzt und schweigt. Im Laufe einer Psychoanalyse wird der Therapeut vom Patienten zu einer rächenden strafenden und liebenden Gottheit aufgebaut (und sollte wieder auf sein normales Maß reduziert werden). Dieser Vorgang ist allgemein anerkannt. Weniger anerkannt ist, daß viele Therapeuten in ihrer Rolle als Therapeut selbst auch auf diese Götter-rolle hereinfallen. Das Erwachen ist schrecklich, die Überwindung schwer... Der Macht des Redens steht die Macht des Schweigens gegenüber. Der Match ist nicht zum voraus entschieden. Im allgemeinen wird der Demagog reden, der installierte Tyrann wird schwei-gen. Von Stalin wird gesagt, im Gegensatz zu Chru-schtschow: Er konnte wenigstens schweigen.

Ein Schriftsteller, der immer nur schweigt, ist ein Unding. Aber selbstverständlich darf der Schriftsteller verschweigen, besonders, wenn er spricht – und aus die-sem Verschweigen kommt dann vielleicht eben das, was er sagen wollte und nicht konnte, weil es nämlich un-möglich ist, das, was man «meint», auch zu sagen...

Es gibt einen Formulierungszwang, der so vital sein kann wie die physiologische Notwendigkeit zu atmen oder zu essen. Dieser innere Formulierungszwang befreit sich in der Rede, und wenn die Rede gut war, hat sie auch die Zuhörer von unformulierbaren Gedankenzwän-gen befreit. Das ist das Beste, was man als Redner und als Schweiger erhoffen darf. Auf irgendeinem derartigen Mechanismus beruht ohne Zweifel auch die heilende Wirkung des Verbalisierens – und darauf beruht ein gro-ßer Teil der Psychotherapie.

Brauchbar ist eine Formulierung dann, wenn sie den anderen zum Formulieren bringt, in Übereinstimmung oder im Widerspruch. Nur psychotherapeutische Mas-senbedürfnisse sind imstande, die ungeheure Beliebt-heit von Diskussionen in unserem sonst merkwürdig schweigsamen Zeitalter zu erklären. Diese Diskussionen sind Formen des Redens. Sachlich ergeben sie nichts. Es gelingt auch nie, den Diskussionspartner von seiner Mei-nung abzubringen – und doch fühlen sich nachher alle besser. Die klassische Diskussion heute, was immer das Thema sei, besteht darin festzustellen, wer links und wer rechts ist, und nachher beschimpft man sich gegenseitig.

Die kathartische Wirkung eines Theaterstücks oder eines Gottesdienstes wird offenbar heute von sehr vielen nicht mehr unmittelbar erfahren, sondern erst in der Diskussion darüber. So ist es auch für eine Rede das höchste Lob, das man ihr spenden kann: Sie hat zu Diskussionen angeregt.

Man muß eben reden, auch wenn die Skepsis gegenüber der Mitteilbarkeit von Inhalten groß ist, und Schweigen hat seinen Sinn nur in der Negation der Rede; und wie man weiß, gibt es im Unbewußten, dem Freudschen psychischen Primärvorgang, kein *Nein*.

«...il faut continuer, je ne peux pas continuer, il faut continuer, je vais donc continuer, il faut dire des mots, tant qu'il y en a, il faut les dire, jusqu'à ce qu'ils me trouvent, jusqu'à ce qu'ils me disent, étrange peine, étrange faute, il faut continuer, c'est peut-être déjà fait, ils m'ont peut-être porté jusqu'au seuil de mon histoire, devant la porte qui s'ouvre sur mon histoire, ça va être moi, ça va être le silence, là où je suis, je ne sais pas, je ne le saurai jamais, dans le silence on ne sait pas, il faut continuer, je vais continuer.»

Das sind die Schlußsätze von Samuel Becketts *L'Innommable*. Sie sprechen, wie Becketts ganzes Werk, von dem seltsamen Zwang, das Unsagbare zu sagen.

DIE GANZE GEMEINDE IST HEILIG

Gebet

Wenn wir vor dir stehen, ganz nackt, Gott, ohne Titel und ohne Verdienst, fallen die Ängste und Lüste und Sehnsüchte des Alltags von uns ab, und die Wünsche, die Intrigen – die Freude, den zu Fall zu bringen und jenen noch tiefer in den Staub zu stoßen, auch die Neugier, wie es ihm dabei ergeht –

«Sie sollen werden wie das Gras auf den Dächern, das verwelkt, noch ehe es aufwächst.» (Ps. 129, 6)

– die Frage, was wir zu Mittag und was zu Abend essen werden und welches Fernsehprogramm wir einschalten werden, läßt uns kalt. Kalt läßt uns, ob wir den Wagen wieder in Fahrt bringen werden, nach dem Gottesdienst, und wer jetzt zu Hause anruft, um was zu erzählen, über wen –

«Ja, alle unsere Tage fahren dahin durch deinen Zorn; wir bringen unsere Jahre zu wie ein Geschwätz.» (Ps. 90, 9)

Wir stehen vor dir, unbekannter Gott der Offenbarung – wir horchen in uns hinein – über das Universum hinaus mit seinen dreizehn Milliarden Lichtjahren und seinem gekrümmten Raum, dein expandierendes All – tief hinein, dort, wo das Unbekannte bekannt und das Unbewußte bewußt wird, in einem unerhörten und unbeschreiblichen Vorgang –

«Und ich hörte eine laute Stimme vom Throne her sagen: ‹Siehe da, das Zelt Gottes unter den Menschen›; und ‹er wird bei ihnen wohnen, und sie werden sein Volk sein, und Gott selbst wird bei ihnen sein›. Und er wird alle Tränen abwischen von ihren Augen, und der Tod wird nicht mehr sein; und kein Leid noch Geschrei noch Schmerz wird mehr sein, denn das Erste ist vergangen. Und der auf dem Throne saß, sprach: ‹Siehe, ich mache alles neu.›» (Off. 21, 3–5) Amen.

Vorpredigt

Ich habe den Text der folgenden Predigt vor dem Einmarsch der Sowjetunion und der anderen Warschaupaktmächte in die Tschechoslowakei aufgesetzt. Ich habe ihn, außer zwei, drei kleinen eingefügten Sätzen, nicht geändert.

Ich hielte es für falsch, jetzt anders zu sprechen als vor dem Ereignis. Wir haben diesen Fehler 1956 begangen. Die Folge war ein Triumph des Kalten Krieges in unserem Land. Wer aber den Kalten Krieg mitmacht, nützt keinem – außer den bösen Spielen der Macht. Wir werden diesen Fehler nicht noch einmal machen.

Die Tatsache, daß die Sowjetunion zu den Methoden von 1956 zurückkehrt, ist kein Grund für uns, zur Sprachregelung von 1956 zurückzukehren. Wir werden Vietnam jetzt nicht vergessen, um der Tschechoslowakei willen. Auch Griechenland nicht. Und vieles andere nicht.

Alle Parteien haben nach dem 21. August Partei für ein sozialistisches Land genommen. Alle Kirchen haben für ein sozialistisches Land gebetet. Ich hoffe, diese Stellungnahme war überlegt und nicht einfach ein Akt der fast aufatmenden Rückkehr zum Kalten Krieg. Man könnte Parteien und Kirchen einst darauf behaften.

Vielleicht ist es wahr, daß die Sowjetunion am 21. August ihr wahres Gesicht gezeigt hat. Vielleicht ist es aber auch nicht wahr. Selbst wenn es wahr ist, wer hätte heute noch den Mut zu hämischer Freude? Selbst wenn der Weltkommunismus unendlich geschwächt aus der Krise hervorgeht – wer mag da jubeln, so, wie wir ohne Zweifel 1956 noch gejubelt hätten? Die Welt ist klein geworden. Was in Prag geschieht, trifft uns alle. Trifft uns ganz besonders, weil wir nur schweigend dabeistehen können. Schweigend und traurig. Und wenn wirklich die auf Marx gegründete Ideologie abgewertet wird – was kommt nachher? Bestimmt nicht die Freiheit! Sondern die nackte Macht. Das freut die Christen nicht.

Ich wiederhole, weil es wichtig ist: Wer jetzt zu den Methoden, der Denkweise und der Sprachregelung des

Kalten Krieges zurückkehrt, dient den bösen Spielen der Macht. Macht ist böse, sagt Jacob Burckhardt. Elias Canetti sagt: «Das System der Befehle ist allgemein anerkannt. Der Tod als Drohung ist die Münze der Macht. Wer der Macht beikommen will, der muß den Befehl ohne Scheu ins Auge fassen und die Mittel finden, ihn seines Stachels zu berauben.» (*Masse und Macht,* S. 542/43)

Die Christen *und* die Marxisten werden den *Ungehorsam* lernen. Er ist ihre Pflicht.

Predigt

«Und sie rotteten sich zusammen wider Mose und Aaron und sprachen zu ihnen: Jetzt ist's genug! Denn die ganze Gemeinde ist heilig, alle miteinander, und der Herr ist mitten unter ihnen. Warum erhebt ihr euch über die Gemeinde des Herrn?» (4. Mose 16, 3)

Das Alte Testament ist ein Buch voll Aufruhr. Aber der Aufruhr hat im Alten Testament keine Stimme. Darin – nur darin – gleicht das Alte Testament jenem Großteil unserer Tages- und Wochen- und Monatspresse, in der der Aufruhr auch keine Stimme hat. Wohl wird über den Aufruhr berichtet, aber der Aufruhr selbst hat keine Stimme. Immerhin: es gibt die Geschichte von Aufruhr und Untergang der Rotte Korah – und es gibt, zum Beispiel, den Propheten Amos, einen Schafzüchter aus Tekoa, einem Kaff im Gebirge Juda, von Amos ist gesagt, daß er Aufruhr stiftete, wider den König, im Namen des Herrn. (Amos 7, 10) Und es gibt den Roman von Hiob, ein merkwürdiges Buch unter den Büchern des Alten Testaments. Und weiter hinten in der Bibel, im Neuen Testament, gibt es die Gestalt des Mannes aus Nazareth, der von sich sagen konnte: «Ich bin nicht gekommen,

Frieden zu bringen, sondern das Schwert. Denn ich bin gekommen, einen Menschen mit seinem Vater zu entzweien und eine Tochter mit ihrer Mutter und eine Schwiegertochter mit ihrer Schwiegermutter, und des Menschen Feinde werden die eigenen Hausgenossen sein.» (Mat. 10, 34–36)

In Christus freilich, dem Friedensfürsten, der den Aufruhr bringt, dem Aufrührer, Lästerer, Aufwiegler, der den Frieden verkündigt, ist der Gegensatz aufgehoben. Nur der wird den Aufruhr nicht fürchten, der den Frieden kennt – und nur der gelangt zum Frieden, der den Aufruhr nicht fürchtet. Nur der kann völlig frei sein von Angst und Furcht vor den Kaisern und Königen und Diktatoren und Direktoren und Gemeindepräsidenten dieser Welt, vor dem Weltsheriff und vor dem Ortspolizisten, der Gott kennt und jene Autorität, die alles übersteigt und die alles in allem ist. «Warum fragst du mich über das Gute? Er ist der Gute.» (Mat. 19, 17) Vor diesem einen Guten gibt es keine weitere Autorität, vor dem sind alle gleichgestellt (man muß es immer wieder sagen), in der Sprache der Christen *und* der Marxisten ausgedrückt: Brüder.

Es braucht beide, den Aufrührer und den Reaktionär. Der Reaktionär ist das Material des Aufruhrs. So, wie es auch den braucht, der des Menschen Sohn verrät, damit, wie es heißt, erfüllt wird, «was durch die Propheten gesprochen wurde» (Mat. 27, 9): «Der Sohn des Menschen geht zwar dahin, wie von ihm geschrieben steht; aber wehe dem Menschen, durch den der Sohn des Menschen verraten wird! Es wäre ihm besser, wenn er nicht geboren wäre, jener Mensch.» (Mat. 26, 24) Es braucht den Christus und den Judas, der ihn verrät. Denn der Judas ist das Material des Christus, der gekreuzigt wird, damit er aufersteht. Die Frage ist erlaubt, was aus dem sagenumwobenen Schwätzer aus Nazareth geworden wäre ohne das Kreuz. Aus Sokrates ohne den Schierlingsbecher. Aus beiden Kennedys ohne die Kugeln ihrer Mörder. Es braucht immer beide. Beide sind auch immer in ihrer Entscheidung frei, und dennoch ist die Entscheidung immer vorausbestimmt. Daß es immer beide braucht und daß die Entscheidung eines jeden immer frei und immer vorausbestimmt ist – das ist das mühsame, grauenvolle, blutige Mysterium der Weltgeschichte. Denn Jesus ist historisch. Und das Geschehen Gottes ist die Geschichte. Darf ich von 1968 sprechen? Von Aufruhr??

Der Vorgang ist immer derselbe: eine unruhige Jugend mit unbestimmten Forderungen geht auf die Straße – dann liefert ihr die Polizei, die immer provoziert, ein Argument. Ohne das Eingreifen der Polizei wäre aus der Revolte in Paris nichts geworden, und in Zürich erst recht nicht. Von Prag darf ich gar nicht reden. Ich habe aber in Paris auch gesehen, wie man das macht, wie die sogenannten Verantwortlichen das machen: Die Polizisten werden in ihren vergitterten Autobussen den ganzen Tag an der prallen Sonne aufgeheizt. Daß sie nachher auf jeden und jedes losgehen, wundert niemanden mehr. Muß das sein? Ich habe nach den Krawallen um das Beatkonzert dem Stadtpräsidenten von Zürich einen Brief geschrieben. Ich habe geschrieben: «Es ist nicht gut, wenn ein Generationenkonflikt als Klassenkampf organisiert wird – und *erst noch von oben*. Es ist noch sehr viel weniger gut, daß Fragen des persönlichen Lebensstils der Jugendlichen der Polizei zur Lösung überlassen werden. Das kommt nicht gut heraus.»

Natürlich hört man auf uns nicht. Man hält uns ja als Hofnarren, allesamt, die Pfarrer und die Dichter und die Denker, auch die Forscher, die Intellektuellen insgesamt, für Hofnarren oder für Rädchen im Getriebe. Nur: ich fürchte, die Zeit ist nahe, da die Herrschenden lernen werden, auf die Warnenden zu hören. Und unser Land wird in blutige Unruhen gestürzt, wenn sich nicht vieles und vieles grundsätzlich ändert. Darf ich den Evangelisten Markus bemühen? «Die Stimme eines Rufers in der Wüste: Bereitet den Weg des Herrn, macht seine Straßen gerade.» (Mark. 1, 2) Wir werden den Wegsand in das Getriebe streuen. Freilich macht erst ein besonders schlechter Zustand der Gesellschaft und besondere Amoralitäten der Herrschenden die Hofnarren zu Propheten. Wir wollen also herzlich gern Hofnarren bleiben, wenn es möglich ist. Die Geschichte der Rotte Korah ist sehr bezeichnend. Eigentlich Hochverrat. Ein Levit, der nach dem Priestertum trachtet, wie es heißt. Und dieses Priestertum war Mose und Aaron vorbehalten, damals. Zweihundertfünfzig Mann nimmt er mit, der Korah, eine ganz ansehnliche Meute. Und Mose wirft sich auf sein Angesicht. Mose hat Angst. Gott, sagt man, ist mit den stärkeren Bataillonen. Gott ist auch mit den stärkeren Ideologien. Mose besinnt sich, er beruft sich auf den Herrn. Er sagt: «Was ist Aaron, daß ihr wider ihn murrt?»

Unversehens hat sich also Korah nicht gegen die Brüder Mose erhoben, sondern wider den Herrn. (Das wollte er gar nicht.) Und der Herr, in dieser exemplarischen Geschichte, geht auf Moses Spiel ein. Er erscheint nicht nur in seiner Herrlichkeit, sondern er will auch gleich die ganze Gemeinde vertilgen. Das ist nun wieder den Brüdern Mose zuviel. So ganz allein in der Wüste macht eben das Herrschen keinen Spaß. (Drum wird auch kein Großtyrann die H-Bombe werfen.) Und dieser Herr, wahrhaftig ein lenkbarer Großvater, läßt sich von Mose vorschreiben, was er zu tun hat. Er hat nicht die ganze Gemeinde zu vertilgen, sondern die Schuldigen zu bestrafen oder auch ein paar Tausend mehr, nach dem ewiggültigen Terrorrezept – er hat ferner ein Wunder zu tun und den Herren Gelegenheit zu geben, *gnädige* Herren zu sein. Denn der Unterjochte, so wünscht sich das des Menschen Herz, soll nicht nur unterjocht sein, sondern vielmehr sein Joch als Gnade empfinden –

oder wie Max Frisch es im Zusammenhang mit den Zürcher Unruhen von 1968 gesagt hat: «Die herrschende Schicht hat zwar die Macht, aber sie möchte mehr: daß wir ihre Macht für unsere Freiheit halten ...» (*National-Zeitung* Basel 5.7.68)

Gott hat also sein Wunder absolviert und die Rotte Korah vom Erdboden verschlungen. Und die Unbelehrbaren, die sich nun erst recht wider die Brüder Mose erheben? (Ein bemerkenswertes Manifest der Zivilcourage übrigens, wenn man daran denkt, wie sich im 20. Jahrhundert immer alles gleich um Behörden und Polizei schart, zumindest in diesem Land.) An diesen Unbelehrbaren hat er eine jener berühmtberüchtigten Plagen getan, die analog den Engeln das ganze Alte Testament durchwirken. «14 700 Menschen waren an der Plage gestorben außer denen, die um Korahs willen umgekommen waren.» Mein ist die Rache, redet Gott, und «ich bin ein eifersüchtiger Gott». 2. Mose 20, 50) Es ist aber nicht die Rache des Herrn, die vollzogen wird, sondern die Rache der Brüder Mose. Es hat sich ja längst erwiesen, daß Gott weder das Alte noch das Neue Testament eigenhändig niedergeschrieben hat – vielmehr eine ganze Horde von Autoren, Bearbeitern und Redaktoren. Und diese gehörten eben im allgemeinen nicht auf die Seite des Aufruhrs, sondern auf die Seite dessen, was man heute Establishment nennt. Sonst hätten sie vermutlich gar nie schreiben gelernt. So, wie es heute noch ist – im Lande des Schahs von Persien zum Beispiel.

Was wollten denn die Leute um Korah Fürchterliches? Sie sagen: «Jetzt ist's genug. Denn die ganze Gemeinde ist heilig, alle miteinander, und der Herr ist mitten unter ihnen. Warum erhebt ihr euch über die Gemeinde des Herrn?» Sie wollen also nicht mehr und nicht weniger als gleichberechtigte Teilhabe und, wenn sie sagen, «die ganze Gemeinde ist heilig», auch Gottesunmittelbarkeit. Als Schweizer und als Christen stehen wir ohnehin stets auf der Seite des Schwächeren und der Revolte. Auch wenn man es, liest man Leitartikel oder hört landesväterliche Ansprachen, kaum glauben kann.

Was aber heißt hier «heilig»? So spricht ein Zeitgenosse von uns, der jüdisch-katholische Deutschamerikaner Allan Ginsberg in seinem *Geheul:* «Die Welt ist heilig! Die Seele ist heilig! Die Haut ist heilig! Die Nase ist heilig! Alles ist heilig! Jeder ist heilig! Überall ist heilig! Jeder Tag ist in Ewigkeit. Jedermann ist ein Engel! Der Landstreicher ist ebenso heilig wie die Seraphim! Der Irre ist heilig, so wahr du meine Seele heilig bist!»

Alles ist heilig – aber auch wirklich alles. Alles oder – nichts. Alles kommt unmittelbar von Gott und ist unmittelbar zu Gott. Alles oder nichts.

Das hören die Brüder Mose aller Zeiten nicht gern. Denn es macht das Herrschen und Führen schwer. Und das Herrschen und Führen ist so schön. «Gebt dem Kaiser, was des Kaisers ist, und Gott, was Gottes ist.» (Mat. 22, 21) Dieses allermißverstandenste Wort der ganzen Bibel vielleicht kann doch nur eines bedeuten – maßlose Verachtung für einen «Geldkaiser», der Münzen mit seinem Bilde prägt. Irgendeine Ordnung muß ja sein in der Welt; aber nicht diese ganz bestimmte Ordnung, wie die Herrschenden meinen. Und die Ordnungen können ineinander übergehen. Es gibt keine Unordnung. Was wir heute brauchen, sind fließende Institutionen, auswechselbare Ämter, Gesetze und Vorschriften auf Zeit, wandlungsfähige Ideologien. Denn alles wandelt sich, alles fließt. Die Zeit, die Welt, ist in Aufruhr geraten.

In China versucht der Vorsitzende Mao die Revolution vor der Erstarrung in einem alles abwürgenden Apparat zu bewahren, indem er sie wieder und wieder andreht – ob mit glücklicher Hand oder unter einem schwarzen Unstern, wer von uns weiß das schon. In Paris verkünden die Jugendlichen groß: L'imagination prend le pouvoir. Die Phantasie an die Macht! Fini cette culture des spécialistes. Schluß mit dieser Spezialistenzivilisation! Von Prag darf man gar nicht sprechen.

Und was wollen sie denn alle, die Schwarzen und die Gelben, die Roten und Braunen – die Armen in den Slums von Chicago oder Los Angeles oder New York – oder die Wohlhabenderen vor dem Globusprovisorium in Zürich – alle die jungen Leute in Moskau, Madrid und Prag? Sie wollen teilhaben. Teilhaben *zuerst* an den lebensnotwendigen Gütern der Welt, die so phantastisch ungleich verteilt sind. Dann aber teilhaben an einer Gemeinschaft. Sie wollen Mit-Verantwortung tragen für eine Welt, von der einer mit Grund sagen konnte: ihre Zeit steht fünf Minuten vor Mitternacht. Sie wollen das Steuer herumwerfen, das so offensichtlich auf Abgrund steht. Sie wollen heraustreten aus der gestaltlosen, gesichtslosen Masse der Großstädte, die nichts als Einsamkeit und Verzweiflung erzeugt.

«Die ganze Gemeinde ist heilig.» Sie wollen ans Licht. Und wir hinderten sie daran?? Womöglich im Namen irgendeines Gottes? Dazu fehlt uns doch hoffentlich der Mut.

Der ermordete Robert Kennedy zitierte das wundervolle Wort von John Adams über den Armen, der zum Unsichtbaren wird: «Man tadelt ihn nicht, verurteilt ihn nicht, macht ihm keine Vorwürfe; man sieht ihn nur nicht.» (*Suche nach einer neuen Welt,* S. 47) «Wiefern ihr es einem dieser Geringsten nicht getan habt, habt ihr es auch nicht mir getan.» (Mat. 25, 45) So spricht der Menschensohn. Und dies, denke ich, ist auch die vielberufene «Sünde wider den Geist…» (Mat. 12, 31): einen Menschen, einen jungen Menschen vorab, an der ihm einwohnenden und gegebenen Entfaltung zu hindern. Und da müssen wir doch alle miteinander zugeben, daß unsere Konsumgesellschaft schlecht ist. Der Mensch wird zum Werkzeug, zur Nummer, zum Rädchen im Getriebe, zum Pöstchen im Betrieb – und wäre es das

Getriebe des Fürsorgewesens oder irgendein religiöses Getriebe.

Und dagegen, haargenau dagegen wenden sie sich: die Jungen, die sich plötzlich mündig fühlen, in San Francisco, in London, Paris, Prag, Zürich und Bern. Es geht ihnen um eine echte Gemeinschaft, um eine Kommune vielleicht – oder wie Kennedy es sagt: «Zugang zur echten Staatsbürgerschaft». Haben sie nicht das Recht auf ihrer Seite? Sie haben tausendmal das Recht auf ihrer Seite.

Dieses Jahr 1968 ist nicht nur ein Jahr der politischen Morde und ein Jahr der harten Worte geworden, sondern auch ein Jahr der praktischen Vorschläge, ein Jahr der unmittelbaren Aktion. Mein Vorschlag kann nur ganz bescheiden sein, vielleicht sogar lächerlich. Ich fordere diese Kirche nicht auf, einen Kreuzzug zu organisieren, ich stürze mich auch nicht allen voran auf das große Werk der Entwicklungshilfe, denn die wahre Entwicklungshilfe ist hier! Diese Gesellschaft hier muß sich wandeln, auf daß sie nicht gewandelt werde, so wie sie nicht will, daß man sie wandelt! Dom Helder Camara, Erzbischof von Recife, hat es zu jungen Franzosen gesagt: «Wandern Sie jetzt nicht nach Südamerika aus – Ihre Aufgabe ist hier!»

Diese Gesellschaft hier muß sich wandeln. «Siehe, ich mache alles neu.» (Off. 21, 5) Unsere satte Selbstgefälligkeit, die ist dem Herrn ein Greuel! Die ist ärger als Völlerei oder Diebstahl – oder das bißchen Unzucht, zu dem einer bestenfalls fähig ist! Aber davon wußten die Alten nichts. Erst wir haben es so herrlich weit gebracht. «Ex divino consilio», sagt der Papst (in der Enzyklika *Populorum Progressio*), «nach dem Plan Gottes ist jeder Mensch gerufen, sich zu entfalten, weil das Leben eines jeden Menschen zu irgendeiner Aufgabe bestimmt ist... Mit Verstand und freiem Willen begabt, ist der Mensch für seinen Fortschritt ebenso verantwortlich wie für sein

48

Heil...» Und: «Die Entwicklungshilfe braucht immer mehr Techniker. Noch nötiger freilich hat sie weise Menschen mit tiefen Gedanken, die nach einem neuen Humanismus Ausschau halten...» Das schrankenlose Profitsystem muß nicht sein. Monopolkapitalismus muß nicht sein. Selbst unser absolutes Leistungsdenken ist fragwürdig (und verwerfenswürdig) geworden. Die gegenseitige Ausbeutung ist zu ersetzen durch das uralte Prinzip der gegenseitigen Hilfe.

Und wenn nun junge Leute diese Veränderung der Gesellschaft wollen und wenn sie diskutieren und besprechen wollen, «wie sollen wir leben» – warum öffnen wir ihnen nicht unsere Tore? Warum tun nicht einmal wir den ersten Schritt?! Zum Beispiel hier in Bern. Laden wir sie ein in diese Kirchen, die ohnehin die ganze Woche leerstehen – nicht in dieses kleine Gotteshaus am Stadtrand, nein, mitten hinein ins Münster und in die Kirche, die dem Heiligen Geist gewidmet ist. Warum eigentlich nicht? Sollen diese großen Häuser auf ewige Zeiten für die Begräbnisse der Hochgestellten reserviert bleiben und den Kult einer Musikkultur, die bei aller Schönheit doch vorbei ist?!

«Folge mir nach», lese ich beim Evangelisten Matthäus, «und laß die Toten ihre Toten begraben!» (Mat. 8, 22) Einer Kirche, die heute leben will, die das Salz der Erde sein will, das Ferment im Teig – einer solchen Kirche bleibt keine Wahl außer dem großen Sprung nach vorn.

«Ich bin nicht gekommen, Frieden zu bringen, sondern das Schwert.» Man denkt bei diesen Worten gern an Krieg – den Krieg, dem wir keine Chance mehr geben dürfen, ohne zu wissen, ob der Frieden eine Chance hat – man denkt daran, daß schon der alte Heraklit gesagt haben soll: «Der Krieg ist der Vater aller Dinge.» Aber Heraklit hat «polemos» gesagt, und polemos heißt Kampf. Und im Evangelium steht «machairan» – und das kann nun das Kriegsschwert sein oder das Richtschwert oder der Dolch des Aufruhrs – und «eirene», wie es bei Matthäus heißt, bedeutet eben nicht einfach «Frieden», sondern vorerst einmal «Ruhe».

Was also hat Jesus von Nazareth für uns, neunzehnhundertachtundsechzig, wirklich gesagt? «Ich bin nicht gekommen, Ruhe und Ordnung zu bringen, sondern den Aufruhr.»

Schlußgebet

Mein Gott
Kein Engel und kein zuverlässiger Zeuge in bald zweitausend Jahren
Du bist nicht offenbar
Deine Botschaft ist dunkel
Wir wissen nicht, wo du bist.
Wenn du dich in der Weltgeschichte manifestierst
Wenn du uns in der Weltgeschichte suchst
Wenn wir dir in der Weltgeschichte begegnen
Müssen wir dich durch die Geschichte verändern
So daß auch du uns in der Geschichte veränderst –
Nichts als Diktatur und blutige Unterdrückung
Mit den Mitteln einer Technik, deren Kontrolle uns längst entglitt
Machtblöcke, die im Zeitalter universeller Kommunikation
Und einer Weltkultur keine Berechtigung haben
Hilf uns zu einer Gesellschaft freier Menschen in einem freien Land –
Gegen eine total verwaltete Welt!
Der Staat als mythologischer Gegenstand ist tot
Vollende seinen Untergang!
Überall herrscht die Partei der Angst
Angst vor dem was kommt

50

Vor dem der kommt und nicht kommt
Die Angst, die die Folter und Tod weniger fürchtet
als neue Gedanken
Die Angst die die Unterdrückung liebt
Vor lauter Angst vor der Möglichkeit der Freiheit –
Herr
Befreie uns von dieser Angst!
Befreien *wir* uns von der Partei der Angst –
Widerstehen wir der Versuchung des Gehorsams
Berauben wir seines Stachels den Befehl –
Herr
Wir wollen den Untergang der Macht
Weil die Macht unser Untergang ist
Denn die Macht ist böse
Viel Macht ist böser als wenig Macht
Wir beten um die Zersetzung der Macht –
Nimm du die Macht auf dich
Herr
Hier ist dein Reich –
Wir bitten für alle die guten Willens sind
Wir bitten für alle die nach dir schreien –:
Unser Vater …
Amen.

DAS MANIPULIERTE GLÜCK

Meine sehr verehrten Damen und Herren,
von Albert Einstein wird berichtet, daß er einmal eigens
nach San Francisco fuhr, um einem gelehrten Kongreß
zu sagen, daß er nichts von genügender Bedeutung mitzuteilen habe. Man kann annehmen, daß es Einstein
Spaß machte, nach San Francisco zu reisen. Nun, ich bin

nicht Einstein, Sie sind kein gelehrter Kongreß, und Zürich ist nicht San Francisco ...

Ich habe Ihren Vorstand gebeten, mich von dieser Ansprache zu befreien, nachdem ich gemerkt hatte, daß ich zum Thema des manipulierten Glücks nichts Wesentliches zu sagen hatte. Ihr Vorstand, statt meinen Entschluß aufatmend zu begrüßen und Ihnen diese unglückliche Stunde von zwei bis drei zur Verdauung zu überlassen, reagierte ganz anders: die Wahrheit zu sagen, man flehte mich an, den Vorstand nicht im Stiche zu lassen. Wie gesagt, ich bin nicht Einstein, und Sie sind keine gelehrte Gesellschaft. Es macht mir auch keinen Spaß nach Zürich zu kommen. Ich kenne die Stadt. Aber nun bin ich halt da. Es war dem Vorstand wichtiger, daß die vorgesehene Programmnummer stattfindet, als welches Niveau und welche Qualität sie hat. Man zieht offensichtlich auch das schlechteste Happening dem Non-Happening vor. Es scheint, man verspricht sich etwas davon, daß etwas geschieht.

Es scheint sogar, man sieht darin, daß immer noch und immer wieder etwas geschieht, ein Versprechen. Zum Beispiel dafür, daß die Welt weiterbesteht. Auch das ist ein Zeichen für eine Gesellschaft und ein Zeitalter, das mit dem Ausdruck «das optische» nur sehr milde und höchstens von weither beschrieben ist. Dabei geschieht doch, finde ich, ganz von selbst so ungemein viel – diese Rede hätte wirklich nicht auch noch sein müssen. Ich kann nicht glauben, daß Sie sich ohne diese Rede verarmt (innerlich verarmt, versteht sich) vorgekommen wären. Ich glaube auch nicht, daß Sie mein «Manipuliertes Glück» als glücklichere Menschen verlassen.

Ich glaube ganz einfach, daß so ein Vortrag nichts bewirkt. Wenn Sie jetzt noch in Frieden verdauen gehen wollen, bitte. Wer jetzt sitzen bleibt, muß bis zum Ende bleiben.

Ich werde sagen, Sie haben es so gewollt.

Spätestens seit Vance Packard weiß jeder, daß man nicht Seife verkaufen kann, sondern Schönheit, nicht kalifornische Backpflaumen, sondern Jugend, nicht Vitamintabletten, sondern Gesundheit, Unsterblichkeit, Glück.

Der Vorgang ist nicht ganz neu und nicht ganz ohne Parallele. Denn haben nicht seit jeher die Ärzte statt Kräutern und Wurzeln Gesundheit und langes Leben verkauft, die Priester an Stelle von Ritual und Beschwörung und Partizipation die Ewige Seligkeit?!

Neue Formen des Glücks – neue Formen von Neid. Neid ist der zuverlässigste Indikator von vermutetem Glück. Heute gibt es, in der Affluent Society zumindest, weniger vom alten Neid auf Besitz und auf Positionen, dafür Jugendneid, Publizitätsneid, eine Art Fernsehneid – einen allgemeinen Neid um Lebensmöglichkeiten – unter der gelangweilten Jugend langweiliger Landstriche wie des unseren, auch weniger Neid um Heldentod oder Aufopferung für ein Vaterland als zum Beispiel Revolutionsneid. «Un an de révolution vaut vingt ans de vie normale», stand in Paris auf einer Mauer. Das ist wenigstens eindeutig. Neid, bei den Nachdenklicheren auch um die zwar schweren und drängenden, aber doch im Prinzip lösbaren Probleme der Entwicklungsländer – Probleme, die nicht so maßlos pervertiert und unnatürlich erscheinen wie die einer Gesellschaft, die gegen den Überfluß kämpft –, mit einer altgewohnten Haltung, die im Kampf gegen Armut und Hunger und nackte Lebensbedrohung einst taugte.

Hier wird vermutlich der viel tiefer greifende Umschwung, die viel schwerer zu vollziehende Umstellung gefordert als bei der Notwendigkeit, in einer kleingewordenen Welt mit unabsehbaren technischen Möglichkeiten auf die gegenseitige Ausrottung zu verzichten – dem Töten einen Stellenwert zu geben im Symboltheater, nicht weniger und nicht mehr –, was meist mit dem Slo-

gan bezeichnet wird: Lerne zu kämpfen, ohne zu töten ...
Das Streben nach Glück ist eine alte Sache. Auch die
Lehre vom individuellen Glück als Sinngehalt und Ziel
des Lebens ist alt.

Die universelle Akzeptation des Glücksstrebens hingegen sowohl als Prinzip des individuellen wie auch des darauf ausgerichteten (beziehungsweise auf dasselbe reagierenden) kollektiven Handelns, stammt aus der Zeit der
großen Säkularisation – und unser Glück wäre demnach
nicht viel anderes als ein säkularisiertes Paradies, mit
dem Charakter der Herstellbarkeit oder, wie man wohl
früher eher vermutet hätte: der Herbeiführbarkeit.

Das «Glück» als Sinn und Ziel des Lebens, ohne jede
Ausschau auf Transzendentes, irdisch, weltlich, machbar
– wenn auch: unfaßbar, immer nur «dem anderen» in
den Schoß fallend – dieses sogenannte Glück ist also
ungefähr ebenso alt wie nach den Untersuchungen von
Michel Foucault «der Mensch» ... der Mensch in Anführungszeichen, dessen Tage nach demselben Autor gezählt sind, der, immer nach Foucault, verschwinden
wird, wie er gekommen ist. Mir scheint, dieser Mensch
in Anführungszeichen, ein eschatologisch bestimmtes,
zur Erlösung, zur Individuation, zum Glück bestimmtes
Wesen, ist bereits nicht mehr richtig sichtbar. Wenn wir
etwa, im Gegensatz zum «Glück», heute von der Gefährdung des Menschen sprechen, dann ist immer der ganz
gewöhnliche, physische Mensch gemeint – *der* ist gefährdet, von Ausrottung, das heißt: Selbstvernichtung, bedroht – und keineswegs ein irgendwie philosophisch
oder anthropologisch bestimmter Mensch in Anführungszeichen ... vielmehr eben die soundsoviel Milliarden atmender zweibeiniger aufrechtgehender Menschen, halt Leute wie Sie und ich.

Erst diese gar nicht so einfache und keineswegs folgenlose Einsicht gibt der Rede von der Gefährdung
des Menschen die richtige Dimension. Angesichts der

54

vollkommen realen Bedrohung des Menschen ohne Anführungszeichen verliert der Mensch in Anführungszeichen etwas an Gewicht.

Wie steht es mit dem Glück?

Früher ging es um das Glück des einzelnen. Selbst Walhall und der mittelalterliche Himmel waren von glücklichen *Individuen* bewohnt. In dieser Auffassung wurzelte auch einst der moderne Staat als Hüter und Realisator des Glücks der einzelnen, wobei sich die vielen, ja zahllosen Glücke selbstverständlich in die Quere kamen – sich widerstritten, bekämpften und in Widersprüche verwickelten. Diese widersprüchlichen einzelnen Glücke brauchten dann eine glückbringende (bestimmt auch glück-zumessende, glückaufzwingende) schiedsrichterliche Instanz.

Von diesen individuellen Glücken bemerkt man nicht mehr viel. Heute scheint es um ein kollektives Glück zu gehen, um die Ungeheuerlichkeit einer glücklichen Gesellschaft. Je nachdem wird nun versucht, diese glückliche Gesellschaft aus glücklichen einzelnen (eventuell auch unter Zwang-zum-Glück) aufzubauen, oder aber sie gegen das Glück der einzelnen durchzusetzen. Denkbar ist eine vollkommen glückliche Gesellschaft, zerfallend in oder aufgebaut aus ebenso vollkommen glücklosen einzelnen. Es gibt davon auf dem östlichen wie auf dem westlichen Weg der Beglückung schon sehr eindrucksvolle Realisationen.

Sobald etwas öffentlichen Charakter trägt, wird es heute auch manipuliert – demnach selbstverständlich auch das öffentliche Glück.

Die einfachste Art, eine manipulierte glückliche Gesellschaft herzustellen, und die würde bereits weit über George Orwells Vision von «1984» hinausgehen, ist auf dem Hühnerhof möglich. Man steckt den Hühnern eine Elektrode in das Lustzentrum des Zwischenhirns, die in einer Antenne mündet, welche drahtlos Signale empfängt. Vom Hühnerhaus aus können die Hühner auf pausenloses Glück geschaltet werden. Die Hühner sind dann imstande, vollkommen glücklich, beispielsweise zu verhungern. Ihr Bedürfnis nach Nahrung oder Begattung oder alles, was man gern bombastisch «Trieb» oder «Instinkt» nennt, kommt überhaupt nicht mehr auf gegen die Macht des gereizten Lustzentrums, beziehungsweise die Süchtigkeit auf weitere Reizung desselben. Ähnliches ist heute längst denkbar mittels glückbringender Drogen, die von der Zentrale, das heißt dem Staat, oder auch von der «Gesellschaft» – sei es nach rechts- oder sozialstaatlichen Prinzipien, sei es nach der Willkür eines Tyrannen verteilt und entzogen würden. Diese Lösung hat bislang nur einen Haken: in diesen unbestimmten, undifferenzierten Glückszuständen schwindet die Möglichkeit der Leistung. Es kann nun sein, daß das «Prinzip Fortschritt» sich diesem «Glück» entgegenstellt und ein Gleichgewicht auf einer bestimmten Leistungsstufe erzwingt – es kann aber auch sein, daß es ein Glück der Leistung gibt in einem Maß, das Sigmund Freud nicht ahnen konnte oder wollte, und vielleicht in einem sehr viel höheren Maß, als selbst Herbert Marcuse meint.

Es gibt auch Strömungen, die wider den allgemeinen Strom von Glück laufen. Ich denke etwa an den Begriff der «Züchtung», wie er etwa bei Gottfried Benn eine große Rolle spielte, ursprünglich darwinistisches Gedankengut, später maßlos ins Grauenvolle pervertiert – oder an den berühmt-berüchtigten «Aufbau des Sozialismus» – der «Züchtung» marxistisches Gegenstück. Sowohl der Züchtung wie dem Aufbau von etwas, das kommen sollte, oder ganz einfach dem Harren auf einen Zustand X, wurden und werden ganze Generationen geopfert, das heißt *Individuen* der erstrebten glücklicheren *Gesellschaft*. Dabei ist nicht zu übersehen, daß selbst Ernst Blochs menschenfreundliche «Zukunft als Heimat» in verhängnisvoller Nachbarschaft dieser Wahngebilde steht.

Wer in die Zukunft starrt, leidet an Erwartungsneurose, wer auf die Vergangenheit glotzt, leidet an Zwang. Beide sind krank; und die Gegenwart hat keiner mehr ...

Robert Musil sagt: «Es ist immer gut, wenn man die Wörter so gebraucht, wie man soll, nämlich ohne sich etwas dabei zu denken.»

Genauso brauchen wir ohne Zweifel das Wort «Glück», wenn wir Glück wünschen, sagen «er hat Glück gehabt», wenn wir von einem glücklichen Land reden oder behaupten, die Jugend ist die glücklichste Zeit. Genauso habe auch ich bisher das Wort gebraucht – ich habe sogar gelegentlich Glück mit Lust (genauer: mit Reizung des Lustzentrums) gleichgesetzt –, ich will es nicht unternehmen, Glück zu umschreiben oder gar zu definieren; dennoch möchte ich Ihnen nicht vorenthalten, was das treffliche *dtv-Lexikon* bedeutungsschwer und nicht ohne altväterische Komik zum Titel «Glück» von sich gibt. Glück ist, im *dtv-Lexikon,* «zweitens ein Seelenzustand, der sich aus der Erfüllung der Wünsche ergibt, die dem Menschen für sich selbst am wesentlichsten erscheinen; sie können alle Stufen vom Sinnlichen bis zum rein Geistigen durchlaufen. In vielen politischen und philosophischen Systemen gilt das Glücksstreben als sittlich berechtigter Antrieb des menschlichen Handelns, z. B. in der amerikanischen Unabhängigkeitserklärung vom 4.7.1776.» Dergestalt belehrt wenden wir uns nun einigen konkreten Formen des manipulierten Glückes zu.

Man darf bemerken, daß hinter dem oft als oberflächlich abgetanen Glücksstreben etwas Heikleres, auch Tieferes, vielleicht Tragisches steht: Sehnsucht nach Jugend, nach ewigem Leben, nach Unsterblichkeit.

Die Frage, wie sehr hinter der ganzen modernen Biologie und Medizin die Sucht auf physische Unsterblichkeit steht, ist durch die neueste Entwicklung der Transplantationschirurgie aktuell geworden.

Nun kann man zwar auch die «Jugend» manipulieren: die ganze Welt träumt davon, kleidet sich, schminkt sich und pfeift und grölt und kreischt und turnt und zappelt danach. Eine ganze Gesellschaft kann sich auf «Jugend» trimmen. Die Sache ist bekannt. Aber: man kann Jugend nicht verschaffen. Ein Tag ist ein Tag, und ein Jahr ist ein Jahr – und am Ende eines Jahres ist man ein Jahr älter, daran ändert die Relativitätstheorie nichts, und die Existenzphilosophie schon gar nicht. Und abends, abgeschminkt und müde, blickt aus dem Badezimmerspiegel denn doch wieder das eigene Gesicht. *Manipulation* bedeutet nicht unbedingt *Realisation.*

Ich möchte Ihnen gern von einigen handfesten Manipulationen des Glücks sprechen, erstens von *Sex and Crime,* zweitens von Besitz und Geschwindigkeit, also vom *Automobil* – und drittens dann von der perfidesten und gefährlichsten Form des manipulierten und suggerierten Glücks, vom *Fortschritt.*

Sex and Crime

Unsere Gesellschaft, so scheint es zumindest, ist nicht mehr gewillt, dem Krieg als Entladung gestauter Aggressionswünsche eine Chance zu geben. Dazu kommt, daß der hochtechnisierte Krieg, eine Art Knopf-Druck-Krieg, wie wir ihn als Vision zumindest kennen, möglicherweise diese Funktion gar nicht mehr erfüllen würde.

Robert Musil läßt im *Mann ohne Eigenschaften* den alten General sagen: «Irgendwie geht Ordnung in das Bedürfnis nach Totschlag über.» Im Kleinen scheint die übertriebene «Ordnung» militärischer Verbände tatsächlich eine Vorbedingung des bedingungslosen und unreflektierten Totschlags zu sein. Etwas Ähnliches war in

Paris im Mai 68 zu beobachten: Dort wurden die Polizisten unter straffer (oder zumindest quälender) Disziplin den ganzen Tag in ihren vergitterten Bussen aufgeheizt, und niemand durfte sich nachher wundern, daß die auf alles und alle losgingen. Es gibt eine übertriebene Synchronisation, also eine «Über-Ordnung» der Hirnströme, die dann zur Entladung im epileptischen Anfall führt. Vielleicht ist ein hirnphysiologisches Modell nicht unbedingt das Schlechteste, um die unbewußten Verhaltensweisen der Massen oder der «Gesellschaft» zu beschreiben. Unmittelbares Nebeneinander von Über-Ordnung, Zeremoniell und Ritual, und katatonischem Ausbruch oder Wortsalat kennzeichnen die menschlichste der «Krankheiten», die sogenannte Schizophrenie. Um auf das historische Beispiel einzugehen, das uns am nächsten liegt und uns immer noch unter den Nägeln brennt, ist es doch gewiß so, daß die übertriebene Ordnung des wilhelminischen Staates zum Ersten Weltkrieg – er wurde mit *Aufatmen* begrüßt – als Entladung führte. Die bekannte Angst der Deutschen vor jeder freieren Ordnung, für die ich auch keine Erklärung weiß und von der ich nur sagen kann, daß wir Deutschschweizer sie in der Konformisten- und Topfgucker-Variante teilen, führte dann zu dem ohne Zweifel höchst ordentlichen NS-Staat, dessen wiederum militärisch aufgebaute Über-Ordnung sich in den Massakern entlud, deren Erinnerung noch heute, ja gerade seit dem 21. August 1968 wieder, die Weltpolitik überschattet. Vergessen wir nicht, daß es höchst ordentliche Befehlsempfänger waren, die die Massaker anrichteten. Das Menschlichste daran war noch die persönliche Grausamkeit einzelner. Vergessen wir nicht, daß ein Richter, ohne fingerbreit von dem damals geltenden Recht abzuweichen, die schlimmsten Urteile der Weltgeschichte unterzeichnen konnte. Deshalb brachte es die NS-Zeit zustande, gleichzeitig äußerst ordentlich und gehorsam und staatstreu zu sein und die grausigsten Eruptionen von Mordlust und Sadismus zur durchleben. Wer übel vom Menschen denkt, so wie man es gelegentlich muß, wird erstaunt bemerken, daß dies ein Höhepunkt an Triebbefriedigung und an Selbstgestaltung gewesen sein muß. An diesen Gedanken gewöhnt man sich besser. Überlebt hat dann nach dem Krieg die wilhelminische Konzeption von Ruhe und Ordnung, die inzwischen mutatis mutandis sogar in Frankreich und bedingt auch in Italien wieder Schule gemacht hat.

Und was uns heute hoffen läßt, daß ein echter Faschist im amerikanischen Wahlkampf eben doch keine reelle Chance hat, das ist genau jener manchmal fast chaotische Zustand dieses Landes, der andererseits seine Opfer auch haben will: Martin Luther King, John F. Kennedy, Robert Kennedy und Tausende von Unbekannten.

Und auch im Lande des permanenten Belagerungszustandes, wie Ernst Bloch es nennt, in Rußland, ließen die Ordentlichen die Unordentlichen und Mißliebigen verschwinden – man spricht, scheint es, Väterchen Stalin immerhin zehn bis fünfzehn Millionen Opfer zu (Sacharow). Es gibt auch höhere Schätzungen.

Ich habe gelernt, «Ruhe und Ordnung», die gern als das höchste Glück gepriesen werden, mehr als alles andere zu fürchten. Nur in diesem historischen Kontext sind die Probleme von Sex and Crime richtig zu sehen ...

Unsere Gesellschaft kann offensichtlich eine annähernd unbegrenzte Menge von praktiziertem Sex ertragen, hingegen ist sie in der Zulassung von Kriminellen beengt. Andere Gesellschaften lassen zum Beispiel den Totschlag im Affekt noch unbestraft, akzeptieren bestimmte Formen von Blutrache und so fort, Dinge, die bei uns undenkbar geworden sind. Auch der Ritualmord ist von der christlichen Kirche verdrängt worden, zur Zeit der Inquisition in das Bekehrungswesen, heute in das Gebiet der «Triebverbrechen», fallweise auch in die

60

spezielle Atmosphäre jugendlicher Horden. Einen Ansatz zur (literarischen) Analyse solcher Erscheinungen finden Sie in Musils *Törless*. Wenn diese Gesellschaft also Sex in großen Mengen begünstigt, Crime jedoch unterdrückt, dann hat offensichtlich auf dem Bildschirm Sex den Sinn einer zarten Verführung, Crime den einer traumhaften Befriedigung. Daß es im einzelnen Zuschauer auch umgekehrt verlaufen kann – gegen solche Paradoxreaktionen ist im Bereich des Biologischen keiner gefeit. Aus der Verführung kann selbstverständlich traumhafte Befriedigung werden, aber auch Abschreckung. Das geschieht augenblicklich dann und wann bei Sensibleren mit der Sexwelle, so wie sie sich nun glücklich ausgeprägt hat, nämlich schamlos.

Dasselbe gilt selbstverständlich für das Verbrechen: was traumhafte Befriedigung sein sollte – ich vermeide das Wort «Ersatzbefriedigung», denn die Ersatzbefriedigungen sind doch wohl die wahren Befriedigungen – was also traumhafte Befriedigung sein sollte, ein echtes, durch das Fernsehen manipuliertes Glück, das kann natürlich auch Abschreckung bewirken (beim Verbrechen erwünscht) und in, wie ich glaube, doch äußerst seltenen Fällen: Verführung.

Daß das Geflunker und Geflacker der Schirme, die mehr als die Welt, nämlich deren Bild bedeuten, schuld ist an der allgemein beklagten Verrohung, das wird denn doch von Statistiken einigermaßen widerlegt.

Außerdem gibt es sie wirklich, diese Verrohung? Ist nicht die Verrohung gerade der Jugendlichen nur scheinbar, ein Schutzwall gegen die Welt, die pausenlos als Information auf sie einströmt und die sie verletzt? Ist denn nicht auch das laute prahlerische Reden über Sexualität ein Schutzwall? So schnell, wie die Art darüber zu sprechen, ändert sich das Sexualverhalten der Menschen auf keinen Fall. Nachuntersuchungen fünfzehn Jahre nach dem Kinsey-Report scheinen das zu belegen. Und

warum reden denn heute die Dichter – ich brauche das
Wort als Berufsbezeichnung, nicht im sakralen Sinn –
unflätig und grob? Doch wohl nicht, weil sie roh und
empfindungslos geworden sind, sondern weil die heutige intellektuelle Sensibilität auch den expressionisti-
schen Überschwang nicht mehr zuläßt, weil sie daliegen
wie ein Ei, das sich eine Schale schaffen muß – dann allerdings auch, weil sie verstanden werden möchten: lieber
zu sehr als zu wenig. Professor Staiger hat in Zürich keineswegs für eine «kleine Schar», sondern sehr wohl für
die Vielen gesprochen, für jene aufstiegsberechtigten
Mittelklassen, die er ja wohl auch vertritt, die eben überhaupt gewähltere Literatur lesen und die zugleich immer
sehr genau wissen, wie alles sein soll und wie alles ist. Staiger sagt: «Es sind – nicht ausnahmslos, aber meistens –
Zeiten des Wohlstandes und der Ruhe, in denen der
démon ennui, die dämonische Langeweile, die Verzweiflung an allem Leben, gedeiht. Der Nihilismus ist, in
erstaunlich vielen Fällen, ein Luxusartikel. Ernsthaft,
wirklich, nicht nur in literarischem Spiel bedrängte Menschen … sind nicht nihilistisch. Sie können es sich nicht
leisten. Sie wehren sich ihrer Haut. Sie schreien zu Gott
und haben kein Verständnis dafür, wenn einer ihnen von
seiner inneren Wüste zu erzählen beginnt. Wohl aber
haben sie Verständnis für ein männliches, aus tiefer Not
gesungenes Kirchenlied, für ein Beispiel von Mut und
Geduld, das ihnen in weltlicher Dichtung begegnen
mag, für einen Spruch, der eine bange Erfahrung in sich
schließt und meistert. So mute man uns nicht zu, die
sogenannte Wahrheit der Verzweiflung ohne Vorbehalt
anzunehmen.» Staiger hat natürlich völlig recht. Was wir
von einem ordentlichen öffentlichen Professor – vielleicht – erwartet hätten, ist eine etwas sachlichere Formulierung und die wenn auch prinzipiell nicht zu stellende,
so doch heuristisch ganz aufregende Frage: warum? Und
wenn er dann auf die Dialektik von Ausgesagtem und

Bewirktem eingeht, hätte er auch sehen müssen, daß gerade die Verlogenheit des Wahren Guten Schönen zu Ausbrüchen der Grausamkeit und Zerstörungswut zu führen vermag, wenn möglich noch in des Wahren Guten Schönen Namen. So hat wohl ein Jahr später Friedrich Dürrenmatt seinen möglicherweise etwas unüberlegten Satz gemeint: «Hatten die Klassiker Weimars wirklich nichts mit dem Nationalsozialismus zu tun, und ist es eine Gotteslästerung, diese Frage zu stellen?»

Mich hat dieser Satz deswegen amüsiert, weil wir schon im Gymnasium, und das *war* zur Hitlerzeit, unsere Deutschlehrer mit derartigen Behauptungen quälten. Nun, meine Damen und Herren, lassen wir das. Nicht einmal Hölderlin hat gesagt: «Was bleibet aber, stiften die Professoren...»

Typisch für die hiesige Gesellschaft, zu der wir alle auch gehören, daß ungefähr dasselbe feierliche Publikum 1966 Emil Staiger gedankenlos Beifall spendete und 1967 Friedrich Dürrenmatt.

Am 25. Juli 1968 hat Papst Paul VI. mit seiner Enzyklika *Humanae Vitae* die Welt erschreckt. Inzwischen wurde von kritischen Katholiken schon der Rücktritt des Papstes gefordert. Erzbischöfe und Kardinäle wetteifern mit Professoren darin, die Enzyklika zu relativieren, zu umgehen oder ihre Aussage in ihr Gegenteil zu verkehren.

Sie wissen: die Enzyklika verbietet erneut alle Verhütungsmittel, die der Papst als künstlich oder widernatürlich empfindet, und zwar im Namen der Wiederherstellung einer hohen Ehe- und Sexualmoral.

Die Frage, die sich selbst unseren bescheidenen Landeskirchen mindestens im Vorbeigehen einmal gestellt hätte, ob nämlich diese Ehe- und Sexualmoral christlich oder viktorianisch sei, stellt sich, wie es scheint, dem glücklicheren Rom nicht.

Viele der päpstlichen Argumente stimmen wohl auch:

daß die Stellung der Frau geschädigt wird. Die Frau wird mehr oder weniger zum verfügbaren Besitz. Daß die Verwendung der Pille bisher, in Europa zumindest, eher die Männer in ihrem prekären Selbstbewußtsein schädigt, scheint der Papst nicht zu sehen, und als Italiener gestünde er es sich wohl auch nicht gerne ein. Ferner verstehe ich die Angst des Papstes, daß eine herrschende Klasse, aufgrund seiner Erlaubnis, ganze mißliebige Bevölkerungsklassen zur Empfängnisverhütung zwingen könnte.

Man muß auch die spezielle Stellung des Papstes bedenken. Wenn er die Verhütungsmittel verbietet, bedeutet das auf längere Sicht vermutlich nichts. Wenn er sie aber zuläßt, wirkt das wie eine Vorschrift.

Davor Angst zu haben, war legitim.

Schließlich gibt es auch eine Theologie des Bösen. Ich könnte mir denken, daß Rom davon einiges weiß. Erlaubnis hätte Millionen unglücklich gemacht. Denn etwas Verbotenes muß dabei sein. Der Mensch will gegen den Stachel löcken. Apparate wie die Kirche dienen dazu, die Stacheln zu beschaffen. Man hat sogar von einem zweiten Fall Galilei gesprochen. Das stimmt leider nicht. Die Kirche, die diesen Fall wieder herstellen könnte, ist nicht mehr da. Selbst die Dogmatiker des Marxismus haben vor dem eisernen Schritt des naturwissenschaftlich-technischen Fortschritts längst kapituliert.

Zudem bestreitet der Papst nicht, daß es die und die Hormone gibt, daß sie die und die Wirkungen haben und daß man sie zu dem und jenem Zweck verwenden kann. Er bestreitet bloß, daß man es darf.

Ich finde diese Position sogar ziemlich tapfer (auch wenn ich sie nicht teile).

Sie widerspricht einer allgemeinen schweigenden Übereinkunft, die den technischen Fortschritt heiligspricht.

Mir fehlt bloß – vielleicht weiß ich auch nur nichts

davon – eine entsprechende Enzyklika über die Verwendung der Atomenergie, über die Anwendung kybernetischer Maschinen und eine über den Nutzen der Herztransplantation.

Der Hintergrund der *Humanae Vitae* ist allerdings komplex. Man findet daran etwas von Paradieses-Illusion, von Glauben an eine «Wohlgeratenheit» – der Ausdruck stammt von Adolf Portmann –, wie sie nur dem Tier gegeben ist, etwas von der Fiktion einer Unitas Entis – die wir heute wohl auch kennen, aber eben nur noch als dialektischen Gegenpol zum Mosaik der Strebungen und Triebe. Diese Unitas Entis widerspricht nicht nur jeder empirischen Anthropologie, sondern, was wohl schwerer wiegt, unserem «Lebensgefühl» – das sich sehr gewandelt hat und heute fast eher einem ostasiatischen sich nähert als dem des europäischen Mittelalters und der Renaissance. Ferner: Die Konzeption einer Unitas Entis ist ein (an sich nicht widersprechbarer) philosophischer Akt. Das Untersagen eines Verhütungsmittels ist jedoch ein praktischer Akt von unabsehbarer gesellschaftlicher Tragweite. Der Übergang von einer philosophischen Entscheidung zu einer praktischen Konsequenz – diesen Übergang, scheint es, akzeptiert unser Denken nicht mehr.

So gesehen ist Rom auf alle Fälle in die Position des Verlierers gedrängt. So gesehen kann man sogar eine bescheidene Analogie zum Fall Galilei finden. Es gibt einen weiteren, fast traurigen Aspekt: eine Kirche (*jede* Kirche), die praktisch nur noch eine *Sexual-Moral* kennt. Wir haben längst gelernt, Verbrecher eher als Kranke denn als Sünder zu sehen. Und im übrigen haben sich die Kirchen leider mit den wildesten Herrschaftssystemen und ihren Kollektivverbrechen trefflich arrangiert.

Ich könnte mir vorstellen, daß Sexualmoral gar kein *christliches* Thema ist. Oder etwa doch: stellvertretend?? Ich weiß es nicht…

Das Automobil

Sprechen wir jetzt über das Automobil. Schon sein Name ist falsch. Ein Roß bewegt sich von selbst, aber kein Auto. Trotzdem heißt es nun einmal so. Ursprünglich wurde das Automobil als technisches Wunder verkauft. Gelegentlich bestimmt auch als Mittel zur Fortbewegung. Geschwindigkeiten über 30 Stundenkilometer galten als lebensgefährlich.

Heute ist das Auto kein technisches Wunder mehr, sondern bitterste technische Routine. Unter den Millionen von Autofahrern sind diejenigen mit ein bißchen Liebe und Verständnis für die Technik Ausnahmen. Das Auto ist in einem Zeitalter, das einerseits durch geradezu paranoische Seßhaftigkeit der Erdbevölkerung gekennzeichnet ist, andererseits durch immense erzwungene Völkerwanderungen, ein Mittel zur teilweisen, stellvertretenden Renomadisierung. Man muß dieses scheinbar zielbewußte, tatsächlich ziellose Autofahren in einem Land wie Schweden erlebt haben, wo die Distanzen wirklich weit sind.

Das Auto ist aber auch das ungeheuerlichste Mittel zum Verschleiß. In der Schweiz dürfte es heute ungefähr eine Million Autos geben. Eine Million Autos stellen neu ein Kapital, das heißt für uns: einen Devisenverlust, von rund 7 Milliarden Franken dar. Nach drei bis vier Jahren sind diese Autos wertlos geworden. Der Aufwand, sie zu beseitigen, wird sich in kurzer Zeit ebenfalls auf astronomische Ziffern belaufen. Dazu der astronomische Aufwand für den laufenden Unterhalt und Betrieb. Soviel ich weiß, steht das Auto in Hinsicht auf Kapitalverschleiß konkurrenzlos da. Das Auto hat das erzwungen, was ich gern *Verschleißkapitalismus* nennen möchte. In einem Land wie dem unseren geht jedenfalls das Auto weit tiefer und härter an die Wurzeln eines etwas unzeitgemäß und läppisch gewordenen Besitzkapitalismus als etwa die paar Kommunisten und Linksintellektuellen, die es hier gibt. Das wäre der positive Aspekt.

Zudem ist das Auto das einzige, was jeden Umsturz, von links oder von rechts, mit Sicherheit überlebt.

Später wurde die *Form* des Autos entdeckt. Le Corbusier hat schon vor vielen Jahren auf die groteske Diskrepanz zwischen der guten Form der Autos und der schrecklichen Bauweise der Architekten hingewiesen – eine Diskrepanz, die sich inzwischen noch massiv verstärkt hat, seitdem der internationale Heimatstil die Architektur beherrscht... so sehr, daß wir heute von der Allzuguten-Form weg wieder Heimweh nach den funktionell falsch gebauten Oldtimern haben – und daß andererseits jedes einzelne halbwegs anständig gebaute Haus zum Wallfahrtsort wird.

Man kann sich, nebenbei, fragen, wie viele Menschen heute noch gesund und am Leben wären, wenn sich die Ärzte so sehr nach den romantischen und skurrilen Wünschen ihrer Auftraggeber richten würden wie die Architekten. Eine Zeitlang war das Automobil ein besonders in den USA beinahe lächerlich fein abgestuftes Statussymbol. In Europa ist es als solches gründlich abgewertet, erstens weil jeder eins hat und zweitens weil breite, lange, ausladende Chromwalzen bei uns zumindest im Straßenverkehr nicht mehr in Frage kommen.

Was heute mit dem Wagen verkauft wird, jeder Prospekt beweist es, sind Geschwindigkeit, rasches Anzugsvermögen, Rasanz – mit einem Wort: nackte Gewalt. Diese Gewalt muß sich im stehenden Automobil in einer bedingt funktionsgerechten Gestaltung ausdrücken, mit der jetzt üblichen massiven Ausgestaltung der Schnauze, die neuen Formen und Größen der als Augen wirkenden Scheinwerfer gehören mit dazu.

Jeder sein eigener James Bond.

Langsame Wagen werden dagegen mit wimpelartig nach hinten ragenden Schnäbeln gekennzeichnet, die

Verwurzelung und Heimeligkeit dokumentieren sollen, dort, wo der langsame Wagen mit dem starken schnellen Wagen in falsche Konkurrenz geraten würde.

Selbstverständlich ist das Auto von vorneherein ein zwiespältiges Wesen. Es ist ja nicht nur eine Rakete, sondern auch ein Heim – es vertritt nicht nur die Sehnsucht nach Weite, Ferne, Kraft, Brutalität, sondern auch die nach der verschmocktesten Geborgenheit – mit Pölsterchen und Ledersesseln und durch die enge Kutsche, die es nun einmal ist.

Selbstverständlich ist heute auch die Innenausstattung des Autos ein öffentlicher Gegenstand. Deshalb die Neigung zur kalten, glatten, brutalen Leder- und Kunstlederpolsterung, die rassig wirkt, nach Jaguar riecht, nach dem Tiger im Tank oder nach der Playmate of the Month ... im Gegensatz zum Anblick, den sie bieten, sind die Pölsterchen weich und tief, fördern die Hämorrhoiden und tun den Diskushernien nicht gut.

Es gibt nichts Lehrreicheres (dabei Langweiligeres) als einen Autosalon. Bei den Autos lauter gute Form, Härte, Geschwindigkeit, Angeberei.

Aber dann gibt es noch ein Reservat: den Wohnwagen! Hier finden sich die Scheußlichkeiten der modernen Wohnkultur auf engstem Raum: Gemütlichkeit, Plastikblumen, Lämpchen, die man nicht beschreiben kann, und jene Vorhängchen und Deckchen mit modernistischen Blumen, Vögeln und Fischen, wie sie eine Industrie gern herstellt, die glaubt, daß sie den Geschmack der Massen kennt. Im Wohnwagen will man sich zu Hause fühlen.

Der Jaguar schläft.

Man erinnert sich an Le Corbusiers wehmütige Feststellung. Es scheint, die Sache ist unheilbar.

Was wir weiter oben mit Mühe in der jüngsten Geschichte zusammensuchen und belegen mußten, ist beim Auto offensichtlich: Austoben der ganzen Expansions- und Aggressionslust in einem absolut lückenlosen und absolut starren System von Ordnung und von Befehl.

Elias Canetti schreibt in *Masse und Macht* von den Mongolenhorden, die sich einem absoluten Kadavergehorsam unterzogen und die diesen Gehorsam *leicht* trugen, weil sie jeden Befehl augenblicklich weitergeben konnten an das Pferd, auf dem sie sitzen und das unter ihnen steht – und den Befehl zum Töten an den immerbereiten *Pfeil*. Die genialste Wirkungseinheit von Pferd und Pfeil ist entschieden das Automobil. Man braucht bloß an die Opfer des Oster- und Pfingstverkehrs zu erinnern oder an das Erschrecken, das die USA durchfuhr, als plötzlich die Kill Ratio des Vietnamkriegs diejenige des Straßenverkehrs übertraf. Jetzt war plötzlich ein richtiger Krieg! Jetzt blieb eigentlich, wollte man die Fiktion der Nichtkriegführung aufrechterhalten, nur übrig, entweder die Kill Ratio in Vietnam zu senken oder die des Straßenverkehrs zu erhöhen.

Man hat auch ausgerechnet, wie vielen Menschen die Mai-Revolte plus Streiks in Frankreich das Leben gerettet hat. Es tönt augenblicklich etwas zynisch, aber vielleicht lassen sich einmal sogar ähnliche Statistiken aufstellen für Zeiten der Okkupation. Wie dem auch sei, es scheint, die Zahl der Straßentoten ist ein universell anerkannter und akzeptierter Pegel der Aggression.

Man hat eine Zeitlang von der «autogerechten Stadt» gesprochen. Man war bereit, dem menschenfressenden und landzerstörenden Ungeheuer die Städte zu opfern. Bis man noch eben rechtzeitig entdeckte, daß gar niemand die autogerechte Stadt will. Das Chaos im Stoßverkehr ist die Belohnung für den totalen Befehlszwang, unter dem der Automobilist steht, und die Kompensation für die Schrecken der Arbeitswelt und einer womöglich noch mehr entfremdeten Freizeit, eine Flucht in ein vorprimatenhaftes Dasein …

Man muß das gesehen haben, an den sogenannten Rondellen, wie sie zum Beispiel die Berner Stadtverwaltung – stupid, wie man glauben könnte, tatsächlich aber tief philosophisch – als besonders geeignet für die Regelung des Straßenverkehrs ansieht; denn genau diese Regelung will gar niemand. Tatsächlich dienen die Rondelle der Herstellung von Chaos. Da fährt von allen Seiten alles auf alles los. Einen Augenblick lang gibt es nichts mehr als farbiges, gleißendes Blech. Einen Augenblick lang *stockt* die ganze Masse der Arbeitsgänger oder Heimkehrer am Rondell. Man muß auf die glasigen Augen achten, das verzückte Gesicht. Das ist ein Orgasmus! Das hat mit den gelangweilten und versnobten Mienen vor einem Verkehrssignal nichts mehr zu tun.

Offensichtlich sind längst automobilistische Ausschweifungen als Massenvergnügen weit verbreiteter und beliebter als die sexuellen, von denen man immerzu spricht.

Ist das etwa kein manipuliertes Glück?

Und manipulierte Manipulatoren dazu! Welche Behörde wagt es, sich dem Strom der blechernen Gespenster entgegenzustellen? Wem sonst als dem Automobil wollen jene eine Gasse bahnen, die gewaltlose Demonstranten von der Straße räumen? In Paris und Zürich haben die Vertreter von Ruhe und Ordnung plötzlich begriffen, daß man mit dem Auto regieren kann. Man braucht bloß die Automobile auf die demonstrierenden Fußgänger loszulassen. Das muß nicht physisch geschehen, dazu wären die im Grunde recht verletzlichen Autos viel zu schade. Es genügt, Stockungen zu organisieren, daß die Autos warten müssen, nicht ausbrechen können – es entsteht eine Art von klaustrophobischer Angst (ein Fahrzeug, das nicht fahren kann, wird zum Gefängnis) – und die Wut der Masse in den Blechkanistern mit ihren leerdrehenden Motoren ballt sich über den Häuptern derer, die meinen, eine Straße sei auch ein öffentlicher

Platz und auf einem öffentlichen Platz dürfe man öffentliche Angelegenheiten diskutieren – in einer Demokratie ...

Der Fortschritt

Wir kommen zum zentralen Glücksbegriff unserer Epoche, dem alles andere untergeordnet ist: dem Fortschritt. Um den Fortschritt herrscht die heilloseste Sprachverwirrung. Fortschritt ist etwas Gutes, Fortschritt ist ein Ziel. Genauer: eine Bewegung auf ein Ziel hin, die dieses Ziel in sich trägt. Fortschritt ist unser ganzes Glück. Selbst die Verlockungen von Automobil und Kühlschrank und Sex kommen ohne den Begriff des Fortschritts nicht aus. Daß Autobesitz und Kühlschrankverwendung als Fortschritt gelten, ist klar. Und wenn es immerhin noch schwer hält, den Sexus selbst als fortschrittlich zu preisen, dann gibt es bestimmt irgendwelche technischen Mittel dabei, die es tatsächlich sind. Man darf vermuten, daß selbst der deklamatorische Welterfolg der «Pille», der in gar keinem vernünftigen Verhältnis zu den tatsächlichen Möglichkeiten ihrer Anwendung mehr steht, wesentlich ihrem an sich unbestreitbaren Fortschrittscharakter zuzuschreiben ist. Mythos und Wissenschaft gleichen sich – in beiden Fällen wird eine Erklärung angeboten, wo es nichts zu erklären gibt. Der Gegensatz dazu wäre die alltägliche und die ekstatische Erfahrung, beide schwer, beide gern im Unbewußten verharrend, kaum in der Umgangssprache auszudrücken, man überliste sie denn.

Mythologie und Wissenschaft, eben *weil* sie denselben Ort im Denken besitzen, schließen sich aus. Moderne Mythen taugen nichts. Und wenn sie vorkommen, treten sie im Gewand von Wissenschaft und Technik auf.

Es gibt allerdings einen erschlagenden Unterschied

zwischen den beiden: die Dimension des Fortschritts. Wissenschaft ist gekennzeichnet durch Fortschritt. Mythos kennt den Fortschritt nicht. Fortschritt, das heißt die Entwicklung vom Rundholz über das Rad, über die Dampfmaschine, über den Benzinmotor zum Düsentriebwerk. Man sollte das Wort «Fortschritt», um das heute herrschende Sprachenbabylon zu vermeiden, für Technik (inklusive Naturwissenschaft) ausschließlich verwenden. Denn der Vorgang ist ganz einfach im technischen Bereich anders als dort, wo man ebensogern von Fortschrittlichkeit spricht, etwa im Sozialen. Man kann auch nicht genug die *Automatik* gerade des technischen Fortschritts betonen, daß er sich seine Ziele selbst setzt. Davon wäre denn doch gerade bei den progressistischen Gesellschaftslehren nichts zu bemerken! Canetti spricht von einer gedankenlosen Zerstörungssucht der Hände. Er sagt: «Wo immer diese mechanische Zerstörungssucht der Hände, nun zu einem komplexen, technischen System ausgewachsen, sich mit der wirklichen Absicht zu töten verbindet, liefert sie den automatischen, den gedankenlosen Teil des resultierenden Vorgangs, das Leere und für uns besonders Unheimliche daran; denn niemand hat es eigentlich so gemeint, es ist alles wie von selber so gekommen.» Die Zerstörungssucht der Hände, sagt Canetti weiter, «ist rein mechanischer Art und hat sich in rein mechanischen Erfindungen fortgesetzt. Sie ist eben in ihrer Unschuld besonders gefährlich geworden.»

Selbstverständlich gibt es nicht nur gedankenlose Zerstörungssucht, vielmehr auch ebenso gedankenlose Aufbausucht – und nicht nur der Hände, sondern auch des Erfindungsgeistes in seinem abstraktesten Sinn. Das Schlimmste an unserer Situation ist ja gerade, daß wir zu ahnen anfangen, daß die nackte Zerstörung möglicherweise harmlos ist, verglichen mit dem nackten Aufbau, mit seiner ihm einwohnenden destruktiven Potenz...

deutlicher gesagt: die Möglichkeiten totaler Registrierung mittels Kybernetik und des totalen Verbauens und Verkonstruierens der Erdoberfläche könnten dazu führen, daß die bloße Zerstörung durch die Atombombe vergleichsweise harmlos, ja, sogar wünschenswert wird – ganz abgesehen von ihrem regulierenden Einfluß auf die Bevölkerungsexplosion, mit dem besonders optimistische Staatsmänner und Gelehrte längst zu spielen begonnen haben.

Das ist der Fortschritt, der Glücksgott unserer Zeit.

Der Fortschritt beherrscht bislang Technik und Naturwissenschaft. In der Kunst etwa gibt es keinen Fortschritt, Rückschritt logischerweise ebensowenig. Tachismus ist nicht fortschrittlich gegenüber Expressionismus, Pop Art nicht gegenüber Tizian. Aber: Pop Art ist *anders* als Tizian. Das Große an der Gegenwartskunst ist gerade, daß sie dort, wo alles «fortschrittlich» und zweckgebunden ist, rücksichtslos ins Infantile regrediert. Daher auch das globale Unverständnis des heutigen Menschen für die heutige Kunst. Man sollte von *Stilwandel* sprechen, und man kann natürlich dann, unter der hypnotischen Wirkung des Fortschrittsbegriffes, ohne weiteres alles, was auf Verdrängung und Stilwandel zielt, eben als progressiv bezeichnen. Solange man jedoch kein eigenes Wort verwendet, bleiben die Begriffe unklar.

Ebenso verkehrt wie in der Kunst ist der Begriff des Fortschritts auch dort, wo er auf gesellschaftliche Formen und Vorgänge angewandt wird. Das Wichtigste am technischen Fortschritt ist eben, daß er sein Ziel in sich trägt. Wenn eine Atombombe herausschaut, war eben die Atombombe das Ziel der ganzen Entwicklung der Physik. Das kann einzelnen Physikern schlaflose Nächte bereiten, am weiteren Fortschritt der Physik ändert es nichts.

Ganz anders, sobald von Gesellschaften die Rede ist! Gesellschaftstheoreme sind Eschatologien von Natur.

Das Ziel wird von außen gesetzt. Das hypnotisierte Starren auf das Ziel verdeckt sogar das, was wirklich geschieht. Das Resultat ist ein falsches Bewußtsein.

Wer zum Beispiel eine offene pluralistische Gesellschaft möglichst freier Menschen mit einer möglichst gerechten Verteilung der Güter anstrebt – ich denke, wir alle tun das – wird sagen (ohne heißes Eisen anzurühren), daß die schwedische Gesellschaft progressiver ist als die portugiesische. Leider ist in gesellschaftlichen Fragen alles, was progressiv ist, auch reaktionär. Ich glaube kaum, daß Moskau im allgemeinen viel Verständnis dafür aufbringt, daß wir die aktuelle russische Gesellschaft als reaktionär bezeichnen. Wir, offener und liberaler, könnten beistimmen, daß unsere Gesellschaftsform hier reaktionär ist. Und doch gibt es viele Völker, denen erscheint dieselbe als ein fernes, unerreichbares Ziel … Und darüber müssen wir uns klar sein, im Sprachgebrauch des Kremls ist nicht einfach unsere jetzige Gesellschaft reaktionär, *sondern auch ihr Ziel.*

Hier geschieht auch der große welthistorische Betrug: jedes Regime, das den technischen Fortschritt bejaht (es gibt kein anderes), verkauft eo ipso sich selbst als fortschrittlich, und das heißt glückbringend.

Nur einige besonders kühne reaktionäre Dummköpfe glauben es sich leisten zu können, den technischen Fortschritt selbst zu unterdrücken. Womit er für ihre Völker erst recht zum Glücksfetisch wird. Denn jetzt *hat* ein Logarithmenbuch und ein Düsenflugzeug plötzlich mit Befreiung zu tun! Aber selbst die Unterdrücker des wissenschaftlich-technischen Fortschritts kommen um die Phraseologie des Fortschritts nicht herum, wenn sie ihre Pöstchen behalten wollen. Selbst «Ruhe und Ordnung» werden nicht mehr wilhelminisch als erste Bürgerpflicht gepriesen, denn Ruhe gilt als kein Glück mehr, sondern die Bewegung, und Bewegung heißt Fortschritt – und Ruhe und Ordnung müssen nun plötzlich sein, *um* den

Fortschritt zu gewährleisten. Ohne Ruhe und Ordnung kein Fortschritt. Das haben Sie bestimmt auch schon irgendwo einmal gehört! Es wäre noch viel zu sagen: über den Fetisch Industrialisierung, über den Fetisch Stadt – oder über Mao, der, wenn er kein anderes Verdienst hätte, dann sicher das, diesen beiden Fetischen nicht anheimgefallen zu sein. Oder man könnte von einer Zivilisation sprechen, die gerade durch ihren technischen Fortschritt immer verletzlicher wird. Heute genügt, um eine Großstadt lahmzulegen, bereits eine Handvoll Schnee... Man müßte ausführlich sprechen von der *Antinomie* des Fortschritts... Was uns das Leben ermöglicht, bringt uns auch um.

Fortschritt als Glück, das ist die großartigste Manipulation, die es je in der Geschichte gab. Wir sprachen von «Züchtung», vom «Aufbau des Sozialismus», vom «Harren auf einen Zustand X» als Mit- und Gegenspieler des universellen Glücksstrebens. Im Fortschritt ist alles vereint. Der Fortschritt peitscht die Techniker an ihre Apparate, den Bürolisten hinter seine Lochkarten, den Bauern zum Computer, den Weltreisenden in die Supersonic Jets, den Kranken, der in jedem Asyl besser dran wäre, in die Mayo Klinik.

Der Mensch, der noch nie etwas anderes wurde als gleichzeitig befriedigt und frustriert, hier wird er wieder befriedigt (er darf mitmachen) und frustriert (er zählt nicht) – aber in einem unmenschlichen Ausmaß, und alles wie in einer Zwangsjacke, fern von jeder Transzendenz, innerhalb dieser einzigen Welt!

Die «große Weigerung» hätte nur dann einen rechten Sinn, wenn *alle* sich weigern. Das ist gar nicht möglich. Würde übrigens auch den augenblicklichen Untergang bedeuten.

Wir müssen umdenken lernen.

Wir müssen uns – ich denke an das berühmte Diktum von Bertolt Brecht – wieder getrauen, von den Bäumen zu sprechen. Denn die Bäume sind jetzt schon fast wichtiger als das jeweilige Regierungssystem.

Wir müssen den Grund aller Manipulation in den Griff bekommen: Technik, Naturwissenschaft.

Der technische Fortschritt muß *gesteuert* werden, vom Techniker selbst. Politiker und Philosophen, wie man weiß, taugen dazu nicht.

Der Techniker, der unser Untergang sein kann, ist auch unsere einzige Hoffnung.

Wir müssen einsehen lernen, daß eine Autobahn und ein interkontinentaler Flughafen und ein Seeufer mit einer chaotischen Ferienhäuschensiedlung noch lange kein erstrebenswertes Ziel sind; eine *Landesplanung* aber wohl. Ohne einige Kassandrarufe wird es nicht abgehen!

Es geht aber auch darum, den Menschen jetzt nicht zu klein zu sehen. Ein Volk, das sein Geld ausschließlich für Versicherungen, Krankenhäuser und soziale Wohlfahrt ausgibt, ist fürchterlich. Eine Menschheit, die *nur* den Hunger bekämpft, hätte die Pyramide nicht gebaut. Mondfahrt muß sein. Die Menschen haben eine alte Neigung, ihre Träume zu realisieren. Tun sie es nicht, verkümmern sie. Es kommt jetzt darauf an, daß die Realisationen des Traumes den Träumer nicht erschlagen ...

LEGION IST MEIN NAME

Gebet 1

Sie sagen
daß du der Christus bist
der Gesalbte des Herrn
daß du

in seinem Namen kommst
daß der große Gott dich geschickt hat
daß du ein Mensch bist
und ein Gott
das ist gar nicht so schwer zu begreifen
die Kreuzigung des Gottes macht mir Mühe
an die Auferstehung des Menschen aus dem Grab
glaubte ich kaum
aber ich glaube, daß du ein Ewigwährender bist
auch das ist gar nicht so schwer zu verstehen –
ich stelle ihn mir vor wie einen der Jungen im Schwimmbad
groß
mit kräftigen Händen
einem wilden Mund
und mit einem phantastischen Mutterkomplex
mit dieser schrecklichen Sehnsucht nach kühlenden
Händen und einem blauen Tuch
der Gedanke, daß du ein Rocker bist
und sitzest hinten auf einem Töff
dein Haar leuchtet im Wind
ist nicht mehr neu
und der Gedanke, daß du eher in Stripteaselokalen ver-
kehrst als in den Schalterhallen der Banken ist landläufig
geworden, außerdem biblisch belegt (Salbung in Bethanien versus Vertreibung der Bankiers aus dem Tempel)
manchmal denke ich
daß du uns liebst
und wir: lieben dich auch
manchmal spüre ich sogar, daß ich weiß was das heißt
lieben
Glück ist nichts Angenehmes und Liebe ist schrecklich
aber manchmal spüre ich dich, wenn du vorübergehst,
hinter den Bergen von Papier, die wir füllen, um dich
zu vergessen
weil du uns liebst

du hast deine Bedingungen:
wenn wir uns übersatt vom Tische erheben
liebst du uns nicht
wenn wir Karriere machen
liebst du uns nicht
wenn wir den Präsidenten hochleben und Gott
einen guten Mann sein lassen
liebst du uns nicht
wenn wir brav sind und sonntags zu Hause bleiben
wenn wir verschwitzt in der Kirche sitzen und 50 Rappen
geben am Ausgang
liebst du uns nicht
wenn wir aber irr reden irr tanzen träumen irr singen irr
trommeln auf einem irren Schlagzeug
und irr spielen auf einer ebenso irren elektrischen Orgel
dann liebst du uns
wenn wir irgendwo lautlos verbluten
am Transfusionsschock krepieren
oder den Mond betreten
dann
liebst du uns
und in den seltenen Nächten wenn ein Mann und eine
Frau
in einem Bett sich begegnen
freundlich
wie verlorene Kinder im Wald
dann liebst du uns
du bist ein freundlicher Gott
wie jene Jungen im Schwimmbad
die bunte Badehosen tragen und sich von der Sonne
verbrennen lassen
du bist ein sehr schrecklicher Gott
wie einer der Jungen, der plötzlich aufsteht und seine
Träume über die Köpfe der Badenden weg
schreit
der

seine heimlichen Gedanken
Wirklichkeit
werden
läßt –
So ein Gott bist du
ich grüße dich
ich kann dich leugnen
aber du??
«Denn wo zwei oder drei in meinem Namen versammelt
sind, da bin ich mitten unter ihnen.» (Mat. 18, 20)
Ich liebe dich, so wie du bist.
Amen.

Predigt

Christus heilt. Die Evangelien sind von Heilungen
durchsetzt, ähnlich wie die mosaischen Bücher von den
Engeln. Ich habe bei Matthäus 20 Stellen gefunden, wo
von Heilungen die Rede ist, dazu kommen bei Markus
mindestens 5, bei Lukas und Johannes mindestens je 4
Heilungsberichte, die jeder der Evangelisten für sich
allein hat. Eine gründlichere Ausforschung der Texte
würde vermutlich noch mehr Hinweise auf Heilungen
aufzeigen, zudem ist es eine Ermessensfrage, wieweit es
sich bei den verschiedenen Berichterstattern jeweils tatsächlich um «dieselbe» Heilung handelt – je nachdem
man einen theologischen oder einen medizinischen Gesichtspunkt zugrunde legt, sieht die Konkordanz ein bißchen anders aus. So ist zum Beispiel der mondsüchtige
Knabe des Matthäus bei Markus und Lukas ausdrücklich ein epileptischer Knabe: das ist nicht dasselbe, und
außerdem beschreibt Markus den Vorgang des Heilens
sehr genau und anders als die anderen.

Christus heilt. Aber Christus ist kein Arzt. Auch das
Wort «Heiland» bedeutet nicht Arzt, schon gar nicht

Gesund-Macher – «Heiland» ist nach dem etymologischen Wörterbuch von Kluge eine sogenannte Lehnübersetzung des griechischen Soter, und der Soter ist der Retter.

Ärzte gab es zur Zeit Jesu, im jüdischen und im griechischen Kulturkreis, so wie es heute Ärzte gibt. Ärzte gab es auch in alttestamentlicher Zeit. Für Moses ist es selbstverständlich, daß bei fahrlässiger Körperverletzung der Schuldige dem Geschädigten wenigstens die Arztkosten erstattet. Die Ärzte des Alten Testaments waren, wie es scheint, empirische Technokraten, ähnlich wie die griechischen Ärzte derselben Zeit. Gegenüber dem oft berühmten Priester-Arzt ist überhaupt eine gewisse Vorsicht geboten. Man kann vermuten, daß es ihn in den alten Hochkulturen gar nicht gab. Und ärztliche «Magier» gab es erst recht nicht. Magie war durch das mosaische Gesetz ausdrücklich verboten, und der empirisch-rationalen Denkweise zumindest der hippokratischen Schule lag sie nicht. Es zeugt schon von beachtlicher Geistesverwirrung, wenn uns heute durch medizinische Bestsellerautoren eine magische Medizin aufgeschwatzt werden soll, in diesem letzten Drittel des zwanzigsten Jahrhunderts. Es geschieht unter dem Schlagertitel einer psychosomatischen Medizin. Aber mit den wirklichen Problemen der Psychosomatik hat das nichts zu tun. Tatsächlich handelt es sich um einen Husarenritt – weg von einer «Medizin ohne Menschlichkeit» (nicht nur zur Nazizeit!). Diese Medizin soll ins Zentrum des Menschen gehen. Aber dorthin kommt man nicht mit «Magie» –, sondern zu gelehrtem Unsinn und Scharlatanerie.

Das mosaische Gesetz berichtet viel von Vorschriften der öffentlichen Hygiene. Die Beschreibung des Aussatzes (3. Mose 13) ist ein Beispiel dafür. Die Ausübung der öffentlichen Hygiene und Sozialmedizin liegt selbstverständlich bei den öffentlichen Instanzen, und das sind eben die Priester, in einer alttestamentlichen Theokratie.

Die Verhältnisse im zeitgenössischen Ägypten waren vermutlich analog. (Davon verstehe ich im einzelnen nichts.) Die Ärzte hingegen trieben Individualmedizin.

Christus heilt. Christus heilt Individuen. Aber Christus treibt keine Medizin. Ich befasse mich mit der Art dieses Heilens.

Christus heilt
Krankheiten, Qualen, Besessene, Mondsüchtige, Gelähmte. («Und er heilte sie.»)
Einen Aussätzigen.
Den gelähmten Knecht eines Hauptmanns.
Die Schwiegermutter des Petrus, vom Fieber.
Er heilt Besessene.
Er treibt die Geister mit dem Wort aus.
Heilt alle Kranken.
Den oder die zwei bösartigen besessenen Gerasener.
Einen Gelähmten.
Eine blutflüssige Frau.
Das Töchterchen des Jairus, das tot war oder schlief.
2 Blinde.
Einen besessenen Stummen.
Einen Menschen mit einer erstorbenen Hand.
Einen Besessenen, der blind und stumm ist.
Alle Kranken von Genezareth.
Die Tochter einer kanaanitischen Frau.
Viele Kranke aller Art.
Einen mondsüchtigen Knaben.
2 Blinde.
Einen Besessenen in Kapernaum.
Einen Taubstummen.
Einen Blinden in Bethesda.
Einen epileptischen Knaben.
Erweckt einen Jüngling in Nain zum Leben.
Er treibt einen Dämon aus, der stumm war.
Heilt
Eine Frau mit verkrümmtem Rücken, am Sabbath.

10 Aussätzige, davon 9 Undankbare.

Das Kind eines königlichen Beamten in Kapernaum.

Den Chronischkranken am Teich Bethesda.

Einen Blindgeborenen, wieder am Sabbath.

Die Auferstehung des Lazarus, der schon vier Tage tot war und stank.

Die drei Zustände, Krankheit, Besessenheit, Tod werden ganz offensichtlich streng getrennt.

Lassen wir die Auferweckung der Toten ruhig als unglaubhaft beiseite. Vom Töchterchen des Jairus sagt Christus selbst, bei allen drei Zeugen: «Das Kind ist nicht gestorben, sondern es schläft.»

Die Art, wie er (Luk. 7, 11–17) an den Sarg des Jünglings zu Nain klopft und dem Toten dann zuruft: Jüngling, ich sage dir, steh auf – wirkt doch reichlich fahrlässig bei einer so ernsten Sache und paßt keineswegs zu Jesu sonstiger Art, wie er den Grenzübergang zwischen Leben und Tod als unübersteiglich und unwiderruflich ernst nimmt, genau wie ein moderner, wissenschaftlich denkender Mensch. Diese Auferweckung steht auch einzig bei Lukas, die vielzitierte Auferweckung des Lazarus einzig bei dem religiösen Phantasten Johannes.

Ich möchte jedenfalls nicht gern meine Christologie an der Lazarusgeschichte aufhängen – allzuleicht handelt es sich um einen Eckstein, den die Bauleute besser verworfen hätten.

Es besteht auch ein Unterschied, scheint es, zwischen Geisteskrankheit und Besessenheit. Der «mondsüchtige» und der «epileptische» Knabe sind nicht Besessene. Dennoch sind sie auch nicht einfach Kranke wie ein Gelähmter, ein Aussätziger, eine blutflüssige Frau. Es heißt nämlich: «Der Dämon fuhr aus von ihm, und der Knabe war von jener Stunde an geheilt.» (Mat. 17, 18) Der Geisteskranke ist also nicht ganz ein gewöhnlicher Kranker, nicht ganz ein Besessener, nicht ganz ein normaler Mensch. Sehr viel anders ist unsere heutige Fundamentalnosologie der Geisteskrankheit nicht. Michel Foucault hat 1954 den Geisteskranken mit fast derselben Umschreibung definiert. Es ist ein grundlegender Unterschied, ob Christus einen Blinden oder Taubstummen heilt oder einen Besessenen, der blind oder stumm ist. Dem Besessenen legt er nämlich niemals die Hand auf. Er berührt den Besessenen nicht. Mit den Geistern oder Dämonen der Besessenen *spricht* er. Und erst, nachdem diese ausgefahren sind, spricht er mit dem Patienten selbst.

«Und er war allezeit, Tag und Nacht, in den Grüften und auf den Bergen, schrie und schlug sich mit Steinen. Und als er Jesus von ferne sah, lief er und warf sich vor ihm nieder und schrie mit lauter Stimme: Was habe ich mit dir zu schaffen, Jesus, du Sohn Gottes, des Höchsten? Ich beschwöre dich bei Gott, peinige mich nicht! Er hatte nämlich zu ihm gesagt: Fahre aus, du unreiner Geist, aus dem Menschen! Und er fragte ihn: Was ist dein Name! Er antwortete ihm: Legion ist mein Name, denn wir sind viele. Und er bat ihn dringend, sie nicht aus der Gegend zu verweisen. Es war aber dort am Berg eine große Herde Schweine zur Weide. Und sie baten ihn: Schicke uns in die Schweine, damit wir in sie fahren! Und er erlaubte es ihnen. Da fuhren die unreinen Geister aus und fuhren in die Schweine. Und die Herde stürzte sich den Abhang hinunter in den See, ungefähr zweitausend, und sie ertranken im See.» (Mark. 5, 5–13)

Wie heilt Christus *Krankheiten?*

Durch Berührung.

Durch Handausstrecken und Berühren.

Christus berührt die Augen von Blinden. Er speit auch Blinden in die Augen und legt dann die Hand auf.

Er hält einem Taubstummen die Finger in die Ohren und berührt seine Zunge mit Speichel.

Speit auf den Boden, macht einen Teig, legt diesen Teig auf die Augen und befiehlt dem Blinden, sich im

Teich Siloah zu waschen.

Einmal muß er auch die Hände ein zweites Mal auflegen, weil der Blinde erst undeutlich sieht und verzerrt. «Ich sehe», sagt der noch halb Blinde, «ich sehe einen Menschen, denn Wesen wie Bäume sehe ich umhergehen.» (Mark. 8, 24) Der berühmte Hauptmann von Kapernaum zeigt Jesus, daß es zum Wirken keine körperliche Berührung, auch keine körperliche Anwesenheit braucht – daß dazu der militärische Geisterbote genügt, der damals *Befehl* hieß und der heute noch *Befehl* heißt.

Von da an heilt Christus öfter auf Distanz. Durch Befehl: Nimm dein Bett und wandle!

Dieser Vorgang ist aber ganz offensichtlich nicht derselbe, wenn Christus mit den Dämonen der Besessenen spricht! (Unter anderem erkennen *ihn* die Dämonen und widersprechen *ihm*. Er begegnet den Dämonen der Besessenen vorerst auf gleicher Ebene, obgleich er «zum Siegen verdammt» ist.)

Christus heilt offensichtlich nicht gern. Es ist ein bißchen, als schämte er sich – als wäre es des Sohnes Gottes unwürdig, sich durch Wunder zu beweisen. Tatsächlich: nimmt man die Heilungen als «Wunder», machen ihn uns dieselben Handlungen, die ihn der Antike vielleicht überzeugend machten, eben gerade unglaubhaft.

Christus befiehlt den Geheilten, es nicht weiterzuerzählen. Sie tun es selbstverständlich doch. Vielleicht fürchtet Christus die fast charismatische Macht der Publizität und damit erst recht die falsche Publizität. Es geht ihm um den Glauben – nicht um Gesundheit. So zumindest sagt es ein zeitgenössischer Prediger. Aber das ist wohl nicht gut gesagt, denn bei den evangelischen Heilungen geht es nicht um Gesundheit, sondern um Heilung, und das hat wenig miteinander zu tun.

Nur einmal, dem fürchterlichsten Besessenen, den er heilt, eben dem besessenen Gerasener, sagt er: Geh in dein Haus zu den Deinen *und berichte ihnen,* was der

84

Herr an dir Großes getan und wie er sich deiner erbarmt hat.

War ihm diese Heilung groß genug?

Hier ist die Heilung auch unmenschlich geworden. Um den armen Verrückten geht es längst nicht mehr, sondern um den Sieg des Einen über das Andere (des sogenannten Guten über das sogenannte Böse) ... Die Leute von Gerasa spüren das: sie flehen Christus an weiterzuziehen, und er geht.

Christus heilt nicht gern.

Warum heilt er überhaupt? Er kann nicht anders. Der Retter und der Heiler ist eben doch derselbe. Und die kleine menschliche Heilung des einen Kranken ist auch mehr als ein Bild des großen Heilsgeschehens. Sie ist seine (einzige) Manifestation.

Eine blutflüssige Frau macht sich im Gedränge an ihn heran. Sie berührt sein Kleid. Sie ist geheilt. Er aber «spürte, daß eine Kraft von ihm ausgegangen war, wandte sich um unter dem Volk und sagte: Wer hat meine Kleider angerührt?» (Mark. 5, 30)

Dem Heiligen wohnen spontane Heilkräfte ein. Es bleibt ihm, mehrere Stellen belegen es, gar nichts anderes übrig, als die Heilungen schließlich zu *wollen*, die er ganz einfach *muß*.

Ich erspare Ihnen alle die klugen Gedanken, die man sich zum Mechanismus solcher Heilungen machen kann – über Suggestivwirkungen – seelische Vorgänge wirken auf Körperliches ein – eine sogenannte Streß-Situation führt zur Ausschüttung von Nebennierenrinden-Hormonen, und diese dämmen beispielsweise Entzündungen ein, erweichen auch rheumatische Schwielen und zaubern den muskulären Hartspann weg.

Heilung ist kein seelischer Vorgang.

Die Aufrichtung des krummen Rückens einer Frau (Luk. 13, 10–13) hat nichts mit einer wie immer beschaffenen Seele zu tun, aber sehr viel mit Anatomie.

Und die vielberufene Psychosomatik?

Auch da wird nicht an das Geheimnis der Dualität von Körper und Geist und Leib und Seele gerührt. Die Psychosomatik ist hinter ihrem anspruchsvollen Namen sehr viel bescheidener geworden. «Psychosomatik», sagt F. Meerwein, ein Zürcher Psychoanalytiker, «verändert weniger die medizinische Wissenschaft als die Bereitschaft des Arztes, auf den *Anspruch* des Kranken zu hören und adäquat darauf zu *antworten.*»

Was ist Krankheit?

Sicher nicht Sünde, wie die Pharisäer (heute noch) glauben. «Und im Vorübergehen sah er einen Menschen, der von Geburt an blind war. Und seine Jünger fragten ihn: Rabbi, wer hat gesündigt, dieser oder seine Eltern, daß er blind geworden ist? Jesus antwortete: Weder dieser hat gesündigt noch seine Eltern, sondern die Werke Gottes sollen an ihm offenbar werden.» (Joh. 9, 1–3) Er machte ihn sehend. Und die Besessenen?

Ich will Ihnen eine Geschichte erzählen – eine Gegengeschichte zur Heilung des besessenen Geraseners. Ich hatte einmal einen jungen Patienten, einen Katatonen, wie wir sagen, einen Zimmermann aus Österreich. Der saß den ganzen Tag stumm und starr und starrte auf die Wand. An der Wand hing ein Öldruck, der Gute Hirte, ein Christus mit Heilandsbart. Auch mein Patient ließ sich einen Heilandsbart wachsen. Das war sozusagen seine einzige Botschaft an die Umwelt, dieser Bart.

Eines Tages spritzte ich ihm eine Substanz in die Adern. Er wird erregt, steht auf, geht umher – plötzlich steht er still, weist auf das Bild an der Wand und sagt: Der dort bin ich.

Und der blieb er auch.

Man nennt das einen Christuswahn. Vorsichtige Psychiater setzen den Christuswahn in Anführungszeichen.

Vielleicht war das ein Besessener. Für uns war er «einfach» schizophren, aber Schizophrenie ist natürlich nicht einfach …

Wir sind nicht mehr fähig, Geister zu sehen. Wir sind nicht mehr fähig, Dämonen aus Besessenen ausfahren und in Schweine hineinfahren zu sehen. Wir sind auch absolut unfähig, solche Vorgänge zu *glauben.*

Wir *wissen* vielmehr, daß es keine solchen Vorgänge gibt, in unserer Welt und in keiner mit unserer Welt vergleichbaren Welt.

Und der Besessene?

Seit etwa anderthalb Jahrhunderten beansprucht das europäische Denken für die Verrücktheit den ausschließlichen Status der Geisteskrankheit. Die Auseinandersetzung mit dem Irrsinn kann nicht mehr in der Freiheit geschehen. Die Gesellschaft weicht der Konfrontation mit dem Unheilbaren aus, weil sie selbst heillos geworden ist.

Wir erkennen den Besessenen nicht mehr.

Seit derselben Zeitspanne ist auch alles in die Innerlichkeit versetzt, in die sogenannte Seele hineinprojiziert. Wir brauchen jetzt «Psychologen» – sehr viele Psychologen sogar, denn Werberberater und Fernsehleute, das sind auch Psychologen … Es gibt keine Dämonen mehr, dafür Strebungen, Triebe, Instinkt – die Urszene ist in die Träume verbannt.

Vielleicht sind aber die Besessenen auch einfach ausgestorben – so wie einmal die große Hysterie ausgestorben ist und vielleicht jetzt eben wieder etwas verschwindet: der große schöpferische Wahn …

Vielleicht haben wir es geschafft. Vielleicht ist der Mensch heute schon fast so, wie wir ihn haben wollten: ein manipulierbares Geschöpf.

Gesundheit, machen wir uns doch nichts vor, bedeutet längst nichts anderes mehr als die Wiederherstellung der Fähigkeit zu gesellschaftlich voll angepaßter Produktion und Konsumation.

Und das stellen die Ärzte eben nach bestem Wissen und Gewissen her. Man könnte sagen: Die Medizin hat gesiegt. Die Medizin hat eine ungeahnte Meisterschaft darin entwickelt, gesund zu machen, ohne zu heilen. (Und es bleibt vielleicht einer Sache wie der Psychoanalyse vorbehalten, gelegentlich zu heilen oder gesund zu machen – gelegentlich aber auch nicht…)

In zehn Jahren, sagt man, wird die *Kybernetik* den Mann auf der Straße erreicht haben. Was heißt das?

Die Maschine, die handgeschriebene Zahlen liest, ist erfunden. Übersetzungsmaschinen kommen bald. Auf uns warten aber nicht nur diese mehr heiteren Ausgeburten des technischen Genies, sondern *die totale Registratur.*

Es wird zum Beispiel keine festen Löhne mehr geben, die jeweilige Leistung wird vielmehr von Tag zu Tag und von Stunde zu Stunde in ihrer relativen Wertigkeit im Verhältnis zum ganzen Produktionsvorgang gemessen und entsprechend entlohnt. Die permanente Volksbefragung tritt an Stelle von Recht und Gesetz – und was wie totale Demokratie aussieht, ist es auch: nämlich die totale Verunsicherung in einem System ebenso totaler sozialer Gesichertheit. Die letzte schauerliche Parodie des schönsten Satzes: Jeder nach seinen Fähigkeiten, jedem nach seinem Bedarf.

Dieses System braucht gar keine umwälzenden neuen technischen Entwicklungen mehr. Es muß bloß noch eingeführt werden. Und es *wird* eingeführt, ganz unmerklich vorerst. Wer denkt schon daran, daß eine so gut gemachte Sendung wie «Aktenzeichen XY ungelöst», mit ihrem ganz ungeheuer moralischen Hintergrund, zu nichts anderem führt als zu einem ganzen Volk von Hehlern und Helfershelfern der Polizei…

Da hat sich etwas angebahnt, die Realisierung des ältesten Traums der Menschheit: Versklavung aller durch alle, die Auflösung des einzelnen in einer ewigwährenden Masse, die sich von Augenblick zu Augenblick neu konstituiert.

Und dann gibt es eine Gegenstimme, sie ist machtlos und sehr klein. Die Stimme jenes Christus, der einen Blinden heilt, nicht damit er in den Arbeitsprozeß eingegliedert werden kann, daran dachte zu Jesu Zeit kein Mensch, auch nicht, damit er «gesund» wird, davon ist in den Evangelien überhaupt nicht die Rede – sondern damit er *sieht*.

Oder wie es in der Sprache des Evangelisten heißt: damit die Werke Gottes an ihm offenbar werden.

Und, das glaube ich allerdings fest, für uns gibt es nur noch diesen einen Christus – oder keinen.

Amen.

Gebet 2

Mein Gott
ich offeriere dir die Welt
in den Wörtern die ich spreche mit meinem Mund
ich habe von dir gelernt
daß die Welt aus dem Wort ist das von deinem Mund
geht
ich habe gelernt
daß die Welt in meinen Wörtern wieder ist
neu –
so wie ich meine, daß sie ist, so ist die Welt
ich offeriere sie dir –
ich weiß nicht wer du bist
und du weißt nichts von mir
dennoch
gehören wir irgendwie zueinander
in diesem universellen geschlossenen System
von Kommunikation.
Es ist viel Leid und Qual auf dieser Welt
das meine ich ganz realistisch –

vielleicht ist es so wie wir glauben
daß die Qual des einen den Sadismus des anderen befriedigt
und die Brutalität des anderen den Masochismus des einen
vielleicht ist es wichtig
ob man zu den einen oder den anderen gehört
vielleicht ist es so wie du sagst, daß es besser ist Gewalt zu erleiden als Gewalt zu tun
vielleicht ist das aber auch nur ein schönes jüdisches Märchen –
der Arme
mein Gott
der Leidende
der Gequälte
schämt sich in unserer Welt –
Ich offeriere dir diese Welt
die eine Rose ist
mit einem Wurm
einem Wurm aus dem ein Schmetterling wird und wieder ein Wurm und wieder ein Schmetterling und wieder ein Wurm
die Rose aber treibt Gallen und aus den Gallen schlüpfen Wespen und wenn die Wespen sie stechen und ihre Eier legen treibt die Rose wieder Gallen und wieder Wespen und wieder Gallen und wieder Rosen
eine Welt von
Feedbacks
und Information und
Redundanz
eine Welt die nicht untergehen kann
denn nach uns kommen die Bomben
und nach den Bomben die pferdeähnlichen Heuschrekken deiner Offenbarung mit ihren offenbar obszönen Schwänzen (Off. 9)
das läßt sich wissenschaftlich beweisen

90

denn eine radioaktive Strahlung
die uns alle vernichtet
tötet noch längst
die Insekten und Asseln und Spinnen nicht
regt höchstens ihre Mutationsrate an
wie es geschrieben steht –
Gott
diese Welt offeriere ich dir…
Jahrtausende der Beschwörung haben dich uns
nicht näher gebracht das Wort Vater ist eine unwirkliche
Vokabel geworden
wir wissen nicht was das ist: ein allmächtiger Herr
Wir sagen Gott und meinen nichts damit
nicht immer sind die falschen Wörter die richtigsten
wir haben den Glauben verlernt
Glaube Liebe Hoffnung diese drei
wir hoffen nicht mehr
auf dein unglaubliches Come-back
mit rosa Füßen über Gold und Blau
und den schweren süßen Duft der heiligen Lilien
du bist
ein alter mystischer Traum
ein logisches Postulat und ein Turm
wir sind nicht logisch
wir wissen nichts von dir
du bist nicht offenbar
wir sind dunkle Raubkatzen vor dir
blaue Vögel mit allwissenden Augen und dem bunten
Gefieder der Neugier
wir fürchten das Leben mehr als den Tod
aber dich fürchten wir nicht
du Rose von Jericho
in steinernen Krügen
zeitlose Jahrmilliarden
du Senfkorn mit der Geschwindigkeit des sichtbaren
Lichts

du rasendes Zentrum eines unbeweglichen Alls –
wir sind deine einzige Hoffnung
bitte für uns!
Unser Vater ...
Amen.

DIE SCHIZOPHRENIE DER KUNST

Über das Thema «Die Schizophrenie der Kunst» kann
man selbstverständlich nicht sprechen. Anstößig ist der
Genetiv – nun, ein Genetiv muß ja nicht possessiv sein,
als besäße die Schizophrenie die Kunst oder die Kunst
die Schizophrenie. Ein Genetiv ist auch nicht viel mehr
als ein Genetiv. Allerdings meint er ein bißchen mehr als
das beziehungslose «und».

Ich stehe, wenn ich es mir überlege, vor Ihnen als ein
Geschichtenschreiber, der beruflich mit Geisteskranken
zu tun hat. Wenn ich «schreibe», gehöre ich zu denen,
die Wörter als Bedeutungsträger verwenden und nicht
als ein vermeintlich frei disponibles Material zu einem
Spiel mit Phonemen. Das ist ein Nachteil; denn in
einem gewissen Sinn bin ich dadurch altmodisch – und
vielleicht weiter weg von der eigentlichen Kunst der
Irren als Leute wie Ernst Jandl oder Franz Mon. Es kann
aber auch ein Vorteil sein: vielleicht finden wir gerade
dadurch wenigstens noch Rudimente einer gemeinsamen Sprache. Denn die Sprachschwierigkeiten zwischen
Literatur als Kunstübung und Literatur als Wissenschaft
sind heute enorm. Zum Teil liegt das an dem viel zu
engen, positivistischen und in letzter Konsequenz auf
das Exakte tendierenden Wissenschaftsbegriff, den wir
haben.

92

Dabei gibt es so etwas wie eine geisteswissenschaftliche Unschärferelation: entweder eine Wissenschaft ist *exakt*, oder sie fragt nach dem *Sinn*. In den Naturwissenschaften ist bekanntlich die Frage nach dem Sinn ein Unsinn. In den Human- oder Gesellschaftswissenschaften muß man jedoch immer zuerst wissen, *wovon* man spricht. In einem gewissen Sinn ist alle wesentliche humanwissenschaftliche Erkenntnis *vorwissenschaftlich*.

Ich habe keine Erkenntnis. Ich versuche mich gern als Dolmetscher zwischen Wissenschaft und Kunst. Aber ich bezweifle, daß es gelingt. Was ich Ihnen also mitteilen kann, ist keine Erleuchtung über Schizophrenie und Kunst. Was ich Ihnen vorschlage, ist eine ganz bestimmte Art, über dieses Thema zu *sprechen*.

Das Sprechen über das Sprechen (oder Reden über das Reden) ist heute eine große Mode. «Code», «Sprache», «Information» sind Schlüsselworte fast aller Wissenschaft geworden. Selbst Naturwissenschaft versteht sich heute in einem gewissen Sinn nicht mehr so sehr mathematisch als linguistisch. Wahrscheinlich bietet Linguistik einen höheren Freiheitsgrad und unbestimmtere Formen der Präzision (oder präzisere Formen der Unbestimmtheit) als Mathematik. Davon verstehe ich nichts. Vielleicht ist das Sprechen über das Sprechen auch nicht bloß eine Mode oder eine Manier, vielleicht handelt es sich tatsächlich um eine weitere Ebene der Reflexionsreflexion, einen weiteren Schritt zur *Totalisation de la Noosphère* Teilhard de Chardins.

Vermittelt wird die totale Information durch das Fernsehen. Alles ist «live». Alles ist auch Information. Kunst ist Information, ebensogut wie eine Szene aus dem Krieg in Vietnam – und das Wort «Szene» gehört eben zum Krieg in Vietnam so gut wie zu einer Uraufführung in Amsterdam. Die Verarbeitung in einem Kommentar ist überflüssig geworden; man ist selbst mit dabei. Das ist das Typische der Live-Sendung. Die Information wird nicht mehr ausschließlich digital (verbal, rational, bewußt) übermittelt. Gerade dadurch wird aber der ausschließliche Informationscharakter aller Phänomene für jeden unangenehm klar: er ist nicht mehr zu übersehen. Und weiter: was so sehr «live» ist, ist gleichzeitig auch denaturiert.

Die Rede von «Genie und Irrsinn» ist so nicht mehr möglich. «Ce n'est plus», sagt Michel Foucault, «le vieux thème platonicien du délire. C'est la marque d'une nouvelle expérience du langage et des choses.» (*Les mots et les choses,* p. 63)

Es hat auch keinen Sinn mehr, immer wieder von Gérard de Nerval, Antonin Artaud, August Strindberg, Friedrich Nietzsche und Walser und Hölderlin zu sprechen.

Wer *schreibt,* ist verrückt.

Samuel Beckett ist verrückt.

Eugène Ionesco ist verrückt.

Allan Ginsberg ist verrückt.

Gregory Corso ist verrückt.

Brendan Behan ersoff im Alkohol, und Joe Orton und sein Freund erschlugen sich gegenseitig im Bett, Julij Daniel und Andreij Sinjawski hocken im Zwangsarbeitslager.

Friedrich Dürrenmatt ist verrückt.

Peter Handke ist verrückt.

Peter Bichsel ist verrückt.

Henri Michaux ist verrückt.

Francis Ponge ist verrückt.

Harold Pinter ist verrückt.

Max Frisch, Jossif Brodskij, Paul Celan, H. C. Artmann, Slawomir Mrozek, Pablo Neruda, Witold Gombrowicz, Tennessee Williams und William Carlos Williams, die sind doch alle verrückt. Und wenn ich von mir selbst sprechen darf: ich bin auch verrückt.

Hans Habe ist normal.

Verrückt oder normal ist eine Frage der gesellschaftlichen Akzeptation. Und darüber entscheidet weder Frankl in Wien noch Bleuler in Zürich, noch Kisker in Hannover – darüber entscheidet, zum Beispiel, Kiesinger in Bonn, Springer, Franz Josef Strauss oder Ringier in der Schweiz. Das heißt, auch diese entscheiden nicht «selbst», sie lassen vielmehr das entscheiden, was sie das gesunde Volksempfinden nennen, das, wovon sie glauben, daß die es glauben, die sie für ihre Wähler und Konsumenten halten... Und eines muß man ihnen lassen: sie verstehen etwas davon.

Man hat Schizophrenie lange als eine naturwissenschaftliche Diagnose behandelt. Die Frage einer somatischen Grundlage der Psychose werde ich gar nicht stellen. Auch die Normalität hat ihre somatische Grundlage. Auch das Schöpferische hat sie. Weshalb soll die Sequenz der Aminosäuren im Desoxyribonukleinsäuresystem der Gene (oder wie immer das Zeugs heißt), die ohnehin bei jedem Individuum einmalig ist, beim Schizophrenen und beim Künstler nicht noch ein bißchen einmaliger sein? Da sind wir schon bald bei George Orwells Schweinchen: Alle Tiere sind gleich, aber die Schweine sind gleicher als die anderen Tiere. Man kann auch fragen: Woher soll dieser Einbruch des Grauens kommen, der am Anfang der Schizophrenie wie der Kunst steht, wenn nicht aus dem unbekannten und unerfahrbaren Reich der Materie?

Es gibt ja wohl auch kein «schizophrenes Verhalten» – und die moderne Dichtung hat längst gezeigt, daß alle schizophrenen Sprachstörungen auch dem Dichter zuhanden sind. (Der Poet *muß* bloß nicht so sprechen oder denken – aber denkt etwa der Schizophrene *nur* so? Umsonst wird man den Begriff der doppelten Buchführung nicht eingeführt haben.) Daß ferner Dichtung sogar *so ist* und daß die rationalistische, eine veridealisierte «Natura» widerspiegelnde Dichtung des Age Classique nur ein sozusagen euklidischer Grenzfall des weit allgemeineren Phänomens «Dichtung» ist. (Die Psychopharmaka besagen selbstverständlich gar nichts. Die Dichter, die ich kenne, nehmen im Schnitt, oder als Erhaltungsdosis, *fast soviel* davon wie die Schizophrenen, die ich kenne, mit demselben Ziel oder Erfolg: ein normales erwerbstätiges Leben zu führen.)

Die Sprache der modernen Lyrik ist genauso Natur wie die Sprache des Schizophrenen – und die Sprache des Schizophrenen ist ebenso künstlich wie die der modernen Poesie. Hinter der heute so sehr betonten Akzeptation der «Künstlichkeit der Kunst» verbirgt sich ein weiteres, viel allgemeineres Problem: die Notwendigkeit, die Entfremdung (der Arbeit, der Freizeit usw.) zu akzeptieren und, in einer Art Flucht nach vorn, eine neue «Natur» daraus zu machen oder einen neuen Biotop.

Gibt es einen Stilwandel der Psychose, analog dem von Kunst und Gesellschaft? Man kann es vermuten. Mir kommt es so vor, als ob eben jetzt die großen bunten Bilder des Wahnsinns zu verschwinden beginnen, wie einmal die große Hysterie verschwand – daß sozusagen der Urkonflikt, der Inzestwunsch etwa, nackt daliegt, nebst der großen Unbekannten «Schizophrenie», und daß eine Symbolbildung gar nicht mehr *nötig* ist – so, wie eben, in Mitteleuropa zumindest, auch die dichterische Sprache sich wandelt, weil alles im Klartext gesagt werden kann. Ich muß gestehen, daß ich für Phänomene wie Minimal Art keine andere Erklärung habe – und haben wir nicht auch immer mehr Minimal Psychosen in unseren Anstalten? Die Irrenhäuser, scheint es mir, sind heute, und nicht nur wegen der Psychopharmaka, merkwürdig still.

Unser wissenschaftlicher oder klinischer Schizophreniebegriff ist bekanntlich schwierig geworden. Man weicht aus in den Plural und spricht von Schizophrenien. Das Problem liegt aber tiefer: Würde ich, muß ich mich fragen, die «Schizophrenie» erkennen, so, wie ich die Epilepsie erkenne oder wie ich fähig bin, Herzinsuffizienz erkennen zu lernen, wenn ich nicht einfach einmal einige Kriterien auswendig gelernt hätte, die ich nun mit schöner Konstanz und transkulturell in etwa einem Prozent der Erdbevölkerung wiederfinde? Ich wage es zu bezweifeln. Das Paradox stellt sich ein, daß der wissenschaftlich-klinische Schizophreniebegriff kaum mehr zu brauchen ist, während ein journalistischer Schizophreniebegriff Triumphe feiert, eben gerade, weil er die ursprüngliche «Bewußtseinsspaltung» (die vielleicht den «Schizophrenen» weniger kennzeichnet als ein überintegriertes, allzu einheitliches «Bewußtsein») ganz naiv nimmt und damit eben doch Wesentliches aussagt über unsere Situation. Man darf vermuten, daß so, wie das 19. Jahrhundert schließlich sein Herz in der Neurose wiederfand, unsere Epoche die Strukturen ihres Denkens und Handelns, ihrer Visionen und Ängste wiederfinden wird in der *Großen Schizophrenie.*

Es geht hier selbstverständlich überhaupt nicht darum, die Schizophrenie (als psychiatrische Diagnose) vom Wahnsinn oder der Verrücktheit als etwas Besonderes abzuheben. Der Epileptiker ist genauso ein «Verrückter» wie der Schizophrene. Die für mich ganz persönlich eigenartigste Poesie eignet dem organisch abgebauten oder dem Patienten mit einem Hirntumor. Die sprachlichen Schöpfungen dieser Kranken werden von der heutigen Medizin (und nicht nur von der Medizin!) genauso wenig wahrgenommen wie die philosophischen Einsichten der Herzkranken oder die Religion der Emphysematiker. Von «Demenz der Kunst» kann man nicht gut sprechen. Mein Referat müßte eigentlich «Die Verrücktheit der Kunst» heißen. Aber die «Verrücktheit» der Kunst, das ist mißverständlich. Als Allerweltswort bot die «Schizophrenie» sich an. Sprechen ist eben schwierig, und manchmal ist ein falsches Wort besser als ein mißverständliches.

Beat, meine Damen und Herren, sagt mehr aus über *uns* als die ganze Psychosomatik. Aber «sagt» Beat «aus»? «Sagt» Psychosomatik «aus»?? Etwas Neues entsteht.

Oder Träume.

Träume sind Schäume oder die Via Regia zum Unbewußten. Die zwei Ansichten sind bekannt. Weniger harmlos als Nachtträume sind Tagträume, von denen Ernst Bloch gehandelt hat. Die Menschen haben eine schreckliche Neigung, ihre Träume in die Tat umzusetzen. Es kommt jetzt darauf an, daß die Realisationen des Traums den Träumer nicht erschlagen.

Oder künstliche Träume: der Traum vom weißeren Weiß, vom stärkeren Motor, vom Tiger im Tank, der Traum vom Leben zu zweit – man kann ihn auch auf eingefahrenen Gleisen selbst weiterträumen: Fenjal Jasmin – für das Baden zu zweit…

Das Unbewußte, der Freudsche Primärvorgang, ist ja nicht nur ein Topos, sondern auch eine Struktur. Längst nicht alles, was ins Bewußtsein dringt, macht deswegen schon den Wandel zur rationalen Logistik des Sekundärvorgangs mit. POP Art befaßt sich mit dem künstlichen täglichen Traum, oder Edward Albees «American Dream». Die Technik der Propaganda befaßt sich wiederum mit den Strukturen der Träume, die sie selbst hergestellt hat, bedient sich der Mittel der POP Art, die ihrerseits wieder sich der Mittel der Werbung bedient (also wiederum eine Reflexionenreflexion, die vielleicht viel «schizophrener» ist als die berüchtigte «Spaltung») – Mutter ist die Allerbeste, das von Kelloggs Corn Flakes herunterlächelnde ideale Kind oder endlich das perfekt dem Kindchenschema der Verhaltensforscher entsprechende Maskottchen der Seifenfabrik Steinfels, das «der Bio» heißt – der Traum vom biologischen Waschmittel, das die Haut des Kindchens nicht reizt und die Fischlein nicht vergiftet, seid nett zueinander, die Paradiesillusion...

Ist der Nachttraum ein Kunstwerk? Leo Navratil meint ja, C.G. Jung ist dagegen. Ich weiß es nicht. Kunst wohl – aber ein Werk? Traum hat doch gar keine Konsistenz. Also ist das Kunstwerk auch kein Traum?

Traum, Kunst, Wahn, kann man vermuten, verhalten sich zumindest teilweise komplementär. Man könnte glauben, gerade *weil* sie denselben Topos haben, schließen sie sich aus. Inzwischen wurde nachgewiesen, daß Schizophrenen die REM-Schlafphase und damit auch die REM-Träume fehlen. Das ist auch eine naive Alltagserfahrung eines Geschichtenschreibers: wirkliche Werke entstehen in einer unangenehm grauen, traumlosen Zeit... so, als wäre die Fülle der Leere weggeschnitten, die Verhaltensweisen toben sich beziehungslos aus, an der Oberfläche einer Seifenblase oder Kugel, das bin notabene *ich,* und der «Inhalt» kehrt nur für die kurzen Augenblicke des täglichen Geschriebenhabens zurück.

Das Unbewußte ist ja nicht nur eine Struktur, sondern auch ein Topos. Dichten höhlt aus, so, wie forciertes Träumen zu Beginn einer Analyse aushöhlt und entleert. Man sagt auch von der Psychose: sie höhlt aus, entleert, brennt aus.

Das Endprodukt ist Sand.

Auch Showbusiness höhlt aus. Und das schizophrene Versanden, glaubt man heute zu wissen, ist großenteils Hospitalismus.

Warum höre ich eine Beatles-Platte, während ich dies niederschreibe? Warum überlasse ich mich nicht der Stille?? Ist etwa doch nicht die Konzentration der mächtige Weltenhebel, wie Grillparzer meinte, sondern jene diffuse Einstellung – vorprimatenhaft, wie der Orgasmus am Steuer, und der Engel Ordnungen näher – wo die überwache Kontrolle des Tagesbewußtseins (wobei der «Tag» auch ein gesellschaftlicher Tatbestand ist, das

Faktum des Eingeordnetseins, der Konformität) ein bißchen abgebaut ist, dafür die Assoziationen fließen, die man fließen lassen kann – bis zur totalen Ideenflucht und bis zum schizophrenen, ja bis zum weit *metapsychotischen* Gedankensprung ...

Einiges entdeckt man schon, wenn man schreibt.

Erste Entdeckung: Man kann nichts be-schreiben, sondern etwas Neues entsteht, ein sogenannter Text. Das hat Borges längst festgestellt. Zweite Entdeckung: Wenn man sonst nichts erfährt, erfährt man bestimmt etwas über sich selbst. Alle Personen, die man erfindet (tatsächlich sind sie ja weniger erfunden als erfahren), sind *Personnages,* bald mehr im Sinne von Joan Mirò, bald mehr im Sinne der jungen Schizophrenen der Madame Sechehaye. Meinen Personnages widerfährt einiges, was mir selbst vorenthalten oder erspart bleibt. Es gibt ohne Zweifel eine gewisse Ähnlichkeit im Vorgang des Schreibens mit einer Selbstanalyse im strengen Freudschen Sinn. Während man sich jedoch (heute) bei einer Analyse auf bestimmte Mechanismen, und das heißt wieder auf einen ganz bestimmten Jargon, festlegt, entdeckt man beim Schreiben gerade, daß man das *nicht* kann.

Dichtung und Kunst heute ist Widerspruch ... und wenn Kunst eine Aufgabe hat, dann ist eine der wichtigsten, dem Wissenschaftler seine schönste neue Entdeckung aus den Händen zu schlagen, ihm das, was er sagt, im Mund umzudrehen, daß er es (und sich selbst) nicht wiedererkennt.

Die dritte Entdeckung: Man kann nicht sagen, was man meint. Sprache, heißt das, ist weder ein einfach «Zuhandenes», in dem man frei ausdrückt, was man «innerlich» meint – Sprache bedingt aber auch nicht einfach durch ihre Muster die Muster des Denkens, nach der Ansicht von Sonntagslinguisten – vielmehr gibt es ein Reich der Zeichen (significans) und eine Realwelt (significatum), mit je einer eigenen Struktur. Die beiden

Strukturen sind nie zur Deckung zu bringen. Es scheint, die strukturalistische Denkweise akzeptiert das. Die verfängliche Frage der «Identität» realer Vorgänge und sprachlicher Muster stellt sich so gar nicht. Nun ist aber nicht nur die Realwelt eine Welt für sich, sondern auch die Welt des Gemeinten, nennen wir sie ruhig die «Innerlichkeit» oder im Sinne von Ronald Laing die Erfahrung. Das Verhältnis zwischen dem Gemeinten und dem Zeichen ist (wenn ich das Wort ungeschoren brauchen darf): dialektisch. Das heißt: ich kann nichts ausdrükken, was sich durch die Zeichen nicht ausdrücken läßt, aber ich kann auch in den schönsten Zeichen nichts meinen, was ich nicht meine. Die ungeheure (statistische) Meinungs-Freiheit der Zeichen bleibt ungenützt, weil ich keinesfalls alles erfahren haben kann, was sie meinen können – und meine eigene, ebenso ungeheure Meinungsfreiheit bleibt unausgedrückt, weil die Zeichen nicht ausdrücken können, was ich meine, sondern was sie ausdrücken. Das ist sozusagen die nichteuklidische Geometrie des sprachlichen Raums. Und in der Leere zwischen Significans und Significatum lebt nicht bloß die «Sprache», sondern in einer unerhörten Weise erst recht das, was man Dichtung nennt, und der Wahn.

Hinter dem Reich des Significans lebt als Hinweis auf ein allgemeineres System der Kommunikation das ältere Reich der Bilder, das in der rein akustischen mosaischen Religion ausdrücklich verboten werden mußte. Dorthin gehört auch Jacques Lacans Phallus als Significans Significantium. Erstaunlicherweise ist das gemalte Bild, also die bildende Kunst, die prima vista dem System der sprachlichen Zeichen besonders nahestehen sollte, besonders schwer kodifizierbar. Das, was das Bild aussagt, läßt sich eben nicht sagen. Nun geschieht in der *Dichtung* dasselbe mit Wörtern. Mit dem Instrument des Sagens wird an Unsagbares gerührt. Dasselbe gilt für den Wahn.

Dichtung und Wahn werden dadurch für die übergeordnete (übermäßig geordnete) Industriegesellschaft leicht zu einer akuten Gefahr, und darum auch sequestriert.

Unheimlicher als eine politisch engagierte Literatur ist eine Dichtung, die sich endgültig abwendet von den Spielen der Macht. Und unheimlicher als der verrückte Diktator, der Millionen auf dem Gewissen hat, ist der harmlose Schizophrene, der aus dem Alltag ausschert mit seinem Wahn ... in die Anstalt geht und sich selbst von der Gesellschaft ausschließt. Vielleicht ist, entgegen der Ansicht Michel Foucaults, *der sequestrierte Wahn* das Allerunheimlichste und das allerbrisanteste Politikum dazu. Ebenso die sequestrierte Poesie.

Der Gesetzgeber Solon sagt: Die Dichter lügen zuviel.

Der Gesetzgeber hält eben das Gesetzte für die Wahrheit, der Dichter das Erfahrene. Tatsächlich sind Dichter und Wahnsinnige in einem Zeitalter der Ideologie die einzigen Sprachrohre der Erfahrung in der Erwachsenen-Welt.

Warum sind Dichter und Verrückte so selten? (Etwa 0,1 und 1 bis 2 Prozent) Ursprünglich sind sie es gar nicht. Jedes Kind kommt mit derselben polymorph-perversen künstlerischen wie sexuellen Anlage zur Welt. Das Wort «pervers» lasse ich absichtlich stehen, obgleich es in der Kunsttheorie noch nicht üblich ist.

Wer die Frage nach der Kreativität stellt, muß die Frage nach der *Unterdrückung der Kreativität* stellen. Dazu Ronald Laing: «Wenn man die Jugend in der Schule dazu provozieren würde, die Zehn Gebote in Frage zu stellen, die Heiligkeit der Offenbarungsreligion, die Grundlagen des Patriotismus, das Profitstreben, das Zweiparteiensystem, die Monogamie, die Inzestgesetze und so weiter – dann gäbe es eine solche Kreativität, daß die Gesellschaft nicht wüßte, wohin damit.» Der Aufbruch in die Mairevolte Paris 1968 war eine lebendige

Illustration zu diesem Satz! Mein kleiner Sohn Michael sagt: «Das ist nun halt so – in der Schule hat die Sonne Strahlen und der Mond ein Gesicht, aber Gott sei Dank zu Hause nicht.» (Ich entschuldige mich für den blöden Reim. In unserem Dialekt reimt der Satz nicht.)

Das Kind findet ja nicht nur vorgeformte Familienverhältnisse vor, einen Polizeistaat und eine zirkumpolare Hochleistungsgesellschaft, sondern vor allem andern: eine präformierte Sprache – und das bedeutet eben auch nicht nur verwendbare Zeichen, sondern vorgeformte, obligatorische Zeichenverbindungen ... den ganzen «veronkelten Gemütsschatz», wie Carl Spitteler es nannte. Mutter ist lieb, Vater ist streng, die Sonne ist warm, der Mond ist ein Onkel, die Nacht ist dunkel, der Weg ist hell, der Baum ist groß – Katze falsch, Kätzchen herzig, Wasser naß, Wasser blau, Fischlein munter, Heimat gut, Berge frei – Sie kennen den Mumpitz. Das Kind wächst in dieses Muster hinein. Es *vergißt,* daß die Mutter etwas Grauenhaftes ist, der Vater nichts als Haß und Angst, die Sonne ein tödlicher Stern. Und wenn einmal das Wasser gelb sein darf, das Blattwerk rot und die Bäume so winzig klein, wie sie ja leider auch wirklich sind, so gilt diese kleine Freiheit doch immer nur für ein einziges Stück Papier.

Und wem das alles später wieder einfällt, ist ein Dichter oder schizophren ...

Auf die Frage, warum der eine Dichtung produziert, der andere Musik, der dritte Schizophrenie, darauf gibt es bekanntlich keine Antwort. Daher kommt auch die ärgerliche Sache, daß ich zum Beispiel über den psychoiden Aspekt meiner Schreibereien sprechen kann, aber über den *technischen* nicht. Es gibt Ansätze dazu: man zählt Wörter aus und gelangt zu so unheimlichen Feststellungen wie der, daß ein Autor wie Max Frisch mal längere, mal kürzere Sätze macht und daß seine Sätze mehr variieren als die eines Durchschnittsjournalisten – ich

erinnere an meine kleine geisteswissenschaftliche Unschärferelation ...

Wir kennen einige mehr oder weniger spannende Bio-
grafien sogenannter schöpferischer Menschen und einige erhebende oder bemühende Äußerungen über ihr
verdammtes schöpferisches Tun – anderseits kennen
wir Mechanismen und Strukturen des menschlichen Verhaltens, die allgemeingültig sind, nackte oder verkleidete
Affen, Homo ludens, der Mensch, das *verdrängte* Tier –
kurz, die Psychiatrie, die uns nicht erklären kann,
warum einer die Eigernordwand macht – hat im Grunde
zum Thema «Kunst» genauso wenig zu sagen wie zu der
plötzlichen Realität der Mondlandung. Dazu fehlt ihr
ein taugliches Bezugssystem.

Kunst lebt, wie der Wahnsinn, einerseits auf der
Grenze von bewußt und unbewußt, anderseits in der
und aus der Interaktion dessen, der sie macht, mit dem,
der sie sich ansieht. (Dort entsteht bekanntlich auch die
sogenannte Kultur.) Was Kunst auch immer sei, Kunst
macht (bislang Übersehenes) *sehen.* Deshalb gibt es Themen, die kunstfähig, und solche, die es (noch nicht oder)
nicht mehr sind. Armut in Europa war zum Beispiel zur
Zeit von Gerhart Hauptmann und Käthe Kollwitz
durchaus ein kunstfähiges Thema. Heute ist sie ein
Thema für Akzeßarbeiten von Schulen für Sozialarbeiter. Dafür macht man heute (oder gestern) mit «Vereinsamung» Kunst. Mit den Anliegen Bertolt Brechts kann
man heute kein Theater mehr machen, aber eine Zeitung.

Die Kunst unserer Patienten ist wahrscheinlich bald
die «normalste» Kunst. Das meine ich auch mit dem
Begriff *metapsychotisch.* Die im allgemeinen vorwiegend
surrealen Produktionen der Patienten sind oft harmlos
und von recht geringem *Schockwert* verglichen mit POP
Art, Minimal Art und Dingen wie «Licht und Bewegung» in der Kunst. Eine Zivilisation, die die Auseinan-

dersetzung mit dem Wahn nicht mehr in der Freiheit ermöglicht, sequestriert mit dem Wahn auch die Kunst. Kunst wurde zuerst mystifiziert, dann glorifiziert, dann mumifiziert. Kunst hat heute im Westen keine gesellschaftliche Bedeutung. Das geht so weit, daß jüngere Autoren sich geradezu danach sehnen, wenigstens verfolgt und eingesperrt zu werden; sie hätten dann das Gefühl, man nimmt sie ernst. Aber stimmt das auch wirklich? Nehmen wir unsere Irren ernst, *weil* sie eingesperrt werden – oder sperren wir sie ein, *weil* wir sie ernst nehmen? (Oder sperren wir sie einfach ein, weil sie lästig sind??)

Was tue ich denn mit meinen Patienten? Ich helfe ihnen, ein normales erwerbstätiges Leben zu führen. Ich persönlich mache es am liebsten mit Phenothiazinen. Anderes ist ebensogut. Und was macht denn die Gesellschaft mit dem Autor? Sie hilft mir, ein normales erwerbstätiges Leben zu führen – die Schilderung dieses Vorgangs erspare ich Ihnen gern.

Der *Aufforderungscharakter* von Kunst und Psychose ist zumindest ähnlich. Bei Kunst und Psychose gibt es offensichtlich einen Zwang, sich liebend oder hassend damit auseinanderzusetzen – obgleich es keinen intelligiblen Grund gibt, beide nicht einfach zu ignorieren. Kunst und Psychose *stoßen* aber auch *ab*. Wer sieht, welche Menschenmengen jeder Unfall auf der Straße anlockt, oder was immer irgendwo geschieht, und das vergleicht mit den lächerlichen Besucherzahlen von Kunstausstellungen oder Theatern, kommt unweigerlich zum Schluß: Kunst stößt ab. Allerdings nur die aktuelle Kunst. Was antiquiert ist, wird von der Bildungsgesellschaft konsumiert. Es handelt sich dabei um einen spezifischen Misoneismus, denn ein Autosalon oder eine Flugzeugschau, die stoßen nicht im geringsten ab, auch wenn die meisten Modelle neu sind. Man kann sagen: Vielleicht ist eben der *Anlaß* falsch – im Theater, Konzert oder Irrenhaus. Zuletzt muß man sich aber doch fragen, warum stoßen ausgerechnet Kunst und Psychose ab – beide kommunizieren doch ausschließlich durch Schau oder Show…

Ist etwa der Appell zu intensiv??

(So, wie man in New York, wenn man in Not ist, nicht Hilfe! schreien soll, sondern Feuer! Feuer verpflichtet zu nichts.)

Wie weit geht die allmählich etwas strapazierte Analogie von Kunst und Wahnsinn?

Das Gewaltige an der modernen Kunst ist ja gerade, daß sie in einer Welt der Technik und des unaufhaltsamen naturwissenschaftlichen Fortschritts groß und ungerührt ins Infantile regrediert – daß sie DaDa sagt, wo sie nach Ansicht der Professoren «danke schön» sagen sollte für Schweigegelder, Treueprämien und Dienstaltersgeschenke, womit man sie auszeichnet und verlacht.

Wer ist das denn, der Irre, der Künstler, Musiker, Dichter? Etwa eine sogenannte «Mutation»? Kaum. Die Futurologen haben keine Verwendung für ihn. Eher ein Übriggebliebener. Ein erratischer Block in einer Häuschen- und Gärtchenwelt. Menschen, so, wie wir alle waren, bevor man uns in der Schule fürs Handaufstrecken gute Noten gab und zu Hause für das Schularbeitenmachen ein Bonbon. Bevor wir lernten, die Süßigkeit des Erfolgs zu schmecken und «von der Niederlage zu träumen».

«Es gibt», sagt Ronald Laing, «plötzliche, offenbar unerklärliche Selbstmorde, die man als ersten Schimmer einer Hoffnung verstehen muß, die unerträglich furchtbar und quälend ist.»

Der Verrückte, der durch die Geschichte, die die Normalen schreiben, sukzessive zum Wahnsinnigen, dann zum Geisteskranken gemacht wurde, das ist das *Nein* zum Wahnwitz eines ungesteuerten technischen Fortschritts, das *Nein* zu einer Gesellschaft, die Ruhe und Ordnung braucht, *um* diesen Fortschritt zu gewährleisten – Atombombe, Mondlandung und die Totale Registratur – und auch die Ausbrüche von blutigem Wahnwitz gehören mit dazu – und der älteste Traum der Menschheit: Versklavung aller durch alle.

Dieses *Nein* ist älter als das *Ja* des guten Bürgers.

Und was ist der Dichter anderes als dasselbe *Nein* zur gleichen Position? *Nein* zu der Gesellschaft von Produktion und Konsumtion. Daher hat sich die Stellung des Dichters und des Verrückten gleichzeitig geändert, mit dem Aufkommen dieser Gesellschaft.

Die Gesellschaft spielt Feuerwehr. Die Psychiater und die Kritiker stehen an der Spritze.

Der Gipfel der normalen Geistesverwirrung ist die Einführung der Diagnose Schizo-Phrenie für den einzelnen auf dem Weg zu sich selbst.

Kunst als Möglichkeit noch weit jenseits der Möglichkeiten der Psychose, oder gehen wir von *uns* (den Menschen) aus: diesseits.

Gibt es also so etwas wie eine Schizophrenie der Kunst? Es gibt nichts anderes.

Amen.

ZU DEN EINZELNEN REDEN

Am 1. September 1968 stand ich zum erstenmal auf einer Kanzel, in der Matthäuskirche, oberhalb des Tiefenauspitals in Bern. Die Matthäuskirche ist eine neue und eine moderne Kirche. Die Predigten aus der Matthäuskirche werden auf die Kopfhörer des ganzen Spitals übertragen. Das Tiefenauspital war für fast zehn Jahre mein Spital, und diese Predigt sozusagen eine Abschiedspredigt. Vermutlich deshalb habe ich das Thema, das jedermann von mir erwartete, die evangelischen Heilungen, peinlich vermieden und für später aufgehoben. Pfarrer Huber empfing mich in seiner Sakristei, er sprach auch den Kanzelgruß und führte mich ein. Den übrigen Gottesdienst leitete ich nach einem kleinen Schema, das der Pfarrer mir gegeben hatte. Ich hörte erstmals den Gemeindegesang von der Kanzel aus, was ergreifend ist, und als ich zu meiner Predigt ansetzte, sozusagen von Angesicht zu Angesicht mit einem Gott, von dem ich nicht weiß, ob ich an ihn glaube, packte mich ein kleiner Schwindel und das seltsame Gefühl, es könnte ja doch einmal sein, daß der rächende Gott eine Erdspalte aufrisse und mich verschlänge. Es geschah nicht. Auch nicht, als ich ernst und gemessen verkündete, daß das Altersturnen am Dienstag sei. Die Kollekte war für Biafra, das war damals Mode, und ich flehte meine Gemeinde an, Spenden zu spenden, die dieses Wort auch verdienten, ich benahm mich wie ein durchgedrehter Kapuziner, mein letzter Satz ist mir noch in schrecklicher Erinnerung: «Ihre Spende sei Ihr Gebet ...»

Ich habe aus einer Gemeinde, die üblicherweise drei- bis vierhundert Franken gibt, fast zwölfhundert Franken herausgepredigt. Einzelne Bürger, die nicht genug Geld bei sich hatten, brachten später noch etwas ins Pfarrhaus. Da dachte ich zum erstenmal, daß man predigen statt schreiben sollte, und daß die Schriftsteller doch besser auf eigene Rechnung arbeiten sollten, oder besser die Prediger.

Die Predigt kam fühlbar an. Später wurde der Text in der Kirche aufgelegt, und ich habe die Predigt in der hübschen kleinen alten Kirche von Bremgarten wiederholt, ohne die Vorpredigt, die inzwischen überholt war.

Im November 68 fand eine Diskussion im Kirchge-

108

meindehaus statt, die ein wenig steif verlief, vielleicht, weil die beiden Pfarrer die ersten Voten abgaben. Ein Polizist wollte wissen, wie das gemeint sei, daß die Polizei immer provoziere, und ich erklärte ihm zu seiner großen Befriedigung, daß meiner Meinung nach die Polizei zwei ihrer Aufgaben großartig löse, die Kriminalistik und den Straßenverkehr, daß sie jedoch bei der Aufrechterhaltung von Ruhe und Ordnung überfordert sei und daß zum Beispiel in Zürich mindestens ein Mitglied der Exekutive bei den Krawallen hätte dabeisein dürfen. Der Polizist strahlte. (Am 6. Juni hatte das *Volksrecht* als einzige Zürcher Zeitung meinen offenen Brief an Stadtpräsident S. Widmer gebracht, in dem ich vor dem überflüssigen und brutalen Einschreiten der Polizei warnte, nach dem berüchtigten Jimmy-Hendrix-Konzert ...)

Der 1. September 68 war übrigens einer jener wunderbar klaren Herbsttage. Nach der Predigt stiegen wir auf den Turm der Kirche und sahen uns die Stadt an sowie die freigelegten Grundrisse des gallorömischen Oppidums auf der Engehalbinsel. Martin Schwander, der damals Schlagzeilen machte, war auch dabei, und ich beneidete ihn um den Mao Look, den er trug. Ich fand es immer ungerecht, daß im Westen Mao Look nur für gertenschlanke Jünglinge gemacht wird; wenn nämlich jemand Maos Postur hat, dann Leute wie ich.

Genaugenommen, kam ich auf die Kanzel wie Pilatus ins Credo. Wir feierten mit einem berühmten Neuroradiologen und seiner Frau die ersten Nierentransplantation in Bern mit einer Flasche Veuve Cliquot. Mit dabei waren Rolf Geißbühler, ein Jungschriftsteller aus Bern, sowie der Robert-Walser-Herausgeber Dr. Jochen Greven, der von mir etwas über Psychopathologie und Kunst wissen wollte, ferner Dr. Grevens Frau. Wir waren leider nicht in der Lage, ernsthafte Gespräche zu führen; ich hoffe, daß sich das auf die Walser-Gesamtausgabe nicht ungünstig ausgewirkt hat. Im Verlauf unserer zum Teil eher makabren Unterhaltung erzählte Professor Huber (der Neuroradiologe), daß er Bibelstellen sammle, in denen neurologische Krankheitsbilder geschildert sind. Er las aus dem Alten Testament die Schilderung einer zweiseitigen Hirnblutung vor, die sehr eindrucksvoll war. Im Verlauf dieser Gespräche sagte ich etwas unbedacht, daß mich eine Predigt als formales Experiment reizen würde. Professor Huber arrangierte das anstandslos mit Pfarrer Huber (sie sind nicht miteinander verwandt, waren aber mehrmals miteinander auf dem Berg Athos, bevor dort Hühner zugelassen wurden. Ursprünglich durfte sich dort nicht einmal ein weibliches Tier aufhalten. Ich weiß nicht, aufgrund welches theologischen Prinzips neuerdings die Ausnahme für Hühner gemacht wird). Ich konnte nicht mehr gut nein sagen, und eines Tages stand ich auf der Kanzel und hatte Angst, der Gott Abrahams, Isaaks und Jakobs könnte mich verschlingen.

Einige Kommentatoren behaupteten, ich hätte gegen den Text gepredigt; es verhält sich aber nicht so – ich habe vielmehr, wie es scheint, völlig intuitiv die ursprüngliche Geschichte einer Rebellion wieder herausgeholt, indem ich das spätere bigotte Beiwerk der Priesterredaktion ignorierte. Pfarrer Huber war sehr begeistert, als wir diesen Sachverhalt in einem vielbändigen Kommentar entdeckten, und ich fühlte mich darin bestätigt, daß ich doch Papst hätte werden sollen – ein alter Traum von mir, wie übrigens auch von Friedrich Dürrenmatt, wie wir am 5. Januar 1971 entdeckten, aber das ist eine andere Geschichte. Ich glaube, das Thema der Rotte Korah hatte ich aus einem Aufsatz von Ernst Bloch aufgeschnappt. Ein katholischer Pfarrer, dem ich davon erzählte, meinte erst, ich wollte über die *Rote Zora* predigen, was ein sehr bekannter, übrigens ausgezeichneter Jugendroman ist.

Schon am 19. Oktober 1968 folgte die nächste Rede,

«Das manipulierte Glück». Ich habe sie an einer Informationstagung des SWB gehalten, einem eher stillen Anlaß, später wurde sie, unter anderem, im «Werk» abgedruckt, deshalb haben sie einige des Lesens kundige Architekten gelesen.

Genau ein Jahr nach der ersten Predigt hielt ich in Basel, in der Gellertkirche, meine zweite und letzte Predigt, «Legion ist mein Name». Der Pfarrer an der Gellertkirche ist ein Schulkollege von mir, und nach einigem Hin und Her sah ich mich auch da gezwungen, mein ursprünglich leichtfertig gegebenes Versprechen zu halten. Es war wiederum ein wunderschöner, diesmal sogar heißer Sonntag, die Kirche war noch moderner und gar nicht leicht zu finden. Ein Freund von uns steuerte meine Frau und mich unbeirrt in der verrinnenden Zeit durch Quartiere Basels, die er selbst nicht kannte. Als Chemiker wohnt er weit draußen auf dem Land, und ich weiß inzwischen auch, warum. (Alle Basler Chemiker wohnen weit weg von der Stadt.) Die Leute, die es wissen müssen, fürchten die giftigen Abgase ihrer eigenen Industrien. In Basel werden Substanzen von der Giftigkeit der Blausäure in unvorstellbaren Mengen in Tanks gehortet, und diese Tanks werden manchmal ein bißchen rostig oder leck. Die Basler sind ein heroisches Volk. Aber wie es so geht, zu dem gewaltigen Maß an physischem Heldentum kommt kompensatorisch eine keusche und schüchterne Geistigkeit: Meine Predigt über die evangelischen Heilungen, inklusive Gebete, war mehr, als ein Basler Sonntagskirchengänger zu verkraften gewillt oder imstande ist. Die Gemeinde sprach mir, entgegen der gewohnten Übung, das Unservater nicht nach. Ich fühlte mich ein bißchen verlassen, wunderte mich aber gleichzeitig darüber, daß eine so offensichtlich mißliebige Predigt schweigend und ohne Protest angehört wurde. Ich hoffe, der Basler Kirche nicht allzu sehr geschadet zu haben, denn in Basel gibt es keine Staatskir-

111

che. Basel hatte 1969 rund tausend Kirchenaustritte jährlich, und die Gehälter der Pfarrer waren mies. Es gehört
zu den unauslotbaren Rätselhaftigkeiten schweizerischer
Existenz, daß diese Tatsache niemanden daran gehindert
hatte, eine supermoderne, vermutlich wahnwitzig teure
Kirche zu bauen. In Bern genießt, im Gegensatz zu
Basel, der Schriftsteller (überhaupt der «Intellektuelle»)
eine geradezu phantastische Narrenfreiheit, nicht etwa,
weil man ihn liebt oder respektiert, sondern weil man in
Bern noch nie etwas «Geistiges» ernst genommen hat.
Das oberste Prinzip in Bern ist die Staatsräson, und Geist
war noch nie im Ernst staatsgefährdend; mir scheint, da
sehen die Berner sogar klarer als die Athener zur Zeit des
Sokrates. Aus demselben Grund nimmt in Bern die Diskussion um die Rauschmittel niemals die puritanisch-
sektiererischen Züge an, die sie in Zürich und Basel oft
hat; denn Rauschmittel sind nicht staatsgefährdend. Ich
wäre zwar persönlich geneigt anzunehmen, daß sie es
doch sein könnten, aber die gelassene Haltung der Berner hat mich eines Besseren belehrt: sie sind es nicht.
(Oder wie der frühere Berner Pharmakologieprofessor
Bürgi in der Vorlesung gesagt haben soll: «Haschischsch
machchtt de Bäärner nütt. Das beflüglet Pfanntasii…»
So wohl auch den «Geist».)
   Tatsächlich wurde meine anstößige Predigt samt Gebeten später in Bern am Zähringer Podium szenisch aufgeführt, ohne besondere Reaktion, höchstens, daß es still
wie in einer Kirche war (und das war gerade nicht beab-
sichtigt). An Stelle des normalen Unservater trat dabei
eine bern-deutsche Version, die ich einmal für Kurt
Marti gemacht habe, nicht ohne den griechischen Text
konsultiert zu haben, weil K. M. bei einer Preisverlei-
hung behauptet hatte, das könne man nicht.
   Kurt Marti sagte nachher, meine Version enthalte eine
ganz neue Theologie, ich hielt ihm entgegen, daß sie
wohl eher uralt sei, sumerisch.

vattr
im himu
häb zu diim imitsch soorg
üüs wäärs scho rächcht wett azz ruädr
chäämsch
und alls nach diim gringng gieng
im himel obe-n-und hie bi üüs…
gib is doch zässe
u wemr öppis uuszfrässe heij
vrgiss daas –
miir vrgässes ja oo
wenis eine dr letschscht näärv uusziett
hör uf nis machche zggluschschtte
nach züüg wo-n-is nume schadtt
hiuff is liebr chli –
diir ghöört ja sowiesoo scho alls wos gitt.
Amen.

Die Basler Predigt erschien erst in der kleinen Literaturzeitschrift *drehpunkt,* als Typoskript vervielfältigt, mit
einer sagenhaften Menge Tippfehlern, dann in *Reformatio* mit drei Kommentaren, in der Weihnachtsnummer
eines Ärztemagazins und schließlich in der Reihe *Predigt
im Gespräch,* die der Theologe und Lyriker Professor
Rudolf Bohren in Neukirchen (BRD) herausgibt. Der
Schriftleiter, Pfarrer Jürgen Seim, rief mich eines schönen Sommerabends in Guévaux am Murtensee an, als
ich eben dabei war, mit zwar hochgiftigen, jedoch un-
tauglichen Substanzen gegen ein Wespennest im Dach
über unserem kleinen Balkon vorzugehen. Er lud mich
ein, zu dem recht giftigen Kommentar von Professor Jürgen Fangmeier eine kurze Entgegnung zu schreiben, was
ich dann auch machte.

Ich bin zu einer Erwiderung eingeladen. Das ist sehr freundlich. Ich wollte meinen Lesern, und mir selbst, ein wenig erklären, warum ich zweimal gepredigt habe und warum ich es vermutlich nicht mehr tun werde. Das ist aber schwer zu erklären – die Probleme, die dabei auftauchen, sind vielschichtig. Natürlich denkt sich ein Schriftsteller etwas, wenn er auf die Kanzel steigt. Selbstverständlich geht es ihm hauptsächlich um die Sprache. Der Verdacht besteht, daß jede kirchliche Tätigkeit – so sozial immer, so revolutionär vielleicht – eine Alibitätigkeit bleibt, wenn eine heute mögliche Sprache der Verkündigung nicht gefunden wird. Dazu wollte ich ein wenig beitragen. Ich glaube selbst nicht, daß es mir sonderlich gelungen ist. Meine Sprache ist noch zu kirchlich.

Das Hauptgewicht beider Predigten liegt – zu meiner eigenen Überraschung – auf dem Schlußgebet – das eine schlicht und direkt ein Gebet gegen die Macht, illusionär, aber dennoch nützlich, in unserer Zeit – das andere versucht eine neue Struktur dieses Monodialogs mit oder gegen oder auf «Gott» ...

Die Probleme, wie gesagt, sind vielschichtig. Ihre Ausweitungen sind immens. Ich kann sie auf den maximal zwei Seiten zu 36 Zeilen zu 55 Anschlägen, die mir zur Verfügung stehen, nicht einmal nennen.

Nur eins noch: Ich wollte zu heutigen, naturwissenschaftlich denkenden Menschen sprechen. Es gab in Basel Leute, Chemiker zum Beispiel, die mich verstanden haben. Es ist sehr selten, daß in der Kirche zu heutigen, naturwissenschaftlich denkenden Menschen gesprochen wird. Es gibt aber diese heutigen, naturwissenschaftlich denkenden Menschen, und die Kirche, die gibt es auch.

Es gäbe sogar eine gemeinsame Sorge um eine sich selbst zerstörende Welt – eine Welt, die die Christen und

114

die Naturwissenschaftler gleichzeitig, aber inkommensurabel erst kürzlich entdeckten ...
W.V.

Die Linzer Predigt «Die Schizophrenie der Kunst» habe ich am 28. September 1969 als sechstes Hauptreferat am VI. Internationalen Kolloquium der Société Internationale de la Psychopathologie de l'Expression gehalten, vor einem illustren Publikum also – und vor teilweise leeren Stühlen auch, weil es der letzte Hauptvortrag und schon Sonntag war. Das Österreichische Fernsehen gammelte gähnend in den Gängen herum. Als ich «Hans Habe ist normal» gesagt hatte, rannten sie plötzlich mit ihrem ganzen elektrisch-elektronischen Laden in den Saal herein und begannen mich zu filmen wie verrückt. So it goes. (Sie mußten vom Tonmeister, der das Ganze auf Band aufnahm, einen Wink bekommen haben.)

Der Schluß hieß im Manuskript «ich danke Ihnen fürs Zuhören», eine Formulierung, die ich von einem bekannten bundesdeutschen Schriftsteller habe und die ich gelegentlich verwende, weil sie so schön ist. Die letzten Sätze kamen mir plötzlich dermaßen predigthaft vor, daß ich mit einem lauten und vernehmlichen «Amen» schloß, das einige Verwirrung stiftete. Der Maler Ernst Fuchs, Wien, glättete schließlich die Wogen der Diskussion, indem er sagte, dieses Amen sein kein zynisches, sondern ein Beat-Amen gewesen. Ich grinste ihm dankbar zu, und so konnte ich den Saal unverletzt verlassen.

In der Diskussion wurde ich von einem norddeutschen Psychiater apostrophiert, der seine klinische Psychiatrie vor mir retten wollte – in einer erstaunlich ähnlichen Art, wie ich einige Monate später an einem Symposium in Rüschlikon von Prof. Hippius als psychisch ungeheuer stabiler Drogenkonsument (er sagte englisch «Juuser»), der nicht von seinen eigenen Erfahrungen auf andere schließen sollte, angeprangert wurde, obgleich ich kein Wort über eigene Erfahrungen gesagt hatte. Ich scheine auf einen bestimmten Typus von Fachleuten unter ähnlichen Bedingungen verblüffend ähnlich zu wirken, unabhängig von dem, was ich tatsächlich sage; denn auch meine Linzer Predigt enthält kein Wort gegen die klassische Anstaltspsychiatrie, die ich im Gegenteil wegen ihres ungeheuren Beharrungsvermögens beneide und bewundere. Die Linzer Rede war übrigens der einzige hochwissenschaftliche Vortrag, mit dem ich bisher an die Öffentlichkeit gelangte, und vielleicht bleibt es auch dabei. Ich habe später noch eine der berühmtesten Abhandlungen von Sigmund Freud (den *Wolfsmann*) in die zugrundeliegende «Geschichte» zurückverwandelt. Dieses kleine Werk ist zwar ebenfalls hochwissenschaftlich, aber keine «Rede», eher ein Aufsatz, und außerdem blieb es in den psychoanalytischen Seminaren von Bern und Zürich apokryph.

Das Wort «Vortrag» vermeide ich, weil ich vor einem Vortrag zuviel Respekt habe. Selbstverständlich weiß ich auch, daß nirgends soviel Mist gebracht wird wie in Vorträgen, aber ich finde, es sollte wissenschaftlich einwandfreier Mist sein, sonst ist es besser, man greift zur Bezeichnung «Rede» oder «Predigt», wo man Unbewiesenes behaupten und wo man sich darauf zurückziehen darf, daß es sich um eine Kunstform handelt. Mein Respekt vor einem «Vortrag» rührt daher, daß ich als etwa Zwölfjähriger einmal mit meinem Vater einen Vortrag besuchen durfte, den der alte Professor Baltzer über seine Transplantationsversuche mit Molchen hielt und bei dem ich auch das geheimnisvolle Wort «Amnion» zum erstenmal hörte. Ich habe Professor Baltzer später über meinen Biologielehrer zwei nicht-metamorphosierte Molche geschickt, die ich im Spätherbst in einem Weiher fand. Er gab ihnen ein Schilddrüsenpräparat zu schlucken und ließ mir nachher mitteilen, es handle sich um den gemeinen Teichmolch oder so. Ich war enttäuscht, daß ein so großer Gelehrter nichts Gescheiteres mit meinen schönen großen gelben Molchlarven anzufangen wußte, als sie zur Ausreifung zu bringen und die Art zu bestimmen. Heute muß ich mich natürlich fragen, was man denn wirklich besseres mit den Tierchen hätte anfangen können. Ein bißchen störte mich wohl auch der Gedanke, daß man die glücklichen Larven zu einem trostlosen Erwachsenenleben zwang.

Professor Baltzer hatte eine Doppelfokusbrille, was beim Ablesen von Manuskripten besonders eindrucksvoll war, weil er ständig Fokus wechselte, und seine Vorlesungsnotizen standen auf der Rückseite von neapolitanischen Trambillets, weil er die zoologische Station von Neapel so gern hatte…

Nach Linz kam ich folgendermaßen: Im November 1968 gab ich meinen Job als städtischer Radiologe auf und wechselte zu meiner alten Liebe, der Psychiatrie. Ich fühlte mich in der Heilanstalt ein bißchen verlassen (nur anfangs), das Haus kam mir ein wenig gespensterhaft vor. So besuchte ich eines Tages Alfred Bader in Lausanne, der mir seine Schätze an psychopathologischer Kunst zeigte und mich an Leo Navratil in Wien weiterempfahl, der mich dann zu dem Referat einlud. Ich hoffe, er hat es nicht zu sehr bereut. Navratil ist ein ganz ausgezeichneter Mann, unter allen Sammlern von psychopathologischer Kunst fast der einzige, der sich auch mit literarischen Produkten Geisteskranker beschäftigt. Er hat eine eigene Methode entwickelt, spontan unproduktive Kranke zum Schreiben und Malen zu inspirieren. Seine Bücher im dtv-Verlag und in der Reihe Hanser machen Riesenauflagen. Eines davon hatte ich früher einmal in der alten Zürcher Woche besprochen (*Schizophrenie und Sprache,* dtv. 1966). Navratil war von meiner Besprechung sehr angetan. Ich schreibe das alles nur auf, damit arglose Leser ein wenig erfahren, wie es so geht.

Wir fuhren also nach Wien, meine Frau und ich, zweite Klasse, weil es im Transalpin erfahrungsgemäß sinnlos ist, erste zu bezahlen, zu meiner früheren Schlummermutter an der Berggasse 7, wenige Häuser von Sigmund Freud entfernt. Dort holte mich Navratils Sohn ab. Er begrüßte mit österreichischer Grandezza zuerst die alte Dame, dann uns, dann wandte er sich mit großer Liebenswürdigkeit den beiden Zeisigen zu, die im Herzen der alten Dame die Stelle der Goldfische einnahmen, die sie vorher hatte und die ihrerseits an Herzverfettung gestorben waren. Er war neunzehn, malte riesige Anatomie auf riesige Formate, war begabt und sensibel und hatte wundervoll gepflegtes langes Haar. Bei den Navratils verbrachte ich einen ungemein anregenden Abend. Konkret weiß ich noch, daß es riesige Wienerschnitzel gab und Salat und hausgemachtes Gebäck, obgleich Frau Navratil selbst voll als Psychiaterin tätig ist. Dann brachte mich der Junge nach Wien zurück. Linz selbst hat etwas Erschreckendes – eine Barock-Industriestadt, eigenbrötlerisch-national, von der Größe Zürichs und mit der Atmosphäre von Langenthal. Das Erschütterndste ist eine Grottenfahrt an lauter Märchenbildern mit Zwergen vorbei, in einer Zwergeisenbahn, zweimal hintereinander in verschiedener Beleuchtung. Das Monument, auf das die Stadtväter besonders stolz sind, befindet sich auf dem Pöstlingberg. An einem Abend gab es für die Kongressisten eine Trachtenmodenschau, die von einem akademisch gradierten Herrn vorgestellt wurde. Der Kongreß war sehr heiter, und die Linzer Torte original ist wirklich sehr gut, ein Gebäck, das wir hierzulande gar nicht kennen.

Zum Schluß muß ich wohl noch etwas über mein Gehirn sagen. Es ist das Gehirn dessen, der das schreibt. Ich hatte vor etwa vier Monaten eine Blinddarmoperation und von der Narkose einen Hirnschaden, der voraussichtlich heilbar ist. Ich nehme Medikamente dagegen, die angeblich den Zuckerstoffwechsel des Gehirns anregen. Wenn ich die Medikamente nehme, sind meine Erinnerungen präziser, aber auch abstrakter – wenn ich sie nicht nehme, habe ich riesige Löcher in der Erinnerung, dafür tauchen unvermutet seltsame Details aus dem Gedächtnis auf, wie gestern gewesen, mit fast halluzinatorischer Deutlichkeit. So it goes. Ein abendländisch-lineares Zeitgefühl habe ich seit längerer Zeit, aus verschiedenen Gründen, nicht mehr. Letzte Nacht hatte ich gegen Morgen einen sehr deutlichen Traum: Bob Dylon rasierte sich mit einem steinzeitlichen Steinmesser, um nach etwas Besonderem auszusehen. Auch das gehört mit dazu.

16.5.71

MEIN SINAI-TRIP

Das erste Gebot

«Und Gott redete alle diese Worte und sprach: Ich bin der Herr, dein Gott, der ich dich aus dem Lande Ägypten, aus dem Sklavenhause, herausgeführt habe; du sollst keine anderen Götter neben mir haben.» (2. Mose 20, 1–2)

Meine Damen und Herren,
die gottesdienstliche Praxis unserer Kirchen, wenn ich das so sagen darf, krankt an etwas, was ich Suggestivtheologie nennen möchte. In einer Predigt wird einem dauernd etwas eingeredet, aufgeschwatzt, ständig wird etwas beschworen. Es scheint, daß die meisten Prediger darin

sogar das Wesen einer Predigt sehen, und so gesehen ist dann allerdings eine Predigt etwas vollkommen anderes als beispielsweise ein wissenschaftlicher Vortrag. Man wird bei dieser Methode den Verdacht nicht los, das, was die Prediger uns zu predigen haben, sei in der Tat so unglaubhaft, daß es mit flehentlich beschwörenden Formeln herangebracht und uns vorgesetzt werden muß. Verhält es sich tatsächlich so?

Man kann heute in der Alltagssprache das Wort «Gott» schlecht verwenden, höchstens ironisch, oder als Seufzer oder als Schimpfwort oder Fluch. Dinge wie «Gott sucht dich» und «Jesus braucht auch dich» sind keine Alltagssprache, sondern offensichtliche Werbeslogans.

Es gibt jedoch ein weiteres kirchliches Vokabular, das ein rein innerkirchliches Vokabular geworden ist, Wörter wie «Gnade», «Sünde» oder das wesentlich harmlosere «Segen» gehören dazu. Sogar ein Wort wie «Vater», das doch primär einen einfachen biologischen Sachverhalt kennzeichnet, ist heute eine äußerst schwierige Vokabel geworden, auch darüber sieht «die Kirche», wenn ich so weit verallgemeinern darf, glorios und glücklich hinweg. Und die Mutter, die dann auch immer gleich eine Muttergottes sein muß, als hätte das Weibliche nur einen genitivischen Platz in der Grammatik kirchlichen Denkens, haben wir ja in unseren protestantischen Landen glücklich aus der Kirche verbannt, und aus der Religion oder dem Glauben damit.

Ich möchte mich hier nicht auf psychoanalytische Spekulationen über die germanische und damit protestantische Sexualangst einlassen, die ein ausgesprochen groteskes Ausmaß aufweist und die hinter allen diesen Dingen, unter anderem zumindest, steht, auch nicht über eine spezifisch teutonische Form des Matriarchates, die einen tatsächlich das Fürchten lehren kann... Ich stelle nur einfach fest, daß sich von den drei Personen der göttlichen Familie für den Alltagsgebrauch nur das Kind gehal-

ten hat, das liebliche, harmlose, mit seinem Weihnachts-
zauber, der eben ein verdammter Zauber – aber auch ein
«Zauber» sein kann.

In dem genannten Sinn einer Beschwörungs- oder
Suggestivtheologie ist meine Rede hier keine Predigt. Ich
möchte in aller Bescheidenheit versuchen, Sachverhalte
darzustellen, ohne einen wissenschaftlichen Apparat zu
bemühen, den ich nicht zur Verfügung habe und der
wohl zu dem, was ich meine, auch nichts beizutragen
hätte. Ich meine, wenn ein Laie in der Kirche redet, dann
als Laie und nicht als Amateurtheologe. Ich bitte Sie deshalb auch, meinen Ausführungen nicht voreilig einen
theologischen Sinn zu unterstellen. Und weil meine
Äußerungen nicht theologisch sind, können sie wohl
auch nicht ketzerisch sein. Sie sind in Bezug auf Theologie laienhaft, sie sind subjektiv, vielleicht psychologisch
zu verstehen, was meinem Fach in etwa entspricht.

Ich möchte über die Möglichkeit ekstatischer Frömmigkeit oder Religiosität sprechen, wie sie heute besteht,
und zwar will ich, um nicht blutleer und unverständlich
zu werden, Ihnen eine eigene Erfahrung preisgeben, was
aus formalen und persönlichen Gründen gar nicht so einfach ist. Ich bitte Sie, das mögliche Scheitern meines Ver-
suches von vorneherein einzukalkulieren.

Ich möchte diese bestimmte Erfahrung, die ich Ihnen,
soweit es geht, mitteilen werde, in eine ferne, wenn Sie
wollen oberflächliche Analogie zu dem großen mosaischen Sinai-Trip stellen, aus dem ich Ihnen das Kern-
stück, das erste Gebot, zitiert habe – ohne jedoch diese
Analogie im einzelnen auszuführen... weiß ich doch
selbst nicht genau, wie ich überhaupt auf diese Analogie
verfallen bin und ob sie, theologisch oder nicht, etwas
hergibt außer einer Ärgerlichkeit.

Ich möchte Sie bloß einladen, ein wenig darüber zu
meditieren. Wenn man sich nämlich einmal von den
Suggestionen der Suggestivtheologie nichts mehr sugge-

121

rieren läßt – und ich nehme an, viele Leute sind heute so weit, daß sie sich nichts mehr suggerieren lassen, auch nicht als eine allenfalls bedenkenswerte Möglichkeit, die vielleicht in der Todesstunde oder weiß ich wann eine Rolle spielen könnte – besteht die Verlegenheit mit unseren protestantischen Konfessionen eben darin, daß sie zu reinen Buch- und Buchstabenreligionen geworden sind, in ihren offiziellen Kirchen zumindest. Als Gegenstück dazu existieren freilich religiöse Gemeinschaften, vorab die Pfingstgemeinde, die eine ekstatische Frömmigkeit oder Religiosität pflegen – ich fürchte jedoch, daß gerade diese Gemeinde dem kritischen Zeitgenossen keine brauchbare Alternative zur Kirche bietet. Es ist zuviel gemachtes Turn-on und zuviel allzu gekonntes Zungenreden dabei. Ich muß jetzt von Bewußtseinszuständen reden, von denen der gute mitteleuropäische Untertan nur drei wirklich kennt und kennen darf: den Wachzustand pausenloser Arbeit und Pflichterfüllung, den alkoholischen Rausch und den Schlaf. Es gibt aber ohne Zweifel noch einige andere Bewußtseinszustände, sie gelten im allgemeinen als gefährlich und höchstens bei Genies als legitim.

Nur nebenbei: unsere Kultur nimmt selbst am sogenannten reifen, genitalen Sexualakt praktisch nur noch die Leistung wahr. Tatsächlich hat das allmächtige Leistungsprinzip, dem wir alle unterworfen sind, dort seinen Ursprung, aber das ist eine andere Geschichte. Und das zusätzliche Reden von «Liebe», gerade auch von theologischer Seite, klingt fatal entweder nach Zuckerwerk zur Versüßung bitterer Tatbestände oder aber nach neuer Leistung, Familiengründung, ewiger Treue und so weiter und so fort, jedenfalls für meine Ohren falsch.

Niemand wird bestreiten, daß sich Moses auf dem Sinai in einem Zustand erhöhter Klarsicht befunden hat, in einem erhöhten Bewußtseinszustand – ohne diese vertikale Klassifikation kommen wir nicht aus, und Ekstasen mosaischen Ausmaßes geschehen denn auch physisch auf einem Berg, oder der Ekstatische erhebt sich, das wird regelmäßig von einigen kleineren Mitekstatikern bezeugt, einige Fuß hoch in die Luft. (Das gibt es selbstverständlich in Wirklichkeit nicht...)

Niemand wird auch bestreiten, daß sich das Volk Israel nicht in dem gleichen Bewußtseinszustand befand wie Moses – aber es befand sich immerhin auf einer Ebene des Bewußtseins, daß es sowohl die Botschaft zu hören vermochte, als auch der Glaube nicht fehlte.

Nun, wir sind, nach einigen dreitausend Jahren, ein skeptisches, resigniertes Geschlecht, und unser fürchterlicher wissenschaftlich-technischer Fortschrittsoptimismus ist nichts als der Strohhalm, an den wir uns klammern. Wenn wir die alten Berichte mit unserem Alltagsbewußtsein lesen, können wir nur diese Geschichten entweder als unglaubwürdig abtun oder aber sie neu interpretieren. In beiden Richtungen, wenn ich das sagen darf, haben es unsere Kirchen selbst schon recht weit gebracht, so weit, daß, zum Beispiel, der rein literarische Einfall «Gott ist tot», von ernst zu nehmenden Theologen ernst genommen wurde.

Wenn wir aber dahinterkommen wollen, was das Zeitlose an den alten Geschichten und Botschaften ist, genügt eine literarische oder linguistische Betrachtungsweise oder eine Semantik oder eine Symboltheorie nicht.

Allzu leicht wird sonst die Frage nach der Existenz Gottes zu einem sprachwissenschaftlichen Problem. Die alten Quellen, meine Damen und Herren, sind schon glaubhaft, wir leben nur nicht auf derselben Bewußtseinsebene wie jene, die sie vor soundsovielen Jahrhunderten oder Jahrtausenden so aufschreiben und aufnehmen konnten, wie sie heute, als geschriebenes Wort überliefert sind. Wenn wir es versuchen, kommen wir unweigerlich zu der Doppelbödigkeit und Unaufrichtigkeit dessen, was ich eingangs die Beschwörungs- oder

Suggestivtheologie nannte. Wenn wir «dahinterkommen» wollen, bleibt uns, das ist im Grund vollkommen logisch, nichts anderes übrig als der Versuch, eine Bewußtseinsebene herzustellen, die uns eine Einsicht in die Strukturen dieser Überlieferungen und ein unmittelbares Erfassen dessen, was gemeint ist, ermöglicht.

Das ist heute, in Grenzen, möglich – ohne daß einer deshalb ein besonderer Mystiker, Ekstatiker oder Asket zu sein braucht. Es gibt heute einige ausgesprochen *demokratische* Möglichkeiten, zu solchen ekstatischen Zuständen zu gelangen, und eben deshalb, vermute ich, sind sie bei den Organen des Polizeistaates so herzlich unbeliebt. Daneben, das muß ich betonen, ist die Situation nicht nur in den Augen des Polizeistaates *kritisch* – kritisch im Sinne von: zu Entscheidungen gezwungen.

Meine Damen und Herren, ich will meinen Trip weder denkerisch noch literarisch aufmotzen, ich bringe das nackte Protokoll, so, wie ich es einen Tag später aufgeschrieben habe.

Ich liege also den ganzen Vormittag auf Kissen in meinem Wohnzimmer am Boden, meine Frau versorgt mich. Ich höre den ganzen Vormittag Bach, zuerst harmlose Sachen, Flöte und Continuo, später das gar nicht mehr harmlose Musikalische Opfer.

Der Aufstieg beginnt, wie bei einer Düsenmaschine: ich werde in die Rücklehne gedrückt. Ich esse Datteln, spüre die steigende Magensäure, bitte um ein Bellergal, sage: «Das ist vielleicht mein letzter vernünftiger Wunsch.»

Nach dem Bellergal bekomme ich ein rohes Rübchen, esse es gehorsam, sage zu meiner Frau: «Du bist ja wirklich –», und hätte besser «real» gesagt. Dann bin ich weg.

An einem Ort, wo einem das Paradies-Hölle-Spiel ein bißchen harmlos – kindlich vorkommt, wirklich für nackte, unschuldige Kindlein auf der Wiese.

Das Beste wäre wahrscheinlich zu sagen, ich habe

Bachs Musik *gesehen,* jeder Ton eine Supernova – in einer grünen Höhle, ohne angebbare Dimension, unendlich weit *und* mütterlich umhüllend – darin das Toben und Tosen von Sternen und explodierenden Sonnen – man sieht oder weiß ihre Bahnen, und daß alle diese Bahnen miteinander in Beziehung stehen, das alles ist in mir, oder ich bin in dem allem – ich weiß nicht, bin ich unter Sternen oder unter Atomen. Ich bin nicht in meinem Körper, der daliegt, dann wieder spüre ich doch eine gewisse vegetative Unruhe in diesem liegenden Körper – und sehe plötzlich meine Frau, jung, sehr lieb und ruhig, wie eine chinesische Katze, atmend in ihrem dunkelrot gemusterten, weichen Kleid. Dann tauche ich wieder ein in die Welt von Bachs Sonnen und Tönen.

Das ganze hat keine zeitliche Ausdehnung, ewig oder ein einziger Augenblick, auf den es zusammenschrumpft, ich denke plötzlich ein Wort: ein astraler Wind.

Ich könnte also in meinem Gedärme gewesen sein. Es war aber die Seligkeit des Ungeborenen in seiner Höhle. Dafür gibt es keine Worte. Eine Zeitlang das Gefühl, einige Sätze Englisch wären möglich, ich spreche sie nicht, vermutlich wäre es wertloses Zungenreden oder Glossolalie.

Plötzlich eine Änderung. Ich bitte um einen Handspiegel, ich will mich versuchen, ich sehe den Orang Utan, er geht in das archaische Lächeln über. Das vegetative Nervensystem erwacht, ich muß urinieren. Im Badezimmerspiegel sehe ich mein Gesicht, ein jämmerliches, ekstatisches Monstrum, das gern heimkehren möchte, oder wie es bei den Beatles hieß: «Once there was a way to get back homeward –»

Wieder liegend sehe ich. im Handspiegel die Millionen von Jungen, die der Weltgeschichte geopfert werden, dann das Gesicht des grünen Buddha, wieder mit dem archaischen Lächeln, dahinter kommt man nicht.

Es geht gegen elf. Die Kinder kommen aus der Schule zurück.

L., meine Frau, will mich in mein Zimmer verbannen. Ich verstecke den Spiegel vor mir selbst. Ich beschließe, mich diesmal nicht verbannen zu lassen. Ich kehre in den Wohnraum zurück und inthronisiere mich dort, sitzend, mit einem Kissen im Rücken und mit gekreuzten Beinen.

Ich sage: «Ich muß zu meinem christlich-buddhistischen Vertikalismus zurück.» Dafür habe ich im Augenblick nicht mehr als ein mitleidiges Lächeln übrig. Sogar der Horizontalismus der Psychoanalyse kommt mir stärker vor... Aber es muß sein, wenn ich nicht in die Verbannung will.

Ich habe geschwitzt, jetzt rieche ich nach Artischokken, pflanzenhaft. Alles sehr körperlich.

Ich wünsche mir Kalbsplätzli zum Mittagessen, nicht wissend, ob ich je wieder essen werde – Katrin kommt nach Hause, die zwölfjährige Tochter – grüßt mich scheu, von weitem, ich gebe ein wenig Gegensteuer, chemisch, dann kommt L. zu mir und meint, man sollte doch dem kranken Christoph endlich sagen, daß er sich einmal anzieht und herunterkommt, ich will keine Entscheidung treffen, ich sage: «Let it be...»

In diesem Augenblick kommt Katrin jubelnd mit der Verkündigung – ich brauche die Worte meines Protokolls –, er ist schon angezogen, er kommt. Ich begrüße ihn: «Mein Erstgeborener», er setzt sich ohne Aufforderung zu meiner Rechten und ist ganz still.

Der Erzengel Michael kommt aus der Schule, mit seinem Schalksgesicht, das noch bunte Farben annehmen kann, er setzt sich mir diagonal gegenüber, wir lachen uns zu.

Dann essen wir, am Tisch, es kommt mir vor etwa wie auf dem Jungfraujoch, 3400 m ü.d.M., hell, etwas fahl.

Ich esse, das Essen ist ein Einverleiben von Kalbsschnitzel und Salat, eine merkwürdige Befriedigung, einstweilen ohne Geschmack. (Geschmack, und welchen Geschmack, erhält das Essen erst später.)

Es ist hell, die Sonne ist gekommen, sie schien durch das Fenster genau auf mich, eben als ich mich mit meinem christlich-buddhistischen Vertikalismus abgefunden und mich inthronisiert hatte. Ich brauchte die Sonne, die blaß zum Fenster hereinschien – an sich war es ein bedeckter, nebliger Tag –, sie wurde zu einer großen Vision einer roten Scheibe, in die ich eingehe und nicht eingehe – und genau als meine Auseinandersetzung mit der Sonne zu Ende ist, erscheint mein Erstgeborener, auferstanden. Nach dem Essen setzen wir uns wieder hin. L. liegt da, wir sehen uns an, dann sehen wir uns vor den Kindern unendlich lang in die Augen, ich sehe die Tigerin, das Tigergesicht, die Göttin, ich weiß: diese ist meine einzige Frau, und ich denke, sie wußte es auch.

Ich muß viel gelacht haben, ein zerebrales Lachen, L. fand es unheimlich, aber zerebrales Lachen oder Götterlachen, das ist auch nur ein Wort. Ich sage: «Das archaische Lächeln, das bei uns einem Mann nicht zusteht...»

Ich sehe bei ihr ein ganz vulgäres, abgründiges Frauengesicht, ich verstehe plötzlich die Geschichte von dem Inder, der einen Tiger (Tigerin) erlegen muß, um ein Mann zu sein, aus dem Kitschfilm «Daktari». – Ich fange jetzt an Lichterscheinungen zu sehen, wie brennende Dornbüsche zum Fenster hinaus, schwarz und weiß, aber nur kurz. Schon früher kam unser großer schwarzer Kater auf meinen Ruf zu mir und ließ sich streicheln und schnurrte, er war groß und schön mit seinen gelben Augen, ich dachte: wie viele Mißverständnisse zwischen uns! Ich spüre Lichtblitze von meinem Kopf ausgehen.

Der junge Mann kommt wieder, der schon da war, um mir gute Reise zu wünschen, ganz in Weiß, er kniet hin und zündet Räucherstäbchen an. Lange schweigen wir. Ich denke: Heilige sind immer mager, Götter dick.

Dann fange ich an zu reden. Ich sage allerlei, was ich so gar nicht meine, aber das ist mir bewußt, und das sage ich auch.

Dann schweigen wir wieder.

Die Landung geht jetzt fast unmerklich. Wie die Sonne verschwindet, verschwinden auch die brennenden Dornbüsche, eine Zeitlang ist der Novemberhimmel sehr schön, wie Frühlingsgewölk, man könnte leicht mythologische Figuren hineinsehen, aber darum geht es ja nicht.

Katrin hat inzwischen eine Blume gemalt, die aussieht wie das tibetanische Rad der Wiedergeburt. Sie bekommt neue Stiefel und freut sich daran, sie will sich schön anziehen zum Sonntag, sie erklärt mir, wie sie samstags badet und sonntags die Haare wäscht, und dann ist sie auch, schön angezogen und frisch gebadet, ein anderer Mensch und montags in der Schule viel besser.

Meine Frau erfindet zum Abendessen einen Ananaskuchen, der allen schmeckt. Michael entflieht in die Stadt und kommt wieder. Er hat einen undeutlichen Traum, den ich vergessen habe, aber Christoph hatte in der Nacht einen schönen Traum, der auch ihn lachen macht. Er wird getauft, von Bundesrat Celio, der abends im Fernsehen war, und zwar: Gott – Vogt – Vogel.

Vor dem Abendessen noch ein schönes Reinigungsbad mit wohlriechenden Essenzen und dann mit frischen Kleidern angetan. Der Geruch nach Artischocken dringt allmählich nicht mehr durch. Die starken Räucherstäbchen sind nicht mehr so notwendig, ich bin ein wieder leidlich zivilisierter Mensch.

Ich bin mir bewußt, wie schwierig es ist, den Wert derartiger Erfahrungen einzuschätzen. Es gibt anhand ähnlicher Erlebnisse große Bekehrungen, zum Beispiel die berühmte Bekehrung des Psychologieprofessors Timothy Leary aus dem Jahr 1960. Es gibt aber auch kleine

Bekehrungen, Wandlungen, die keine Umkehr bewirken, eher ein behutsames, abwartendes Danebenstehen.

Es ist auch sehr schwer zu sagen, was bei einem solchen Trip geschieht, ich meine nicht hirnphysiologisch, das weiß man erst recht nicht oder erst in ersten Näherungen, sondern was *mir* und *mit mir* geschieht.

Man wird aus der Welt der gewohnten Beziehungen und Strukturen hinausgeschleudert in eine vollkommen andere Welt, die dahinter liegt, von der man annehmen kann, daß sie in sich ebenso geschlossen ist wie unsere Alltagswelt, ja, man kann sogar annehmen, es ist dieselbe Welt, anders erfahren oder erlebt. Ein Riesenproblem, über das in dieser Weise, soviel ich weiß, kaum je gesprochen wurde, ist die Frage der dabei auftauchenden Symbole oder Mythen. Es wird Ihnen nicht entgangen sein, daß die geschilderte Erfahrung Versatzstücke aus allen dem Betroffenen bekannten Religionen und Mythologien enthält. Werden da einfach mehr oder weniger rationale literarische Erinnerungen aktiviert? Zweifellos auch, aber nicht nur. Im Gegensatz zur gelenkten Ekstase religiöser Riten hat meiner Auffassung nach ein derartiger Trip gerade den Vorzug totaler Offenheit. Man kann nicht behaupten, daß die Umgebung, mein eigenes Wohnzimmer, oder die Zeit, ein normaler Samstagmorgen, besonders zu religiösen Erfahrungen prädestiniert, aber hier taucht eben die interessante Frage auf, ob nicht hinter jedem Frühstück am Samstagmorgen eine Möglichkeit religiöser Erfahrung steckt; sie wird uns nur im allgemeinen nicht bewußt. Ich würde sogar meinen, daß die ältesten Bücher des Alten Testaments und, auf andere Weise, wieder die Evangelien gerade von einem solchen – wenn ich es so formulieren darf – «göttlichen Alltag» sprechen. Man muß aber, und das ist die Lehre aus solchen ekstatischen Erfahrungen, einmal an dem «anderen Ort» gewesen sein, um den göttlichen Alltag als solchen zu erkennen.

Wie gesagt, ich halte, als forschender Mensch unseres Jahrhunderts, das vollkommen Offene derartiger Erfahrungen gegenüber der religiös oder ideologisch oder mythologisch gelenkten Ekstase oder der ebenso gelenkten tiefen Meditation für einen bedeutenden Vorteil. Dadurch, daß man sich nämlich einfach umwerfen oder überwältigen läßt, ist es zumindest denkbar, daß einmal etwas Neues entsteht, was bei vorausgehender Fixierung auf längst von anderen hereingeholte Inhalte nicht möglich ist. Ich möchte auch sagen, die seltsamen, fast komischen oder ironischen literarischen Assoziationen, auch die ausgesprochen seltsamen und nicht sehr einleuchtenden Formulierungen, die da und dort auftauchen, sind ja nicht einfach ein Hinweis auf die Bedeutungslosigkeit des zugrunde liegenden Erlebnisses, sondern eher ein Hinweis auf die Schwierigkeit, darüber zu *reden,* endlich ein Hinweis auf die Schwierigkeiten des Redens überhaupt.

Von hier aus öffnet sich, vielleicht, auch ein neuer Zugang zu einer der für mich, und nicht nur für mich, irritierendsten Zeilen der ganzen Bibel: «Im Anfang war das Wort.»

Der Trip hat offensichtlich zwei Phasen, die wichtig sind. Selbstverständlich könnte man ihn beliebig weiter unterteilen. Die erste Phase ist die sogenannte Peak Experience, die Höhe des Trips. Dort wird in kosmischen Bezügen gelebt oder in der Versenkung in den eigenen Körper, in dem drin alles ist, was ist, denn das Äußerste, was wir erkennen können, ist die eigene Haut. Die Erkenntnis, im Universum des eigenen Körpers zu leben, ist eine wichtige Sache. Wenn bei uns Europäern des zwanzigsten Jahrhunderts etwas fundamental gestört ist, oder sich zumindest gegenüber anderen Zeiten und Kulturen im Stadium einer nicht zu bewältigenden Veränderung befindet, ist es das Verhältnis zum eigenen Körper – die vielberufene Sexualität ist nur *ein* Aspekt davon. Und doch gab es einmal eine Kirche, die die Auferstehung des Fleisches wörtlich nahm, denn was soll uns eine Auferstehung ohne das Fleisch? Wir wissen inzwischen auch ein bißchen mehr in den Einzelheiten, was dieses Fleisch bedeutet. Allein das Gehirn, das selbst ohne das «Fleisch» nicht leben kann, hat so etwas wie zehn Milliarden Nervenzellen, die grundsätzlich jede mit jeder zumindest in möglicher Verbindung stehen, so daß man behaupten konnte, im menschlichen Gehirn bestehen mehr Kommunikationen zwischen Zellen, als das Universum Atome zählt, oder wie der Zeitgenosse Buckminister Fuller sagt: «Unsere individuellen Gehirne haben eine Quadrillion mal eine Quadrillion Atome in phantastischer Koordination...»

Ich kann solche Gerüchte im einzelnen natürlich selbst nicht überprüfen, es kommt aber auch nicht auf eine oder zwei Größenordnungen an.

Es ist immerhin so, daß das menschliche Gehirn das All nicht nur einfach passiv zu sehen vermag, es vermag das All zu *denken*. Es ist eine seltsame Vorstellung, daß solche Organismen mit dem Charakter der Unendlichkeit miteinander kommunizieren – wenn ich es in der Computersprache sagen darf: *digital* durch das *Wort,* und dort wo diese Organismen wirklich kirchlich christlich kommunizieren, tun sie es nicht nur mit dem Wort, dort geht es plötzlich um das Ganze des Körpers oder Leibes: «Nehmet, esset! Das ist mein Leib.»

Dahinter steckt die tiefste Erfahrung, die es gibt, vielleicht die *einzige* tiefe Erfahrung überhaupt.

Timothy Leary, in seinem ekstatischen Jargon, sagt es so: «Dein Körper ist der Spiegel des Makrokosmos. Das Königreich des Himmels ist in dir. In deinem Körper...» Und: «Man kann die Rhythmen und die Absichten der äußeren Welt erst verstehen, wenn man die Dialekte des Körpers beherrscht. Was ist der Mensch? Er ist in seinem Körper. Sein Körper ist sein Universum.»

Ich würde die zweite Phase als die *Phase des erhöhten Symbolverständnisses* bezeichnen. Ich könnte mir vorstellen, daß sie noch wichtiger ist als die erste, denn hier dringt nun das Ekstatische in den Alltag ein, das Universum des eigenen Körpers ins Wohnzimmer einer mittelbürgerlichen Familie, zwanzigstes Jahrhundert, Schweiz.

Ich weiß nicht, ob Sie in meiner Schilderung die Erzväter-Atmosphäre herausgespürt haben, die für mich, und anscheinend nicht nur für mich, an jenem Tag herrschte. Es gibt Anzeichen dafür, daß sich etwas davon auch auf meine Familie übertrug. Nun ist jeder Vater ein Erzvater, man vergißt es nur zu oft. Man muß sich bloß dazu entschließen, wirklich der Vater zu sein, und das heißt nun eben, in der skurrilen Ausdrucksweise jenes damaligen Einfalls: zum christlich-buddhistischen Vertikalismus übergehen. Das heißt praktisch etwas sehr Einfaches. Es ist aber nichts einfach «einfach», das ist ja gerade die wichtigste Erkenntnis solcher Erfahrungen, und was endlich einfach ist, ist dann auch groß: Ich mußte mich aus der liegenden Stellung des gebärenden Weibes oder des Embryos in seinem Uterus erheben, das heißt, ich stellte mir ein Kissen in den Rücken und setzte mich mit gekreuzten Beinen hin.

So einfach und so bedeutungsvoll ist das.

Ich spürte vorerst nichts anderes als die Strukturen einer Familie, die ohnehin da sind. Ich spürte, zum Beispiel, sehr deutlich, daß meine Frau meine *einzige* Frau ist und bleibt, was gar nicht so selbstverständlich ist, wie es vielleicht klingt, und zwar, das war mir gleichzeitig bewußt, als Mutter meiner Kinder. Vielleicht darf ich Sie bitten, die Geschichte Abrahams einmal unter diesem Gesichtspunkt zu lesen.

Der Ekstatische spürt aber nicht nur alles in ungeheurer Verdeutlichung und Verdichtung, er schafft auch Neues, beeinflußt, ohne viel zu reden, seine Umgebung. Es sind kleine Dinge, ich habe sie erwähnt: die seltsamen

Träume meiner Jungen, die ungewöhnlichen Äußerungen meiner kleinen Tochter, die Blume, die sie plötzlich malte, den Ananaskuchen, den meine Frau buk …

Es ist eben nicht jeder ein Moses, der die Gesetzestafeln vom Sinai zurückbringt.

Über diese Veränderung des sozialen Feldes durch Ekstatiker ist wenig bekannt – wenig oder sehr viel, je nachdem, wie man die gesamte religiöse und dichterische Literatur der Völker liest. Aber man sollte es selbst erfahren haben.

Lassen Sie mich an dieser Stelle erwähnen, daß selbstverständlich nicht jeder Trip so biblisch verläuft. Aber es gibt schließlich auch nicht nur die mosaische Religion.

Was ist diese mosaische Religion? Ein sehr patriarchalisches Unterfangen. Die Erzväter haben den Schritt zum Vertikalismus getan, und später haben immer zahllosere und härtere Tabus, inklusive die moderne Introjektion in ein tyrannisches Über-Ich, die Rückkehr zum Horizontalismus der kreativen Urhaltung, die doch so ungleich weiser ist, unmöglich gemacht.

Mir fällt auch auf, daß diese Religion ein rein akustisches Unterfangen ist oder es wenigstens versucht zu sein. Denken Sie an das zweite Gebot. Denken Sie daran, daß dieser Gott zwar spricht, daß ihn aber nie jemand gesehen hat und so weiter und so fort.

Verfluchungen und Prophezeiungen wehren ganz offensichtlich eine ältere, immer dicht hinter der Oberfläche lauernde Religion ab, die vegetativ ist, pflanzenhaft, wortlos, bilderreich, mütterlich und rauschhaft. Sie entspricht einem Bewußtseinszustand, der ursprünglicher ist, der Weisheit des Körpers näher.

Der mosaische Sinai-Trip ist der größte Ego-Trip der Geschichte. Was sagt denn Moses dem harrenden Volk, wenn er zurückkommt? Er sagt: «Ich bin der Herr, dein Gott –»

Das hat, soviel ich weiß, von den anerkannten Verkündern göttlicher Offenbarung vor ihm und außer ihm keiner gesagt: *Ich.*

Damit tritt jenes *Ich* in die Geschichte, das sie seither in immer größeren, immer blutigeren Kreisen auch beherrscht, der *ich*-bezogene (westliche) Mensch, von dem wir annehmen müssen, daß er sich eben jetzt wandelt, weil er sich wandeln muß, wenn die Welt nicht tatsächlich, physisch, untergehen soll – *aber wie?* Das wissen wir nicht.

Das einzige, was wir tun können, ist versuchen, mit den ältesten Methoden der Welt, aber mit einem neuen Bewußtsein in die Tiefen des eigenen Unbewußten hinabzusteigen und, wenn es gelingt, *in das Fleisch,* das wir sind und aus dem wir die neuen Prophetien zu holen haben.

Meine Damen und Herren, die Erfahrung, die ich Ihnen geschildert habe, ist chemisch gemacht. Damit für viele von vornherein wertlos. Man wollte in gelehrten Kreisen sogar unterscheiden zwischen toxischer, also durch «Gifte» bedingter, und echter Ekstase. Dahinter stecken zwei fundamentale Irrtümer, ein sprachlicher und ein chemischer. Der sprachliche Irrtum ist der, daß «toxisch» ein Wort aus der wissenschaftlichen Medizin ist, und «echt» ein Wort aus der Blut-und-Boden-Mythologie. Der Gegensatz zu toxisch heißt hier hysterisch. Wenn die Drogen-Ekstase toxisch ist, dann ist die durch religiöses Getue und pietistische Schwärmerei gemachte Ekstase hysterisch. Ich glaube, es ist ganz nützlich, das einmal zu sagen. Der chemische Irrtum ist der schwerwiegendere. Was glauben Sie denn, erreicht man mit Fasten und Kasteiungen und stunden- und tagelang festgehaltenen starren und katatonen Körperhaltungen? Lassen Sie es mich so sagen: Veränderungen des Blutchemismus, vorwiegend Senkung des Blutzuckerspiegels und Verschiebungen des Säure-Basen-Gleichgewichtes. Das sind grobe Veränderungen, die sich auch grob auf das arme Gehirn auswirken und es auf die Dauer ohne Zweifel schädigen.

Demgegenüber sind Substanzen wie Tetrahydrocannabinol und die Wirkstoffe aus der Gruppe der Tryptaminabkömmlinge eine Art Schlüsselsubstanzen, die in unvorstellbar geringen Mengen im Gehirn einen offenbar bereitliegenden Mechanismus auslösen. Von der meistdiskutierten unter diesen Substanzen, dem Lysergsäurediäthylamid (LSD), weiß man zum Beispiel, daß der größte Teil bereits wieder ausgeschieden ist, wenn der sogenannte «Trip» auf die Höhe kommt. Es handelt sich also keineswegs um eine Vergiftungserscheinung, wie beim alkoholischen Rausch, sondern um die Auslösung eines anderen, vermutlich archaischeren Verhaltens des Gehirns.

Diese Dinge sind zweifellos im höchsten Maße faszinierend, und es ist kaum vorstellbar, wie die Hirnforschung, die sonst auf eher grobe Versuchsanordnungen mit elektrischer Reizung und so weiter und so fort angewiesen ist, ohne diese Wirkstoffe weitergehen soll. Wie sich die *praktische* Anwendung dieser Stoffe in Zukunft ausnehmen wird, darüber könnte man höchstens von weitem spekulieren.

Ich möchte hier, in der Kirche, nur auf einen Gesichtspunkt hinweisen: die Diskussion um die sogenannten «Drogen» (oder «Rauschgift», wenn Sie lieber wollen) wird, hauptsächlich von den Gegnern, mit vorwiegend irrationalen Argumenten geführt. Und keine Diskussion hätte einige Vernunftgründe nötiger. Von dem großen Zankapfel Haschisch gibt sogar die Weltgesundheitsorganisation neuerdings zu, daß keine Schädigungen bekannt sind und daß es weder süchtig noch auch nur nennenswert psychisch abhängig macht. Trotzdem steht derselbe Stoff immer noch auf der Betäubungsmittelliste mit Heroin zusammen, aber ohne beispielsweise unseren lieben alten Alkohol, der noch immer eines der wenigen schweren Rauschgifte ist, ein richtiger Killer, der nachweisbare Schädigungen an den Hirnzellen bewirkt, und ferner das meines Wissens einzige Rauschgift, das die Leber zerstört und den Herzmuskel schädigt.

Solche Entscheidungen werden eben politisch gefällt, politisch im krassesten und übelsten Sinn des Wortes.

Es handelt sich um eine Art Religionskrieg. Und wohl einem Lande wie der Schweiz, wo er mit Wattetupfern geführt wird ... Immerhin wäre es vielleicht an der Zeit, daß «die Kirche», wenn es das gibt, einmal Stellung beziehen würde zu einem Problem, das ganz offensichtlich an ihre Wurzeln geht.

Es wäre natürlich noch sehr viel zu sagen. Beispielsweise über die religiöse Verbindlichkeit chemisch bewirkter Erfahrungen. Wie gesagt, es gibt keine nicht-chemische Ekstase, es gibt keine nicht-ekstatisch religiöse Erfahrung, und dennoch hat jede Kirche überall und immer unterschieden zwischen göttlichen Offenbarungen und den Gaukeleien des Teufels. Ich glaube nicht, daß wir heute dazu das ungebrochene religiöse Selbstverständnis noch hätten. Wer sagt uns eigentlich, daß die Gotteserfahrung der Schizophrenen nicht gültig ist. Etwa, *weil* sie schizophren sind, die Leute, nicht die Gotteserfahrung?? Woher wissen wir andererseits, daß etwa die Bekehrung des Paulus kein psychotisches Erlebnis war? Nur weil er nachher so schön literarische Briefe geschrieben hat? Und wäre es für die Religion des Jesus von Nazareth nicht sehr viel besser gewesen, der Herr Saulus hätte weiter Christen verfolgt, als die Frohbotschaft bis in ihr Gegenteil zu verwandeln, mit seiner skurrilen, verdrehten Moral??

Diese Fragen sind von mir wirklich als Fragen gemeint. Ich habe auch keine Antworten darauf.

Lassen Sie mich zum Schluß noch einmal auf Moses zurückkommen. Moses hat zwar seine Botschaft unverstellt übermittelt, dazu zwang ihn wohl seine intellektu-

136

elle Redlichkeit. Er sagte: «*Ich* bin der Herr, dein Gott –»

Aber je weiter er vom Berg Sinai herunterstieg, je näher er den gespannt auf ihn wartenden Massen kam, desto mehr überfiel ihn Unsicherheit und Angst. Vielleicht fürchtete er die Lächerlichkeit, vielleicht spürte er, als recht alter Mann, der er damals schon war, die Nähe der Unausweichlichkeit des Todes, die Unvereinbarkeit des Sterben-Müssens mit der Gott-Natur, und so erzählte er seinem Volk nicht, daß er Gott war, wofür es damals durchaus eine gute internationale Tradition gegeben hätte, denken Sie an Pharaonen und sumerische Könige, die Gott waren, er sagte: «Ich habe eine Botschaft von Gott. Von dem Gott, den man nicht sehen darf.» Und damit hat er seine Botschaft über die Jahrtausende gerettet.

Timothy Leary hat zu diesem Thema Dinge geschrieben, die ich recht bedenkenswert finde. Er stellt zwei Gebote des molekularen Zeitalters auf: 1. Du sollst das Bewußtsein deines Mitmenschen nicht verändern. 2. Du sollst deinen Mitmenschen nicht daran hindern, sein eigenes Bewußtsein zu verändern.

Dazu schreibt er unter anderem als Kommentar: «Diese Gebote sind nicht neu. Sie sind genaue Ausdeutungen des ersten Mosaischen Gesetzes – daß der Mensch anderen gegenüber nicht handeln soll, als wäre er Gott. Sei Gott selbst, wenn du kannst, aber bürde deine Göttlichkeit nicht anderen auf. Sie sind auch Ausdeutungen zweier christlicher Gebote – du sollst Gott und deinen Nächsten lieben.» Mir scheint sich hier etwas höchst Bedeutsames anzubahnen, ein neues Verhältnis zwischen den Weltreligionen, nicht nur das Verhältnis lächelnder, teils ironischer, teils bewundernder Toleranz, sondern ein gegenseitiges Verständnis, auf der Basis der Identität der Erfahrungen – und weiter wird wohl die alte müßige Frage gegenstandslos, *wo* Gott zu finden sei, jenseits der, was weiß ich, dreizehn oder vierzehn Milliarden Lichtjahre, die die Astronomen dem All gütig zubilligen, oder in uns selbst.

Wichtig, und christlich, scheint mir aber zu sein, Gott auf irgendeine personale Art zu erfahren.

Lassen Sie mich mit dem schönen Wort von William Blake schließen, daß Aldous Huxley seinem Buch *Die Pforten der Wahrnehmung* vorangestellt hat: «If the doors of perception were cleansed, everything will appear to man as it is, infinite.»

Würden die Pforten der Wahrnehmung gereinigt, erschiene den Menschen alles, wie es ist: unendlich.

Amen.

Gebet

Ein Gebet ist keine Bittschrift, keine Petition und kein Bettelbrief. Beten heißt nicht um etwas bitten, so nahe auch die Wörter verwandt sein mögen. Beten ist eine bestimmte offene Haltung vor dem, den wir Gott nennen.

Es gibt viele Gebete, Gebete des Gehirns, Gebete des Haares, der Haut, des neuromuskulären Systems und Gebete der Genitalien.

Für die unpaaren inneren Organe hält meist das Herz her: Gebete, die aus dem Herzen kommen.

Atmen ist ein Gebet. In der unaussprechlichen Süßigkeit des Einatmens eingehen in Gott oder die Unendlichkeit oder das große weiße Licht. Das Keuchen der Gehetzten, das Keuchen der Lust.

Wer betet, bietet sich an, als Ganzes: Verschlinge mich, Gott.

Dieser Gott ist aber ein Gott, der Barmherzigkeit will und nicht das Opfer...

«Und wenn ihr betet, sollt ihr nicht sein, wie die Heuchler; denn sie beten gern in den Synagogen, und wenn sie an den Ecken der Straßen stehen, um sich vor den Leuten sehen zu lassen. Wahrlich ich sage euch: Sie haben ihren Lohn dahin. Du aber geh, wenn du betest, in dein Kämmerlein und schließ deine Tür zu und bete im Verborgenen zu deinem Vater; und dein Vater, der ins Verborgene sieht, wird es dir vergelten. Wenn ihr aber betet, sollt ihr kein unnützes Geschwätz machen wie die Heiden; denn sie meinen, daß sie um ihrer vielen Worte willen Erhörung finden werden. Seid ihnen nun nicht gleich; denn euer Vater weiß, was ihr bedürft, ehe ihr ihn bittet.» (Mat. 6, 5–8)

Und so spricht Jesus Christus, der Sohn Gottes, der kommt im Namen des Herrn, der Erstgeborene der Schöpfung, das Licht der Welt, das fleischgewordene Wort, der Superstar: «Selig sind die geistlich Armen; denn ihrer ist das Reich der Himmel.
Selig sind die Trauernden; denn sie werden getröstet werden.
Selig sind die Sanftmütigen; denn ‹sie werden das Land besitzen›.
Selig sind, die hungern und dürsten nach der Gerechtigkeit; denn sie werden gesättigt werden.
Selig sind die Barmherzigen; denn sie werden Barmherzigkeit erlangen.
Selig sind, die reinen Herzens sind; denn sie werden Gott schauen.
Selig sind die Friedensstifter; denn sie werden Söhne Gottes heißen.
Selig sind, die um der Gerechtigkeit willen verfolgt werden; denn ihrer ist das Reich der Himmel.
Selig seid ihr, wenn sie auch schmähen und verfolgen und alles Arge wider euch reden um meinetwillen und damit lügen.
Freuet euch und frohlocket, weil euer Lohn groß ist in den Himmeln. Denn ebenso haben sie die Propheten verfolgt, die vor euch gewesen sind.

Ihr seid das Salz der Erde. Wenn aber das Salz seine Schärfe verliert, womit soll es salzig gemacht werden? Es ist zu nichts mehr nütze, als daß es hinausgeworfen und von den Leuten zertreten wird.

Ihr seid das Licht der Welt. Eine Stadt, die auf einem Berg liegt, kann nicht verborgen sein. Man zündet auch nicht ein Licht an und stellt es unter einen Scheffel, sondern auf den Leuchter; dann leuchtet es allen, die im Hause sind. So soll euer Licht vor den Menschen leuchten, damit sie eure guten Werke sehen, und euren Vater, der in den Himmeln ist, preisen.» (Mat. 5, 3–16)

Unser Vater im Himmel,

Geheiligt werde dein Name,

Dein Reich komme,

Dein Wille geschehe, wie im Himmel so auf Erden.

Unser tägliches Brot gib uns heute.

Und vergib uns unsere Schuld,

wie auch wir vergeben unseren Schuldigern.

Und führe uns nicht in Versuchung,

sondern erlöse uns von dem Bösen.

Denn dein ist das Reich und die Kraft und die Herrlichkeit

in Ewigkeit

Amen.

Nachwort des Autors

Christoph Möhl, reformierter Pfarrer in einem erstaunlich katholischen Land, mit seinem Kirchenzentrum am Waldrand, teils geduldet, teils akzeptiert, hat seit 1969 jährlich im Herbst einen Schriftsteller in seiner Kirche predigen lassen. Die Predigt, die ich hier vorlege, ist die dritte in der Reihe dieser «Vaduzer Predigten», die beiden ersten wurden gehalten von Herbert Meier und Ernst Eggimann. Ich habe die Texte dieser beiden Predigten in der Nervosität des Vorabends in dem gastfreundli-

140

chen Haus der Familie Möhl gelesen und war sicher, daß ich niemals an die selbstverständliche Eleganz meiner Vorgänger herankommen werde.

Meine Predigt, zufällig auch meine dritte, ist nicht elegant. Ich versuche, ohne Rücksicht auf Stil und Eloquenz, etwas mitzuteilen, was recht schwer mitzuteilen und noch schwerer zu interpretieren ist.

Der Gottesdienst fand am 14. November um 9.30 Uhr statt und dauerte bis etwa halb elf. Jugendliche sangen Gospelsongs dazu und wurden von einer jugendlichen Popband begleitet.

Nach dem Gottesdienst folgte eine Diskussion, an der sich erstaunlich viele Kirchgänger beteiligten und die auf einem erstaunlich hohen Niveau verlief. Es scheint, Vaduz ist eine jener glücklichen Enklaven großzügiger Liberalität, die möglicherweise auf einem noch wenig verunsicherten Konservativismus beruht.

Bezeichnend für unsere heutige Situation ist vielleicht, daß sich in der Diskussion nur einer mit dem «theologischen» Gehalt meiner Rede befaßte, während es vielleicht zehn oder zwanzig Diskussionsteilnehmer teils bedenklich, teils verwerflich fanden, daß einer an einer Drogenerfahrung auch einmal etwas Positives finden kann. Der Rezensent des *Liechtensteiner Volksblattes* vom 20.11.1971 interpretiert die Predigt zusammenfassend so: «Das war letztlich das Anstößige, Herausfordernde an der Predigt: Wie, wenn nun wieder Christen auszögen – wie weiland die Einsiedler, die wir heilig gesprochen haben! Antonius, Bruder Klaus? Wie, wenn sie wieder in den Gründen ihrer Seele Gott suchen wollten? Wenn ihnen Meditation nicht verlorene Zeit wäre – weil man hätte arbeiten können? Gräßlich, wenn ein paar Leute wieder in sich gingen, wo man doch äußerlich leben muß – unsere Welt wäre nicht mehr in Ordnung. Da lag die Provokation. Viele haben sie nur unbewußt gespürt. Aber überhören hat sie keiner können.»

Diesmal, finde ich, hat es die Finsternis begriffen, oder, fast – aber dann war es eben per definitionem nicht die Finsternis…

Vermutlich liegt eine besondere Schwierigkeit meiner Rede auf einem anderen Gebiet. Ich negiere die Möglichkeiten nicht-ekstatischer religiöser Erfahrung, ich negiere die Möglichkeit einer nicht-chemisch erzeugten Ekstase. Die zweite Behauptung ist heute unwiderlegbar, soviel weiß ich mit Sicherheit, obgleich ich selbstverständlich nicht Fachmann für die enzymatischen Vorgänge im Gehirn, überhaupt nicht Biochemiker bin. Aldous Huxley hat schon 1956 im Anhang zu *Himmel und Hölle* darauf hingewiesen, daß die Europäer früherer Jahrhunderte den ganzen Winter im Vitaminmangel lebten und dauernd eitrige Infektionen aufwiesen, an den Zähnen zum Beispiel, und folglich aufgrund chemischer Veränderungen leichter ekstatisch lebten als wir. In dieser Betrachtungsweise werden die psychedelischen Drogen zu einer Art Korrektur unserer (chemischen und geistigen) Allzu-Wohlgenährtheit.

Über die erste Behauptung mögen sich Theologen äußern, die noch nicht ausschließlich Linguisten und Sozialarbeiter oder Entertainer sind; ich selbst kann es nicht. Ich weiß auch nicht, weshalb ich diese und ähnliche Triperfahrungen als «religiös» empfinde. Die gesamte Stimmung war einfach danach, und damit meine ich selbstverständlich nicht irgendeine äußerliche Weihnachtlichkeit mit Kerzen, Räucherstäbchen und so, sondern eine phantastische innere Ergriffenheit. Nach einem solchen Trip ist man erregt, nervös und halbtot. Die Gruppe um Timothy Leary hat systematisch solche chemischen religiösen Erfahrungen erzeugt und gesammelt, auch mit Konditionierung in religiösem Milieu und mit Kontrollen in einem Doppelblindversuch. Die Inhalte der einzelnen Erfahrungen sind jedoch, soviel ich weiß, bisher nicht veröffentlicht worden.

Wenn ich ständig von «chemisch» spreche, meine ich das nicht allzu primitiv. Je mehr ich mit Psychiatrie zu schaffen habe, desto mehr imponiert mir die Körperlichkeit des Psychischen – und es geht ja wohl um einen möglichen Zugang zu der verschütteten Welt der *Materia*.

Über die Drogenszene selbst möchte ich mich hier nicht äußern. Das ist ein Modethema, man kann kaum eine Zeitung und bestimmt kein Wochenblatt aufschlagen, ohne etwas darüber zu finden. Das Thema ist äußerst kompliziert und setzt erhebliche Fachkenntnisse voraus, wenn man vernünftig darüber sprechen will. Außerdem wandelt sich die Szene sehr rasch. Vor zwei Jahren (Januar 1970) war auf einem gelehrten Kongreß im Gottlieb-Duttweiler-Institut in Rüschlikon (Zürich) Haschisch noch ein heißes, sehr umstrittenes Thema. Heute ist Haschisch, zumindest in der Schweiz, de facto akzeptiert. Wurde Haschisch Anfang 1970 noch verteufelt, wird es heute verharmlost. *Haschisch ist unschädlich, aber nicht harmlos.*

Das Problem unserer (vermutlich jeder) Gesellschaft ist nämlich, daß sie die wenigen Prozent Drop-outs noch nie gekümmert haben. Wir haben, zum Beispiel, etwa 100 000 Alkoholkranke auf fünf bis sechs Millionen Einwohner, davon vielleicht 30 000 dauernd pflegebedürftig und / oder hospitalisiert. Aber diese Alkoholiker sind bloß ein Schönheitsfehler und halt ein Posten in den Abrechnungen der Fürsorgeämter und Gesundheitsdirektionen; sie verändern das Gesicht unserer Gesellschaft nicht. Dasselbe gilt für die unheilbaren Süchtigen allgemein. Mit den Haschrauchern ist das etwas anders. Es besteht kein Zweifel, daß unsere westliche Zivilisation sich ändert, wenn Haschisch allgemein und regelmäßig konsumiert würde. Die Frage ist nur, ob sie sich nicht in der Richtung verändern würde, in der sie sich verändern *muß*, um zu überleben, in Richtung auf Verinnerlichung und einen sehr viel weniger expansiven, zerstörerischen Lebensstil – in Richtung auf Abkehr von der heute allmächtigen Technokratie und wissenschaftlich-technologischen Fortschrittsideologie. Nach meiner ganz privaten Meinung ein Experiment, das gewagt werden muß.

Man muß sich auch nirgends so wie in den Diskussionen um bewußtseinsverändernde Drogen hüten vor einer Paradiesillusion. Unsere gesellschaftlichen Zustände sind nicht paradiesisch. Ohne irgendwelche Drogen geht es ganz einfach nicht, und ging es übrigens anscheinend nie. Wir haben nicht die Wahl, ob oder ob nicht, wir haben nur die Wahl, was.

Haschisch ist bestimmt nicht die ungeeignetste Droge. Verglichen mit den paar ausgeflippten Haschern ist die Tranquilizerplage eine große Volksseuche geworden, besonders in Verbindung mit Alkohol. (Auch derartige Dinge durfte man im Januar 1970 noch nicht öffentlich sagen, ohne den Zorn des größten Heilmittelproduzenten der Welt auf sich zu laden. Auch das hat sich wohl etwas geändert.)

Bevor ich 1968 zu meiner alten Liebe, der Psychiatrie, zurückkehrte, habe ich mich nie um Drogen gekümmert, hatte keine Ahnung davon und konsumierte auch nichts außer einigen Kopfwehpulvern und ein paar Bellergal im Jahr. Ich sah jedoch bald, daß ich mit einem schönen Teil meiner Klienten nicht reden konnte, wenn ich nicht einige eigene Erfahrungen hatte. Also versuchte ich es. Ich glaube auch, daß man bei großen Trips eine körperhafte Erfahrung mit außergewöhnlichen Bewußtseinszuständen gewinnt, die für den Psychiater notwendig ist. Man gewinnt ein gewisses Verständnis für psychotische Patienten, das anders nicht zu gewinnen ist – schizophren werden kann man ja schließlich nicht. Das Argument, daß man nicht selbst tuberkulös zu sein braucht, um Tuberkulose zu behandeln, ist idiotisch. Zudem erinnere ich mich aus meiner eigenen Assistentenzeit im Sanatorium, daß eben doch die Ärzte, die selbst eine Tuberkulose hatten, ihre Patienten besser oder «anders» behandelten und verstanden.

Selbstverständlich muß man nicht unbedingt schizophren oder schwachsinnig sein, um eine psychiatrische Klinik zu leiten.

Das Mitteilen eigener Trip-Erfahrungen ist eine heikle Sache. Die meisten Trips geben auch nicht viel her. Die Erfahrungen sind präverbal, oder averbal, man kann darüber nicht sprechen, also sagt man lieber nichts. Die Erfahrungen sind auch sehr intim, zumindest empfindet man sie so. Trips wie ein Seenachtsfest sind zwar ganz hübsch, aber doch wohl für Zuhörer oder Leser wertlos. Ich bin auch noch nie auf den Gedanken gekommen, über meine eigenen Trips zu reden, außer über den Sinai-Trip. Ich glaube, hier handelt es sich um eine Erfahrung, die diskutiert werden sollte. Ich bin froh, daß ich in einer Kirche davon sprechen konnte – eine Kirche scheint mir dafür ein merkwürdig geeigneter Ort. In anderen Sälen käme man sich leicht exhibitionistisch vor mit derartigen Berichten, oder man würde ausweichen in die Unverbindlichkeit wissenschaftlicher Abstraktion.

Die Predigt erscheint mit der ausdrücklichen Druckerlaubnis meiner Frau und dem schweigenden Einverständnis meiner Kinder.

Ich danke ihnen für ihre außergewöhnliche Großzügigkeit.

Muri / Bern, Dezember 1971

Nachwort des Pfarrers

Als sich der Vorstand der evangelischen Kirche im Fürstentum Liechtenstein Mitte 1969 entschloß, einen Schriftsteller zu bitten, am Reformationssonntag die Predigt zu übernehmen, hoffte er sogar, bisher nicht Gehörtes, vielleicht auch Unerhörtes in einem Gottesdienst verkündet zu bekommen. Es sollte der Versuch gemacht werden, über sterile Reformationsfeiern hinauszukommen, die lediglich auf ein Lob der Väter im sechzehnten Jahrhundert hinauslaufen. Reformation sollte wieder als Auftrag für unsere Zeit begriffen und in der Kirche den Christen Neues gesagt werden. Der Schriftsteller wurde dabei in einer prophetischen Funktion gesehen. Er sollte frei zu Christen reden, ohne unbedingt deren traditionelles Christentum für richtig zu halten. Ein gewisses Risiko ging die Gemeinde ein, und zwar bewußt.

Die ersten beiden «Schriftsteller-Predigten» haben über die Gemeinde hinaus Beachtung gefunden, wurden nachgedruckt und zitiert. Die dritte, diejenige von Walter Vogt, hat vor allem in der Gemeinde selber Empörung hervorgerufen und heftige Diskussionen ausgelöst. Nie zuvor war die Gemeinde einer ähnlich schweren Belastungsprobe ausgesetzt.

Auch ich leistete mir erst in der auf die Predigt folgenden Diskussion darüber Rechenschaft. So ahnungslos wie alle anderen Gottesdienstbesucher saß ich zu Vogts Füßen.

Ich hörte die Botschaft von der Möglichkeit und Notwendigkeit ekstatischer Erlebnisse, und mir fehlte nicht der Glaube. Die ersten Sätze der Predigt (gegen die «Suggestiv-Predigt» wie sie in den Kirchen üblich ist) und die Feststellung Vogts, in welcher Rolle er sich in der Kanzel sehe (als Laie und Psychiater, nicht als Amateur-Theologe) schienen mir den «point de départ» genügend deutlich zu machen, daß eine sachliche Diskussion möglich sein sollte.

Offenbar aber hatten die meisten Gottesdienstbesucher nicht mit einer Provokation gerechnet (sie hätten es müssen, das Risiko lag, wie gesagt, in dem Entschluß, Schriftsteller einzuladen). Nun hätte man sich zwar über

146

die Tatsache einer Provokation in der Kirche noch freuen können. Aber provoziert fühlte sich die Gemeinde nicht durch Vogts Plädoyer für die Ekstase, sondern durch seine Empfehlung, diese «chemisch» zu erlangen. Und das vergällte die mögliche Freude über das Ereignis einer Provokation in der Kirche.

In den Tagen und Wochen nach der Predigt äußerten einige Vertreter der sonst schweigenden Mehrheit Befremden und Vorwürfe, meist am Telephon. Wie Walter Vogt mir geraten hatte, schob ich die Verantwortung auf ihn – hatte ich doch nicht einen Buchstaben seiner Predigt zum voraus gekannt. Aber vielen Interpellanten genügte das nicht. Der Pfarrer allein, hieß es etwa, ist verantwortlich für das, was in der Kirche gesagt wird, und, wenn ein anderer «predigt», zumindest mitverantwortlich. Glücklicherweise blieb der Kirchenvorstand fest: Ein Teil – man spürte es, wenige äußerten sich – hieß damit auch die Predigt Vogts gut, ein anderer Teil – man spürte es, obwohl diese wenig äußerten – billigte nur das Prinzip. Die eigentliche Auseinandersetzung im Kirchenvorstand kam denn auch erst Monate später.

Gegenüber den Anrufern, die Protest einlegten, hatte ich keinen leichten Stand: Genau wie Vogt hätte ich sicherlich über den Sinai-Text nicht geredet. Ich mußte den Leuten aber klar machen, daß es eben gerade wichtig sei, daß in unserer Kirche ein anderer als ich die volle Freiheit genieße, anders als ich zu reden. Weil gerade die Kirche ein Ort sein soll, an dem man seine Meinung unzensuriert sagen darf. Besonders dann, wenn man diese zur Diskussion stellt. Bei denen, die gegen Vogts Predigt protestierten, lief aber der Protest letztlich immer auf eine Unterbindung der Meinungsfreiheit hinaus. Das wundert nicht, hat man doch jahrhundertelang gepredigt, ohne daß hätte widersprochen werden können. Eine Predigt kommt oft einer Vergewaltigung gleich, und die vielen vehementen Versuche, politische Äußerungen auf den Kanzeln zu unterbinden, sind zumindest insofern berechtigt, als auch richtige Aussagen fragwürdig sind, wenn sie nicht zur Diskussion gestellt werden.

Nun hatten wir aber schon Erfahrung in Diskussionen nach dem Gottesdienst: Seit mehr als zwei Jahren gibt es bei uns Informationsgottesdienste, bei denen verschiedene Meinungen von einigen Gemeindemitgliedern vorgetragen und nachher von allen, die darüber reden möchten, noch im freien Gespräch verhandelt werden. So kommen bei uns wenigstens einmal im Monat gegensätzliche Standpunkte zur Sprache.

Der Ruf einiger Gemeindemitglieder, mich von Vogts Äußerungen zu distanzieren, hätte für unsere Gemeinde prinzipielle Bedeutung und schwerwiegende Folgen gehabt. Wir hätten dann den Grundsatz der Vielstimmigkeit in einer und derselben Gemeinde, der demokratischen Verkündigung, preisgegeben.

So war meine Rolle reichlich eigenartig: Ich hatte den Propheten eingeladen und sollte nun – nach der Ansicht einer Gruppe in der Gemeinde – Tempelwache spielen. Wie Amos in Bethel gegen die regierenden Herren predigte, hatte Vogt bei uns gegen ein alles beherrschendes verbales Christentum Stellung bezogen. Sollte er – wie Amos – hören: «Seher, flieh und predige woanders, denn dies ist ein Reichstempel und ein Staatsheiligtum»?! Sollte die Infragestellung des durchschnittlichen christlichen Denkens nicht ertragen werden? Durfte der Hinweis auf die bedenkliche innerliche Verödung der Menschen unterdrückt werden? Noch dazu, indem man den Sack schlug (weil man den Esel ahnte): Indem man gegen die Empfehlung, das Bewußtsein mit Hilfe von Hasch zu erweitern, als Propaganda für die Drogen kämpfte, wehrte man sich wie wild gegen die Erweiterung des Bewußtseins, gegen die «Auswanderung» aus einer Welt voller Leistung, Konsum und Vermassung. Man schimpfte Hasch und meinte links.

Freunde haben mich ermutigt, fest zu bleiben, denn einmal wäre ich drauf und dran gewesen, das Erstgeburtsrecht einer offenen Kirche im Lande gegen das Linsengericht des Images eines «guten» Pfarrers zu verkaufen. Man mag das als Schwäche ansehen, aber der perfideste Vorwurf, der mir gegenüber verschiedentlich erhoben wurde, war der, ich wäre mitverantwortlich, wenn die Haschwelle unter Jungen im Lande zunehme.

Tatsächlich hatten überaus viele Junge den Gottesdienst besucht, spielte und sang doch bei diesem Anlaß eine Gruppe von Schülern Teile einer Jazzmesse. Aber die Gefahr, daß wir als Jugendverführer hätten gelten müssen, schien von Anfang an gering: Wer unter den Jugendlichen noch so jung und unkritisch war, daß er sich durch ein Referat hätte zu Drogengenuß verführen lassen können, war den Ansprüchen, die Vogts Predigt an die Hörer stellte, überhaupt nicht gewachsen und konnte seinen Gedanken gar nicht folgen. Bezeichnenderweise fanden denn auch viele sehr junge Gottesdienstbesucher, als ich sie in den Tagen darauf nach ihren Eindrücken fragte, die Predigt sei langweilig, die Musik aber «toll» gewesen. Wer andererseits Vogts Predigt zu folgen vermochte, konnte sie auf keinen Fall derart mißverstehen, daß er darin eine Einladung gesehen hätte, drogenabhängig zu werden. Entweder die Predigt war für die Hörer in dieser Hinsicht ungefährlich, weil sie überhaupt nicht, oder weil sie ganz verstanden.

Die Rauschgiftwelle ist ausgeblieben, die Proteste gegen die Vogt-Predigt sind vorbei. Vorbei ist mittlerweile auch eine Debatte des Kirchenvorstandes über die grundsätzliche Ausrichtung der Gemeindearbeit. Denn einigen Gemeindemitgliedern war es dann doch zu viel des «Offenen», als gleich im nächsten Informationsgottesdienst (Dezember 1971) ein Kriegsdienstverweigerer und ein Politologe zur Frage des Friedens sprachen. Die Predigt von Walter Vogt hatten diese Gemeindemitglieder noch als einmaligen Fehltritt (des Pfarrers) verziehen. Jetzt aber wurden sie das Gefühl nicht los, es müsse etwas geändert werden. In einem Brief, hinter dem vermutlich noch andere als nur der Unterzeichnende standen, wurde der Kirchenvorstand aufgefordert, «das Steuer herumzureißen».

In einer Sondersitzung befaßte sich denn der Kirchenvorstand Anfang 1972 mit der grundsätzlichen Linie der Gottesdienste. Aber wie man seit Bultmann nicht mehr Theologie treiben kann, als hätte es diesen Forscher nicht gegeben, so konnte der Vorstand unserer Gemeinde nicht an Vogts Predigt vorbei vom Gottesdienst handeln. Nicht, daß nun für uns eine neue Zeitrechnung begänne und wir uns im ersten Gemeindejahr nach der Predigt von Walter Vogt wähnten. Aber das «Ja» des Kirchenvorstandes zu den Informationsgottesdiensten war ein anderes, als wenn es vor November 1971 ausgesprochen worden wäre. Es war mutiger, denn bisher hatte man bei Informationsgottesdiensten und Schriftstellerpredigten nur mit der Möglichkeit des Risikos gerechnet. Jetzt war das Mögliche vorgekommen.

Christoph Möhl

DEIN REICH KOMME

Text

«Ein Reis wird hervorgehen aus Isais Stumpf und ein Schoß aus seinen Wurzeln hervorsprießen. Und auf ihm wird ruhen Jahwes Geist, Geist der Weisheit und der Einsicht, Geist des Planens und der Heldenkraft, Geist der

Erkenntnis und der Jahwefurcht, (und er wird sein Wohl-
gefallen an der Furcht Jahwes haben.) Und er richtet
nicht nach dem Augenschein und entscheidet nicht auf
bloße Gerüchte hin, sondern mit Gerechtigkeit hilft er
den Geringen zum Recht und wird in Geradheit eintreten für die Armen im Land und schlägt den Gewalttätigen mit dem Stab seines Mundes und tötet den Frevler
mit seiner Lippen Hauch. Und Gerechtigkeit ist der Gürtel seiner Hüften und Treue der Schurz seiner Lenden.
Da wird der Wolf beim Lamm zu Gaste sein und der Leopard beim Böcklein lagern. Da werden Kalb und Jungleu miteinander fett, und ein kleiner Knabe hütet sie. Da
befreunden sich Kuh und Bär, und beieinander lagern
ihre Jungen. Da frißt der Löwe Strohhäcksel wie das
Rind, und der Säugling vergnügt sich am Loch der Viper. Und nach der jungen Otter streckt das (entwöhnte)
Kind seine Hand aus. Nichts Böses und nichts Verderbliches wird man tun auf meinem ganzen heiligen Berg:
Denn das Land wird voll sein von Erkenntnis Jahwes wie
von Wassern, die das Meer bedecken.» (Jesaja II, 1–9.
Übersetzung: Hans Wildberger, Zürich. Aus: *Biblischer
Kommentar,* Band X/1, Neukirchen-Vluyn 1972, S. 437)

Der historische Jesaja war aktiv in Jerusalem, ungefähr
740 bis 700 v.Chr. Man nimmt an, daß er der städti-
schen Oberschicht Jerusalems angehörte. Er war verheiratet und hatte (mindestens) zwei Söhne, denen er fallweise Symbolnamen gab. Politisch hat er sich immer wieder gegen jede Verschwörung gegen die Großmacht
Assur ausgesprochen, erlebte 701 v.Chr. die Belagerung
Jerusalems durch Sanherib und den Abzug seines Hee-
res. Kurz darauf erlischt seine Prophetie. Jesaja gilt als
Begründer der Theologie der Verstockung, der Zions-
theologie, der Messiastheologie (v. Rad). Im Buch Jesaja
werden dem historischen Jesaja die grundlegenden
Worte der Kapitel 1–12 sowie 28–35, zum Teil auch

13–23 zugeschrieben. Alles übrige ist Material aus der Zeit des Exils («Deuterojesaja» Kap. 40–55) oder nach dem Exil («Tritojesaja» 56–66, sog. «Jesaja-Apokalypse» Kap. 24–27). Die Kapitel 36–39 erzählen die Geschichte der Jesaja-Zeit.

Predigt

Liebe Gemeinde,

Dein Reich komme – einer der am häufigsten gesprochenen Sätze aller Kirchen und Konfessionen der Christenheit. Man hat gesagt: dieser Satz umfaßt alle sieben Bitten des Unservater. Man kann ruhig auch sagen: Wer diesen Satz erfaßt, der hat das Evangelium ergriffen, und mit dem Evangelium das Gesetz und die Propheten. Das Thema wurde vom Synodalrat für die Laienpredigt dieses Kirchensonntags 1980 gestellt, in Übereinstimmung mit dem Thema der Weltmissionskonferenz.

Und es ist gut so. Ich glaube kaum, daß ein Laie von sich aus sich vermessen würde, über diesen ungeheuren Satz zu predigen.

Allein über das Wort *komme,* diese Wunsch- und Beschwörungsform, ein sogenannter Optativ im Griechischen, ließe sich beinahe uferlos nachdenken, meditieren und sprechen.

Worum bitten wir denn nun eigentlich: Daß dieses Reich, nachdem es gekommen sein wird, dereinst zuständlich da sein wird – oder ist es möglicherweise einzig berechtigt und legitim, um das *Kommen* eines Reiches zu bitten, das nach der Logik der Geschichte Gottes mit seinem Volk eben gerade kein Zustand sein kann – nichts Endgültiges, sondern ein Vorgang; etwas, das immerzu, seit zehn oder hundert Millionen Jahren, seit dem Auftreten des Menschen also – möglicherweise aber auch seit vielen Milliarden Jahren *geschieht:* seitdem nämlich das

Geschaffene sich als Gestaltetes vom Nichts, von der Ursuppe, dem Chaos, vom Ungestalten abhebt.

Bis in alle Ewigkeit.

Endlos – oder bis an das Ende aller Tage?

Und wenn: wo geschieht dieses Kommen, das allfällige Gekommen-Sein des Reiches: diesseits oder jenseits?

Oder sowohl diesseits wie jenseits, zugleich?

Oder in einem Raum, einer Zeit, die vollkommen außerhalb unserer Vorstellung von Diesseits und Jenseits liegen?

Und was heißt hier «Reich»?

Das griechische Wort dafür, basileia, ist abgeleitet von basileus, König. Es scheint, daß die hebräischen Entsprechungen, maelaekh (Melech) und malkut, denselben Sinn und – soweit überhaupt vergleichbar – dieselbe Wortgeschichte haben. Das ist nicht bedeutungslos; denn dieses Reich Gottes ist keineswegs ein ausschließlich neutestamentlicher Begriff. Im Gegenteil: wenn das ganze Evangelium eine einzige Reich-Gottes-Predigt ist, dann ist es zumindest die ganze Prophetie ebenfalls, in einem etwas erweiterten Sinne denn auch gleich das Alte Testament überhaupt.

Wobei sich wieder die Frage stellt, wieviel Gewicht auf den Titel Melech, Basileus zu legen sei – der ja wohl nun so etwas wie Gott-König, Himmelskönig bedeuten muß.

Der Titel ist für den Gott Jahwe nicht ursprünglich. Das älteste Zeugnis für die Bezeichnung Jahwes als König findet sich anscheinend erst im 8. Jahrhundert v.Chr. bei Jesaja: «... ich habe den König, den Herrn der Heerscharen, mit meinen Augen gesehen.» (Jes. 6, 5)

Der historische Prophet Jesaja lebte, lehrte, kämpfte ungefähr 740 bis 700 v.Chr. in Jerusalem. Wenn er der erste war, der Jahwe den Melechtitel zusprach, verweigerte er ihn dafür konsequent, wenn auch nicht ganz ausnahmslos seinem König – dem jeweils herrschenden

Davidsnachfolger, oder Daviden, auf dem Thron von Jerusalem: zur Zeit Jesajas waren es die Könige Ussia, Jotham, Ahas und Hiskia.

Denn weder Juda noch das zur Zeit Jesajas bereits in Auflösung begriffene und auf einen Rest geschrumpfte Nordreich Israel waren je ein Gottkönigtum wie Ägypten, Sumer, Assur, Babylon. Der Gott Israels war Jahwe – und der jeweilige Herrscher des Nordreichs wie des Südreichs Juda, der sich wohl «König» nennen durfte, war bloß Statthalter in Jahwes eigenem Land. Oder, wie es wahrscheinlich bei der Jerusalemer Thronbesteigungszeremonie ausgerufen wurde: «Mein Sohn bist du; ich habe dich heute gezeugt.» (Psalm 2, 7)

Was heißt nun aber *Reich?*

Es kann kaum ein Zweifel bestehen, daß basileia ursprünglich die Königsherrschaft meint, also wiederum, wie im hebräischen Pendant, einen Vorgang, eine Aktivität; nicht ein Seiendes, etwas Statisches, einen Ort, eine geografische Einheit, eine Provinz. Obgleich das Wort später durchaus im Sinne von Herrschaftsgebiet eines Königs, also Reich, verwendet wurde.

Alle diese Überlegungen sollen dazu dienen, uns vor zwei zweifellos irrtümlichen, jedoch sehr verbreiteten Grenz-Vorstellungen zu bewahren: Auf der einen Seite steht die Phantasie eines jenseitigen Paradieses, in das man, wie auch immer, nach dem Tode, oder durch Entrückung, gelangt. Auf der anderen Seite die etwas allzu diesseitige Ansicht, das Reich Gottes lebe in den zwischenmenschlichen Beziehungen tout court, einfach so.

Beides ist nicht einfach falsch, beides ist aber auch nicht richtig – beide Grenz-Vorstellungen greifen zu kurz. Das evangelische «Reich» umfaßt diese beiden Grenz-Möglichkeiten und sehr viel mehr dazu. Wir haben damit zu leben, daß dieses Reich Gottes außerhalb unserer Vorstellungsmöglichkeiten *der Fall ist* – wenn Sie unbedingt ein Bild haben wollen: nach der Art und Weise eines rastlos, grenzenlos sich ausdehnenden und wieder zusammenziehenden, sich konzentrierenden Alls – des atmenden Raums.

Nur: auch wiederum unendlich weit jenseits *und* unendlich nahe diesseits derartiger bildhafter, gleichnishafter, zeichenhafter Vorstellung.

Wir erfahren im Evangelium einiges über die Bedingungen des Hereinbrechens der Gottesherrschaft, das auch als eschatologische Krise bezeichnet wird.

Wir wissen, oder glauben zu wissen, daß Jesus von Nazareth selbst, bestimmt jedoch seine erste Gemeinde, überzeugt war vom unmittelbaren Bevorstehen dieses End-Ereignisses.

Jede derartige Endzeit-Hoffnung ist die Hoffnung und Erwartung von etwas Abschließendem, Zuständlichem, End-Gültigem. Der unaufhörliche Vorgang der Geschichte scheint etwas dermaßen Quälendes an sich zu haben, etwas dermaßen Unerträgliches, daß Menschen aller Zeiten zu den grausigsten apokalyptischen Visionen lieber Zuflucht genommen haben, als an die Unaufhörlichkeit der Tretmühle des Lebens, des Alltags, zu glauben – einmal abgesehen davon, was *Einzelne* jederzeit unternommen haben, um in eine Art Endgültigkeit zu flüchten … Liest man die Evangelien unvoreingenommen – kommt man da nicht am ehesten auf die Idee, dieses unmittelbar bevorstehende Reich Gottes *lauert sprungbereit* in und hinter allem, was geschieht, was wir tun und lassen?

Wie wenn ein Körper sich in einen straffgespannten Vorhang lehnt, unmittelbar, bevor der Vorhang reißt.

Aber der Vorhang reißt eben nicht.

Selbstverständlich ist die christliche Vorstellung eines endgültigen Zustandes nichts Neues. Die alttestamentlichen Propheten haben vielmehr immerzu End-Zustände ausgerufen – vom Gedankengut der sogenannten Apokalyptiker ganz zu schweigen.

155

Endgültiger Untergang Israels.

Endgültige Wiederherstellung der Gottesherrschaft in Israel, auf dem Zion – das Neue Jerusalem.

Allerdings: endgültig wurde die angedrohte Vernichtung nie. Es blieb immer ein *Rest*.

Später entstand die Hoffnung auf einen Messias-König, dessen Reich nicht mehr völlig von dieser Welt war. Spätestens bei dem namenlosen Exilpropheten in Babylon, den die Gelehrten Deuterojesaja, den Zweiten Jesaja, nennen, im 6. vorchristlichen Jahrhundert, tritt denn auch der weltweite Herrschaftsanspruch des Gottes Jahwe auf, für welchen das verborgene *und* offenbare Israel – längst kein Land, kein Staat mehr, aber noch immer ein *Volk* – zum Sauerteig der Geschichte werden sollte, zum Salz der Erde, zum Senfkorn, aus welchem die große Staude aufwächst.

Unser Text, Jes. 11, 1–9, zeigt eine Vision des Gottesreiches – im Gewande der Messiasprophetie – oder eines «Fürstenspiegels»; um die Weissagung eines, zukünftigen, Heilskönigs handelt es sich in jedem Fall.

Vermutlich kann man sich – in einem prophetischen Text dieses Friedensreich, die Herrschaft eines Gerechten auf dem Zion, in Jerusalem, gar nicht real und irdisch genug vorstellen: So daß «Fürstenspiegel» und «Messiasprophetie» sich hier keineswegs widersprechen, eher zwei Ansichten derselben Sache darstellen.

Man wartete tatsächlich auf einen neuen König wie David, einen charismatischen Herrscher, der auch das davidische Großreich, Juda und Israel und einige angrenzende Gebiete, wiederherstellen würde, wie es zur Zeit Davids und noch bei der Thronbesteigung Salomos bestanden hatte.

Woher sollte dieser Messias-König kommen?

«Aus Isais Stumpf», heißt es in unserem Text. Nicht vom Stamme Davids, sondern aus dem Wurzelstock seines Vaters Isai. Das war, möglicherweise, eine an Hoch-

156

verrat grenzende Kritik am davidischen Herrscherhaus. Durfte ein Prophet des 8. Jahrhunderts in Jerusalem tatsächlich öffentlich so reden?

Das wissen wir nicht.

Wie auch immer, um eine Gratulationsadresse, etwa zum Thronbesteigungsjubiläum von König Hiskia, handelt es sich nicht; vielmehr tatsächlich um die prophetische Schau eines zukünftigen Königs.

Die Verse 2–5 zeigen das Idealbild dieses gerechten Herrschers: Jahwes Geist wird auf ihm ruhen, der Geist der Weisheit, der Einsicht, des Planens, der Heldenkraft und der Frucht Jahwes. Er tritt als gerechter Richter auf – richtet nicht nach dem Augenschein und entscheidet nicht auf bloße Gerüchte hin. Er wird sich auch nicht mit rechtsstaatlichem Formalismus begnügen – soziale Gerechtigkeit war jederzeit ein Anliegen der Propheten: Er verhilft dem Machtlosen, Schutzlosen zu seinem Recht. Er tritt direkt und unverblümt für die Armen ein.

Er schlägt, allerdings auch, den Gewalttätigen mit dem Stab seines Mundes und tötet den Frevler mit seiner Lippen Hauch.

«Und Gerechtigkeit ist der Gürtel seiner Hüften und Treue der Schurz seiner Lenden.» (Jes. 11, 5) Die Vorstellung von Recht und Gerechtigkeit, die herrschen sollen in Juda und Israel, ist prophetisches Gemeingut. Die ganze Predigt des Amos zum Beispiel handelt von nichts anderem als dieser Gerechtigkeit, und vom Strafgericht Jahwes über Rechtsbrecher wie über ungerechte Rechtssprecher – ebenso ein gut Teil des Jesajabuches.

Und Recht, das ist allemal das alte Gottesrecht – in welchem der Privatbesitz an Grund und Boden zum Beispiel sehr stark eingeschränkt war – war doch immerhin nur der selbständige Landbesitzer Vollbürger in Israel.

Es ist durchaus erlaubt, auch die unerhörte Schönheit der Sprache unseres Abschnittes zu beachten:

Er schlägt mit dem Stabe seines Mundes, er tötet mit

dem Hauch seiner Lippen – Recht und Gerechtigkeit sind sein Kleid, dort wo er sich am nötigsten bedecken muß...

Das ist plastisch, leibhaft, körperhaft und genau. Jedes ethische Abstraktum erhält alsbald eine körperliche, gewandhafte Zuordnung; wie ja im Hebräischen Vokabeln, die «Psychisches» ausdrücken, ohnehin eine körperhafte, ja geradezu anatomische ursprüngliche Bedeutung haben.

Auf das schöne und strahlende Bild des gerechten Fürsten folgt eine Darstellung seines Friedensreiches.

Da sitzt der Wolf beim Lamm, der Leopard beim Böcklein – jedes Raubtier bei seinem Beutetier. Kuh und Bärin hüten gemeinsam ihre Jungen. Kalb und Jungleu weiden miteinander, ein winziges Bübchen hütet sie. Löwe und Rind ernähren sich vegetarisch. Der Säugling spielt am Loch der einen Giftschlangenart, das eben entwöhnte Kind streckt spielerisch nach der anderen die Hand aus.

Es ist ein Bild von der Schönheit mancher Gemälde des Douanier Rousseau. Eine Natur-Idylle, die einmalig ist. Eine Szene von nahezu absoluter Unwahrscheinlichkeit.

Löwe und Jungleu können sich nicht von Gras und Heu ernähren; Schlangen müssen ihre Giftzähne verwenden. Leoparden sind gezwungen, Beute zu schlagen.

Allerdings, es gibt diese Idylle schon – in den ostafrikanischen Reservaten etwa – wo die Weidetiere *wissen,* ob der Löwe, die Löwin auf der Jagd ist, oder ob sie satt und faul, dann auch praktisch unbeachtet, an ihnen vorbeizieht.

Weder Wolf noch Bärin sind ununterbrochen auf der Jagd – es wäre also eine Zeitspanne denkbar, in der das Raubtier friedlich neben seinem Beutetier haust. Aber eben: bloß auf Zeit. Etwas anderes fällt auf: alle genannten Weidetiere sind Haustiere; Lamm, Böcklein, Kalb,

158

Kuh, Rind. *Und:* der kleine Knabe, der Säugling, das knapp abgestillte Kind.

Die beuteschlagenden Tiere jedoch sind Wildtiere, Wolf, Leopard, Jungleu, Bär, Löwe, Viper, Otter. Das aggressive menschliche Pendant zum Kleinkind fehlt im Bild.

Eine *vermenschlichte* Welt, Schöpfung, Natur demnach? Für uns, wenn wir ehrlich und sachlich bleiben, ist die vermenschlichte Welt immer und überall auch und vor allem anderen: die umgebaute, entfremdete, vergewaltigte, ausgebeutete, zerstörte Natur, Schöpfung, Welt.

So konnten es selbstverständlich die Verfasser des Jesajabuches nicht sehen.

Und dennoch ist es immer wieder höchst erstaunlich, wie früh schon das Schuldhafte und Zerstörerische an aller Technik, Technologie, an jedem Know-how gesehen wurde, an allem dem Wissen, das Adolf Portmann das Herrschaftswissen genannt hat und das so sehr unsere ganze Wissenschaft beherrscht – die Naturwissenschaften zuerst, dann aber mehr und mehr auch die Sozialwissenschaften; sofern sie nicht mehr rein betrachtend, sondern zunehmend manipulatorisch sich verhalten.

Gewaltigstes Beispiel aus dem Alten Testament: der Turmbau zu Babel, eine Geschichte, die der Jahwist erzählt, also bestimmt sehr frühes Material. Und, weniger bekannt, aber eindrucksvoll, die Königsstrafe für David, weil er sein Volk zählen ließ. (2. Samuel, 24) Es ging dem König dabei nicht um «wertfreie» Statistik – es ging darum, sein Heer abzuschätzen, also um Macht – und um Macht geht es bei Statistik jederzeit.

Nun, Pflanzen- und Tierwelt als Beispiel, zur Illustration kommt im Buch Jesaja auf Schritt und Tritt vor. Selbstverständlich waren die naturwissenschaftlichen Kenntnisse der Zeit einfach.

Aber: Die antiken Völker beobachteten genau.

Was soll nun dieses unwahrscheinliche, paradiesische Bild, unmittelbar neben dem Idealporträt des gerechten Fürsten? Bezeichnet es, wie Erich Fromm das wohl nennen würde, die irrationale neben der rationalen Utopie?

Geht es um Utopie und Illusion?

Soll es heißen: ebenso wahrscheinlich oder unwahrscheinlich wie das Kommen des Messiaskönigs ist diese totale Umwandlung der Natur oder Kreatur?

Heißt es am Ende gar: Die Gerechtigkeit des Heilskönigs bewirkt auch diesen Frieden der Geschöpfe?

Um der Genauigkeit willen muß ich hier anführen, daß der Text Jes. 11, 1–9 nicht unbestritten ist. Bedeutende Alttestamentler wollen das Ganze nicht dem Jesaja zusprechen. Ebenso bedeutende Gelehrte halten den ganzen Abschnitt für echt. Eine mittlere Linie, wie könnte es anders ein, hält den Fürstenspiegel, Vers 1–5, für jesajanisch, das paradiesische Bild 6–8 für einen späteren, eventuell sogar *viel* späteren Zusatz. Wie auch immer, der Endredaktor des Jesajabuches hat die beiden Versionen der Königsherrschaft Jahwes nebeneinanderstehen lassen – vermutlich erläutern sie sich gegenseitig eher, seiner Meinung nach, verfinstern sich jedenfalls gegenseitig nicht.

Es ist für uns gar nicht mehr nachvollziehbar, was diese «Schauungen» für den Leser und Hörer der letzten vorchristlichen Jahrhunderte bedeuteten.

Was aber bedeuten sie *uns?*

Bei Jesaja, und nicht nur bei ihm, ist die ganze Schöpfung in den Heilsplan Gottes einbezogen. Nirgendwo deutlicher als bei Jesaja ist gezeigt, daß Schöpfung selbst schon eine Heils- und Erlösungstat bedeutet. Vielleicht darf man es wie folgt auffassen: Schöpfung als Gestaltung bedeutet bereits eine Erlösung aus dem Chaos des Nichts, des Ungeschaffenen, des Ungestalten.

Ein Ruf, eine Liebeserklärung Gottes an das, was Sein Werk zu werden berufen ist.

160

Allzu groß wäre dann der Schritt von Jesaja zum *Harren der Schöpfung* im 8. Kapitel des Römerbriefs nicht. (Röm. 8, 19f.)

Und so gehört denn auch beides zusammen, der Friedensfürst der Menschen und der Frieden der ganzen Kreatur.

Bei Gott sind alle Dinge möglich. Auch das.

Und wenn das Bild des Friedens *auf Zeit* durchaus möglich ist – weshalb nicht in der Zeitlosigkeit, der Ewigkeit?

Aber das ist ein spekulatives Umgehen mit *Zeit,* das meines Erachtens durchaus fremd war. Immerhin, eines vermag man sogar als simpler Laie im Jesajabuch zu entdecken: Gottes Geschichte mit seinem Volk bezieht die ganze Schöpfung mit ein, in Unheil wie in Heil. Der Mensch ist von den anderen Geschöpfen nicht so absolut getrennt wie späte offiziell-kirchliche Lehrmeinung es eine Zeitlang wahrhaben wollte – auch modernste, unter dem Eindruck des «geschichtsmächtigen» Gottes Israel, der dann oft als ein ausschließlich in der menschlichen Geschichte sich offenbarender Gott gesehen wurde.

Eine Lehre des Jesajabuches ist eben gerade: die Schöpfung, das, was wir heute *Natur* nennen, ist in die Geschichte Gottes mit seinem Menschen miteinbezogen. Und das, liebe Gemeinde, ist ja nun, religiös oder weltlich formuliert: unsere nackte Alltags-Realität. Wir *sind* zum End-Schicksal, zum Gericht, zum Jüngsten Tag über Gottes Kreatur, über unsere Natur, geworden, ob wir es nun wollen oder nicht. Von da her kann ja keine Rede davon sein, daß die Natur dem Menschen zur schrankenlosen Ausbeutung, je nachdem auch zur Vernichtung anheimgegeben wäre.

Es sei denn, wir bejahen *zugleich* den zerstörerischen, apokalyptischen Auftrag des Menschen genauso.

Genau dagegen wehrt sich nun allerdings das ganze Jesajabuch immer wieder von neuem, in einem immer wieder, von Kapitel zu Kapitel ergreifenden Aufbruch. Dagegen wehren sich auch die anderen prophetischen Bücher der Schrift. Dagegen wendet sich auch die Tora, das mosaische Gesetz. Dagegen – ja: gegen diese schier übermächtige Realität – *stellt* sich das Evangelium.

Der Friede Gottes, der höher ist als alle Vernunft, ist für den Menschen undenkbar ohne den Friedensschluß mit dem Schöpfer in der Schöpfung, im Geschöpf.

Der letzte Satz unseres Textes geht dann wieder zurück zum Bildnis des gerechten Fürsten – zum Messiaskönig, der kommen soll, und zum heiligen Berg Zion: «Nichts Böses und nichts Verderbliches wird man tun auf meinem ganzen heiligen Berg: denn das Land wird voll sein von Erkenntnis Jahwes wie von Wassern, die das Meer bedecken.» (Jes. 11, 9)

Amen.

Kultur

DIE MORAL DES SCHREIBENS

Meine sehr verehrten Damen und Herren

Zuerst habe ich zu danken – der Stadt Bern und ihrer Regierung, im Namen aller Preisträger, für die Literaturpreise, die wir heute erhalten. Ich kann Ihnen versichern, wir alle sind nicht unempfänglich für die Ehrung wie für den Scheck!

Dann habe ich eine Rede zu halten.

Eine Rede halten heißt: Hundert Kilometer gehen und den Bäumen all das erzählen, was man seinen Zuhörern auf keinen Fall erzählen darf… bis die Nachteulen schreiend vor dem Wanderer flüchten und das neugierige Reh sich nüsternd herbeiläßt. Zuletzt setzt man sich dann hin und schreibt auf, was übrigbleibt. Also eine geschriebene Rede. Vielleicht ist eine geschriebene Rede keine gute Rede – auf Stegreifreden ist jedoch, denken Sie an alles, was die Bäume anhören mußten, kein Verlaß.

Ich spreche über die Moral, nicht über die Technik des Schreibens – aus dem einzigen Grund, daß technische Probleme, ganz allgemein, keinesfalls die wahren Probleme unserer Zeit sind. Und Moral – das ist so etwas wie die Schwerkraft, die die Raumfahrt bekanntlich nicht nur verhindert, sondern auch erst ermöglicht.

Wer schreibt, schafft zuerst einmal einen leeren Raum um sich her. Verwandte distanzieren sich – freilich vorsichtig, besonders, wenn der Schreibende sonst einen achtbaren und einträglichen Job hat; und ein bißchen dabeigewesen sein möchte man doch. Alte Freundschaften lassen sich nicht mehr halten oder wiederbeleben – weil man ihm als Autor nur noch mit Bewunderung oder Verachtung entgegentreten kann, meist mit beiden, wunderlich gemischt; und das gibt für Freundschaft kein gutes Mistbeet.

Später füllt man den leeren Raum mit seinen Gestalten, seinen Büchern, mit Publizität und, wie ich höre, mit Geld. Man spürt ihn dann nicht mehr so. Man gewinnt einige neue Freunde, auch neue Feinde, und je mehr Feinde, desto mehr der Freundschaften sind echt. Ein Gefühl der Verlegenheit bleibt jedoch im täglichen Umgang bestehen – unter Berufskollegen wird über die Schreiberei lieber geschwiegen, was durchaus auch seine angenehmen Seiten hat; man bleibt ein wenig inkognito. Schließlich bemerkt jeder einmal, daß sich selbst die Gegenstände ihm gegenüber fremd verhalten: Flaschen, das Telefon, sein Tisch. Es hat sich eben etwas verändert. Die Vögel singen literarischer, nicht etwa schöner – und selbst das Anhören von Schallplatten geschieht nicht mehr naiv, weil man plötzlich entdeckt, daß John Lennon nicht nur ein toller Musikant, sondern auch als Lyriker ein grandioser Kollege ist. Um so dankbarer ist man für die unverdrossene Zuverlässigkeit einer Landschaft, eines Stroms – der Aare mit ihren Sommerfluten, Badelärm, Möwen und winterlich saurem Gestank.

Also ist schreiben eine Schande? Vieles spricht dafür. Das Schweigen, eine leichte Verlegenheit, die ängstliche Frage: Aber für seine Familie sorgt er doch noch?!

Wenn sich dann herausstellt, daß er tatsächlich noch für die Familie sorgt, ist das für alle ein großer Trost.

Gelegentlich schämt man sich ja selbst, daß man schreibt. In Frankfurt auf der Buchmesse zum Beispiel. Wieviel freier und nützlicher käme man sich vor, wenn man zu den Managern gehörte! Zum Trost bekommt man einen freien Nachmittag, schleicht ab, an den Main hinunter, in eine kleine Gastwirtschaft, auf einem Floß, trinkt schwarzen Johannisbeersaft, hört den Songs und Schnulzen zu, die amerikanische Soldaten laufen lassen, der Main wogt unter den Schleppkähnen, und die Schiffe heißen Goethe.

23 000 Neuerscheinungen, also Bücher, werden in Frankfurt angeboten, davon allein 5 000 Belletristik –

von den 23 000 erleben 6 bis 700 eine Neuauflage. Die Maschinen rattern, der Betrieb läuft – ein zügiger Titel, ein gelungener Umschlag, das Buch ist verkauft. Bloß blöd, daß die Leute es nachher auch noch lesen.

Man hört von Riesenverlagen in den USA – von Managern, die nicht mehr am book business, sondern am information business interessiert sind – von dem sie glauben, daß es in wenigen Jahren Amerikas größte Industrie sein wird. Ja, selbst die Schweiz exportierte in einem Jahr Gedrucktes, also Geschriebenes, für denselben Betrag wie Schuhe. Ein Jahr später holte das Gedruckte dann bereits die Schokolade ein.

Ein toller, bombastischer, reibungslos kybernetischer Betrieb – gestört durch den einzigen Unsicherheitsfaktor: den Autor …, diesen lächerlichen, kleinen, anachronistischen Idioten, der bei sich zu Hause hockt und Literatur schreibt, obgleich er längst weiß, wissen muß, daß man heute Sachbuch trägt und daß Lexika und Bücher des Wissens in ebenso vielen Millionen aufgelegt werden, wie er – falls er Glück hat und zu den Auserwählten gehört – Tausende erreichen kann. Dann geschieht es jedoch wieder, daß ein dünnes Buch, von dem mit Mühe dreitausend Stück abgesetzt werden, einen Wirbel erzeugt, einen Sturm im Wasserglas, den kein Lexikon der Welt mehr zu erzeugen imstande ist – selbst wenn es eine Apologie Hitlers enthielte oder *Das Kapital* als das Buch der Bücher priese.

Sie sehen: Über eins kann man sich als Autor nicht beklagen, ernst genommen wird man. Sehr ernst sogar. Hierzulande ist das übliche der Versuch, einen der schreibt, aus seinem Posten zu werfen – weil man ja schließlich weiß, daß er vom Schreiben nicht leben kann und die Maßnahme deshalb durchaus kein Schlag ins Wasser ist.

Meine Damen und Herren: Alle Schweizer Erfolgsautoren sind fett. Denken Sie an das historische Trio Kel-

ler-Meyer-Gotthelf, oder an das nicht minder gewich-
tige von heute: Frisch-Dürrenmatt-Bichsel… was für
Tanks! Magere Schweizer Dichter landen im Irrenhaus,
Selbstmord oder – als Verleger.

Man kann natürlich sagen, das ewige Herumhocken,
Kaffee- und Biersaufen macht eben fett. Oder Schreiben
ist von vorneherein etwas für wohlgenährte Frohnaturen
«Und die nachts gut schlafen». Es gibt jedoch eine weitere, gestatten Sie mir den Ausdruck «tiefenpsychologi-
sche» Auslegung dafür. Dürrenmatt selbst hat sie im
«Tunnel» akzeptiert und gegeben: «Ein Vierundzwanzig-
jähriger, fett, damit das Schreckliche hinter den Kulis-
sen, welches er sah (das war seine Fähigkeit, vielleicht
seine einzige) nicht allzu nah an ihn herankomme, der es
liebte, die Löcher in seinem Fleisch, da doch gerade
durch sie das Ungeheuerliche hereinströmen konnte, zu
verstopfen –»

Fett-*Panzer* demnach. Panzer gegen was? Gegen das
Schreckliche eben, das Ungeheuerliche, das hereinströmen will – meine Damen und Herren, ich riskiere ein
großes Wort: gegen *Wahrheit.*

Polla pseùdentai aoidoi – heißt es bei Solon, oder
deutsch: die Dichter lügen zuviel.

Man kann die Wahrheit nicht sagen, natürlich nicht.

Dazu Gottfried Benn:

«Die Wahrheit», Lebenswerk, fünfhundert Seiten –
So lang kann die Wahrheit doch gar nicht sein!

Man kann als Autor die Wahrheit nicht sagen –
obgleich wir doch in den Bezügen des Alltags immer
ganz genau wissen, was die Wahrheit ist, und auch von
den großen Weltreligionen dazu angehalten werden,
von ihr nicht abzuweichen. Man kann die Wahrheit
nicht sagen – aber man kann Behauptungen aufstellen,
die in einem ganz bestimmten Verhältnis zur Wahrheit
selbst stehen, die immer eine Unbekannte bleibt.

«Kiesinger kann alles», hören wir von Peter Bichsel.

«Alle Irrenhäuser sind gelb.» Steht in einem Manuskript von mir und hat an dieser verschwiegenen Stelle
bereits die einen auf-, die anderen angeregt. Natürlich
stimmt das nicht... aber wäre es vielleicht besser, alle
Irrenhäuser wären gelb?

Sie kennen von John Lennon «We all live in a yellow
submarine –» Wir leben alle in einem gelben U-Boot.
Diese Ungeheuerlichkeit zieht nun in den Mündern der
Teens und Twens aller Farben, die sich dabei nichts denken, um die Welt... Man könnte unsicher werden –
leben wir nicht *doch* allesamt im selben gelben Untersee-
boot?

Demgegenüber der Satz, den Elias Canetti einer seiner Figuren in den Mund legt: «Madame, wir leben in
der Welt.»

In ihrer sagenhaften Banalität und Allgemeinheit gewinnt die Phrase einen gespenstischen Charakter: Leben
wir wirklich in der «Welt»?

Nochmal John Lennon: «When I was a boy, everything was right –»

Dasselbe bei Hölderlin, ein wenig anders: «Da ich ein
Knabe war, rettet ein Gott mich oft –»

Die beiden, der Oberbeatle und der deutsche Patheti-
ker meinen dasselbe. Beide reden die Wahrheit, jeder die
seine – allein: in welchem Verhältnis zur Gemeinsamen
Welt Heraklits?

Oder erst Beckett: «Chaque rat a sa blütezeit –»

Bei einem Autor wie Francis Ponge wird schon die
Eidechse zum unverwechselbar und unübersetzbar fran-
zösischen Tier – mindestens ebensosehr wie Morgensterns Mond «zum völlig deutschen Gegenstand».

Jeder dichterische Satz ist gesetzt in einer ganz bestimmten dialektischen Spannung zur Unbekannten,
Asymptote Wahrheit – und diese Spannung erzeugt das
Sprachfeld, in welchem sich dem Autor die Wörter ordnen wie die bekannten Eisenspäne dem Magneten.

Sowohl, was hart an die geahnte Wahrheit herankommt und sie, in abstrakten Bezügen, wohl auch einmal trifft – wie, was möglichst weit von ihr entfernt bleibt, erzeugt eine möglichst große Spannung, dadurch entsteht «Stil» und wird mit Scheinwerfern beleuchtet. Die Wahrheit selbst. Darum kann der tollste surreale oder absurde Rösselsprung mehr an Wahrheit bewirken als die Alltagswahrheit, sagen wir, der Naturwissenschaft, solange sie spricht und nicht in Zungen redet. Und aus diesem Grund, meine Damen und Herren, lügen auch die Dichter nicht zuviel – sondern nur eben recht. Und weil eben Wahrheit eine Ungeheuerlichkeit ist, eine Gefahr, und weil wir dort frei sind, wo wir in der Wahrheit wandeln – deshalb versucht jede Gesellschaft und jeder Staat, immer mit seinen Mitteln, auf den Autor einzuwirken, daß er wohl die Wahrheit spricht, aber nur ein bißchen – und nicht die seine vorzugsweise, sondern die des Systems. Sehen Sie hüben drüben die emsigen Bemühungen, mit Zückerchen und Peitsche, um sozialistischen oder eben kapitalistischen Realismus – der nichts anderes sein darf als eine zukunftsfrohe Apotheose unseres eigenen Kleinbürgerkitschs, unserer Trägheit und Sentimentalität ...

Meine Damen und Herren, man kann die Wahrheit nicht sagen. Man kann mit ihr umgehen, ja. Man kann sie auch nicht beschreiben. Beachten Sie, wohin sich die Naturwissenschaft versteigt, wenn sie es unternimmt, einen Vorgang zu beschreiben – für einen, der ihn nicht erkennt, oder einen Vorgang, den man aus unmittelbarer Anschauung nicht kennen kann. Zuletzt gibt sie auf und stellt eine Formel her, die den Vorgang nicht beschreibt, sondern bewirkt.

Was wir als Eigenheit der exakten Wissenschaft längst akzeptiert haben, ist jedoch ein Merkmal von Sprache ganz allgemein.

Wort wirkt. Eine chinesische Weisheit. Aber auch alt

testamentlich. Und glauben Sie mir, auch abendländisch. So ungefähr am Anfang der griechischen Dichtung steht Archilochos, der geniale Lyriker, der mit seinen Lästerreden ganze Familien in den Selbstmord trieb. Und die deutsche Literatur sieht bekanntlich gern einen ihrer Höhepunkte in Goethe, der mit seinem ersten Bestseller eine ganze Selbstmordwelle auslöste.

Es kommt nicht darauf an, daß von der Bombe gesprochen wird, sondern wie. Wenn ein Physikprofessor über die Bombe spricht, kann das recht erregend, aber auch einschläfernd sein. Denn die Technik des Weltuntergangs hat an sich keine dramatische Potenz. Wenn Kennedy zugeben konnte, daß ihm erst bei seinen Gesprächen mit Chruschtschow in Wien, als er bereits Präsident der USA war, aufging, was ein Atomkrieg bedeuten würde, ist das zwar höchst erschütternd.

Aber Stürme der Begeisterung und des Abscheus hat erst Gregory Corsos Art, von der Bombe zu reden, entfacht.

> *Budger of History Brakes of Time You Bomb.*
> *Toy of Universe Grandest of all snatched-sky*
> *I cannot hate you …*
> *(Wühltier der Geschichte – Bremse der Zeit –*
> *Du Bombe.*
> *Spielzeug der Welt – Schönster aller*
> *Himmels Griffe.*
> *Ich kann dich nicht hassen …)*

Es muß auch nicht die Bombe sein. Zu gleicher Zeit erregte Ginsberg mit seinem *Geheul* für Carl Salomon dieselben Gemüter ebenso stark. Es lag am Stil.

Was wirkt, will auch verantwortet sein. Archilochos hat seine Lästergedichte nicht zu verantworten versucht, höchstens mit dem Hinweis, daß er die Wahrheit schrieb. Auch Goethe hat den *Werther* nicht zu verant-

171

worten versucht. Was er wirklich auf den Vorhalt der Selbstmordverlockung äußerte, ist mir persönlich zu teutonisch. Aber jedenfalls verteidigt hat er sein Werk nicht.

Wenn in der Schweiz in bezug auf Literatur von Verantwortung gesprochen wird, ist es immer bös gemeint. Es bedeutet: Halt's Maul, du Vieh – Du sagst da Dinge, die du gar nicht verantworten kannst.

Meine Damen und Herren, Dichtung läßt sich nicht verantworten. *Werther* nicht und *Faust* nicht – *Hamlet* ebensowenig wie *Othello* – und auch das *Anne Bäbi Jowäger* nicht, und wenn es tausendmal von der Berner Regierung bestellt war! Dichtung lebt an einem Ort, wo weltliche (und kirchliche, was dasselbe ist) oder gar juristische Verantwortbarkeit nicht hinkommt. Daher das Sprachenbabel, das immer dann entsteht, wenn ein Werk zensuriert, auf den Index gesetzt und verbrannt werden soll. In der Bundesrepublik Deutschland entstand in diesem Zusammenhang das schöne Wort «Kunst im Sinne des Gesetzes» – ein Monstrum von unauslotbarer Lachhaftigkeit, wenn es nicht so traurig wäre.

Dichtung läßt sich nicht verantworten.

Nun hat aber jedes literarische Werk außer dem dichterischen Aspekt einen weiteren: den aktuellen Bezug auf die gesellschaftliche Situation.

Und hier läßt sich ein Werk verantworten... und zwar dann, nur dann, wenn es mit jedem Satz, jeder Zeile, jedem Wort bis an die äußerste Grenze demokratischer Redefreiheit und der Freiheit eines jeden geht, die Dinge so zu sagen, wie er sie sagen will – bis an die alleräußerste Grenze, die er selbst noch erträgt – denn, meine sehr verehrten Damen und Herren, unsere demokratischen Freiheiten, die auch Menschenrechte sind, haben eine verdammte Neigung, vergessen und verloren zu gehen, wenn man sie nicht jeden Tag bis zum äußersten überfordert und strapaziert!

172

KURT MARTI D.h.c.

Verehrte Gäste
Liebe Feierfamilie
Lieber Kurt

nun hat mir also die Universität von Bern die Show
gestohlen und Dir den Doctor theologiae honoris causa
(D.h.c.) verliehen. Du hattest mich doch an meinem
Fünfzigsten so wortverspielt, so freundschaftlich-hyper-
bolisch zur Universität von Muri – gegründet 1918 von
Walter Benjamin – ernannt, so voll im Geiste Deines
Abratzky, so ganz im Geiste von Paraburi; denn:

> in muri ist alles muri
> auch *Paraburi*

Und nun hat die Universität von *Paramuri* es versäumt,
Dir den Doktorhut zu verleihen!

Es gibt für mich nur einen einzigen Trost: es herrschen
hier andere, härtere, präzisere Prinzipien: wichtig ist
nicht, woher der Hut – wichtig ist einzig: Der rechte Hut
zur rechten Zeit am rechten Kopf!

Wenn ich Dir also hier meine herzlichsten Glückwün-
sche zu Deiner Ehrung ausspreche, ich und mein Haus,
tue ich es nicht als Reisender in Hüten, der ich hätte
sein können, aber nicht bin; ich tue es hingegen auch
als Vorsitzender der Schweizer Schriftstellervereinigung
«Gruppe O.», deren Mitglieder ich, wie ich das zu sagen
pflege, mit mir einig weiß.

Nun hat mich allerdings unser gemeinsamer Freund
C., als ich ihm von der bevorstehenden Verleihung des
D.h.c. an Dich erzählte, gefragt: «Für was denn eigent-
lich?» «Gute Frage», mußte ich zugeben.

Du hast, lieber Kurt, keinen Gott entdeckt, soviel ich

weiß, keinen Ordo angelorum aufgestellt, kein Systema creaturae; Du hast keine Heiligen Schriften verfaßt. Oder etwa doch?

Das ist hier die Frage.

Es kann nicht meine Aufgabe sein, Deine theo-logischen Arbeiten zu würdigen – ich denke, das wurde anläßlich und vorgängig der Verleihung des D.h.c. einläßlich getan!

Ich halte mich an Deine

theo-prae

theo-a

theo-meta

logischen Sachen

oder, wenn ich, wie Du es ja ausdrücklich erlaubst, gar forderst, Dich variieren darf: Dein *Para*theo*Buri* (aus: *Paraburi*, 1972)

> *wie entgehen wir dem dialektischen um- und*
> *fehlschlag vom monopol zum*
> *staatskapitalismus der uns von neuem*
> *um jenen sozialismus betröge um den*
> *die mönche vom hl. chaos im kloster*
> *valsittu seit jahrtausenden jeden morgen*
> *bei sonnenaufgang mit ihrer anrufung*
> om paraburis *bitten: «es komme dein*
> *synarchisches reich»*

Sehnsüchte ja – aber Sehnsüchte in der besten Tradition der Heiligen Schriften: keine privaten Wünsche, in eine unbestimmte Transzendenz projiziert, sondern jene legitime Sehnsucht nach einem «Reich» genannten Zustand dieser Welt, wie er zum Beispiel beschrieben ist in Jesaja 11 und 12: «An jenem Tage, da werden sich die Völker wenden an das Wurzelschoß Isais, das als Fahne der Völker aufgezogen ist, und sein Wohnsitz wird herrlich sein. Denn groß in deiner Mitte wohnt der Heilige Israels.»

174

Das ist, wenn ich recht verstehe, das Kurt Martische synarchische Reich – ein Reich ohne Stammesfehde, ohne Nationalismus, Rassismus, Klassenherrschaft usw. usf. – oder, bildlich gesprochen, noch einmal mit Jesajas Zunge: «Kalb und Jungleu weiden beieinander, ein kleiner Knabe leitet sie.» (Jes. 11, 16)

Ja, wenn man Deine Gedichte liest, könnte man gelegentlich glauben, Dein Vorbild sei das «Hohelied» (aus: Hohelied 1, 2–3)

> *Deine Liebe ist süßer als Wein*
> *der Duft deiner Salben ist süß*
> *feinstes Salböl dein Name*

Dagegengehalten Deine «Salbung in Bethanien»:

> *auch das noch –*
> *mit crème de beauté*
> *von einem emphatischen*
> *mädchen gesalbt*
> *und so*
> *wie ein gigolo duftend*
> *im tanzgriff*
> *von madame la mort –*
> *doch er lächelt und dankt*

Abgesehen selbstverständlich von den Evangelien, denen Du eben dieses Gedicht, unter andern, an den Rand geschrieben hast.

Dann ist es aber doch wieder eher Deuterojesaja, nach dem Du Deine «Konjunkturanalyse» schreibst, in *Boulevard Bikini* von 1959 – also ein ungleich ernsterer Herr als der Salomo des Hohelieds – und dennoch auch Verfasser der Gottesknechtlieder, mit ihrer ganz eigenen visionären Poesie:

Im Chaos,
durch dessen minuziöses Triebwerk oft
– nebst Blumen, Vögeln, Narren und Dichtern –
apokalyptischer Sand knirscht:
Siehe der Mensch!

Im *Herz der Igel,* das ebenfalls 1959 erstmals erschienen ist, heißt es:

Was soll ich die Wälder
besingen?
Was soll ich das Herz der Igel
preisen?
Das Herz einer Frau, das Herz eines Mannes
ist größer.
Aber sie weigern sich strikte,
in meine Gedichte zu treten.

Schwierigkeiten also weniger mit dem Herzen der Igel als mit dem Herz einer Frau. Herz eines Mannes – Hohelied, Gottesknechtlied in einer Brechung, aus dem schwierigen Welt- und Selbstverständnis des Zeitgenossen heraus, die sich durchaus auch in sanfter, elegischer Ironie äußern kann – oder auch weniger sanft, wie in «rösi du nuss».

Genau diese Deine Zeitgenossenschaft, lieber Kurt, steht nun aber bekanntlich in der besten prophetischen Tradition – ich erwähne nur eben die «republikanischen gedichte», das politische Tagebuch, die ungezählten politischen Äußerungen in Kolumnen, Predigten, Diskussionen, Traktaten.

Hier wie dort, in der Prophetie wie in deinen Schriften geht es um ein Hier und Jetzt, die Polis, um die Gerechtigkeit des Landes, des Staates, der Stadt, vor Gott, der dabei allerdings weder an- noch ausgesprochen zu werden braucht.

Ich zitiere aus «8 x vietbärn» (1967):

> *vo wäge*
> *dr bürger hetts bös*
> *dr bürger söll schlafe*
> *vietnam isch x-nöime*
> *ornig mues si*
> *daß mr guet chönne schlafe*
> *und däwäg*
> *und jitz*
> *so lang scho*
> *wie lang no:*
> *westmoreland*
> *eastmoreland*
> *vietbärn*

Nun, in Deinen Gedichten «ir bärner umgangssprach» geht es ganz allgemein nicht nur um Politik im engeren Sinne, die wir vielleicht, im Gegensatz zur Protopolitik der Sachfragen und der Metallpolitik der Principia die Eu-Politik nennen müßten, wäre das bloß nicht so ein ironischer Eu-phemismus – es geht um anderes, wohl auch um viel mehr: den Sprachlosen, zumindest Sprach-Scheuen eine neue, eben zeitgenössische Sprache zu geben.

Überhaupt: Du und die Wörter!

Man sollte einmal eine gelehrte Abhandlung darüber anstellen, wie Du beispielsweise das Wort «lustig» verwendest. Höchst ungewöhnlich jedenfalls, schillernd, manchmal paradox. Oder andere alltägliche Wörter in ungewohntem Zusammenhang (aus: *Nancy Neujahr & Co.,* 1976):

> *über*
> *betreten schweigender kirche*
> *bimmelt*

in himmlischer grazie
gelächter
unermeßlich:
gottes humor

Deine Wortlust gegen Sturheit, vorgefaßte Meinung, gegen das mürrische Schweigen, gegen Ideologie – darf ich es so sagen: gegen Verstockung ganz allgemein.

Du fürchtest nicht das Paradox.

Du fürchtest eher die Definition.

Dem Paradox kannst Du Deinen Gott aussetzen, der De-finitio, Be-Grenzung, Borniertheit nicht.

Dein wohl berühmtestes Buch, *Leichenreden,* spricht in dieser Sache deutlich genug. Ich brauche gar nicht lange zu zitieren, wir haben es ja doch alle im Ohr:

dem herrn unserem gott
hat es ganz und gar nicht gefallen
daß gustav e. lips
durch einen verkehrsunfall starb.

«Ein Gott der Lebendigen bin ich, nicht der Toten» – das braucht man im Zusammenhang mit Kurt Marti kaum noch zu zitieren, so offenbar ist das.

Wort-Lust, Satz-Lust, Denk-Lust auch in *Abratzky,* Deinem imaginären Lexikon.

Vielleicht ist *Abratzky* ein Zeichen für die Absurdität von Wissen überhaupt – vielleicht ist *Abratzky* aber auch etwas ganz anderes, ungleich Zeitgemäßeres: eine Lanze, eingelegt für das Wissen als Erkenntnis, die nicht möglich ist; gegen das technokratische, im Prinzip destruktive, sogenannte Herrschaftswissen, das Wissen um die Machbarkeit der Sachen, das nur allzu möglich ist.

Bei den Heiligen Schriften bleibend: die Königsstrafe an David wegen der Volkszählung, 2. Samuel 24, bei der es ja auch nicht um Statistik ging, sondern um Macht –

worum es selbstverständlich bei der Statistik jederzeit geht – versus die «Weisheit», die immer als ein gottgefälliges Wissen galt.

Lieber Kurt
ich komme zum Schluß. Für etwas hast Du Deinen D.h.c. bestimmt nicht bekommen: für die Einführung neuer Gottesdienste, neuer Rituale, neuer Götter, neuer Weihrauche, Myrrhen und Golde.

Abbau – Nüchternheit – Klarheit kennzeichnen Deine Liturgie. Fragwürdigkeit von Gottesdiensten überhaupt.

Aber auch eine gewisse Zärtlichkeit gegenüber Traditionen. So ganz magst Du Deine Kirche nicht als Eiterbeule sehen, am Leib des ursprünglichen Jahwe-Glaubens, der jederzeit ein unvollziehbarer Glaube war (aus: *Gedichte am Rand*, 1963):

> *es ist ein ohr an der kirche*
> *urohr wer weiß*
> *es ist ein ohr an der kirche*
> *und horcht*

Es ging gewiß nicht darum nachzuweisen, daß Du Deinen D.h.c. verdient hast. Und zum Nachweis, daß der D.h.c. Bernensis Dich verdient hat, fehlt mir die Kompetenz.

Ich kann nicht im Namen der Universität Bern sprechen, die das alles möglicherweise ganz anders sieht.

Ich spreche im Namen der Universität von Muri-Paraburi, eines Topos außerhalb von Raum und Zeit.

In diesem Namen danke ich dir, daß Du den D.h.c. angenommen hast.

ROBERT WALSER – EINE ERINNERUNG

> *Ich muß den Hang,*
> *zu weinen, bezwingen,*
> *nebst andern Dingen.*

Am 8. Mai 1898 veröffentlichte Josef Viktor Widmann im «Sonntagsblatt des *Bund»* erstmals sechs Gedichte eines unbekannten zwanzigjährigen, sonderbaren Poeten. «Am Beiblatthimmel des *Bund* ging dieser liebliche lyrische Stern auf», schrieb später der Kritiker und Publizist Franz Blei. Die Titel der Gedichte waren: «Helle», «Wie immer», «Ein Landschäftchen», «Am Fenster», «Vor Schlafengehen», «Trüber Nachbar»; entstanden, wie man annehmen muß, 1897, als Walser neunzehn war. Es gibt ein einziges Gedicht, «Weinenden Herzens», ursprünglich «Jesus und die Armen», oder «Jesus im Schnee», das vom siebzehnjährigen Walser stammt, somit das erste datierbare Walsergedicht.

> *Ich fühle tausend Dinge, wenn*
> *ich an dich denke, Jesus.*
> *Heiß wird mir, denn*
> *dein Name ist ein verwirrender Kuß.*

Man braucht das Gedicht, das aus acht derartigen Strophen aufgebaut ist, nicht besonders gründlich zu meditieren, um zu bemerken, daß es eine Bilder- und Begriffswelt enthüllt, die auf überraschende Art heutig, modern, zeitgemäß ist: die Hippie-Gestalt des Jesus von Nazareth, Sehnsuchtsbild außenseiterischer Siebzehnjähriger vieler Zeiten und Landstriche.

> *Bisweilen kommt es dahin,*
> *daß Jesus noch einmal lacht,*

zärtlich, und mit wunderbarem Sinn
und beruhigend wie eine Nacht.

Es muß ein gewisses Entzücken geherrscht haben über die «lyrischen Erstlinge», die Widmann publizierte. Er selbst fühlte sich «ungemein angezogen durch wirklich neue Töne». Ungleich emphatischer Franz Blei: «Es waren wirkliche und richtige Gedichte von innen her. Nirgends dirigierte der Reim den Sinn. Keines der Gedichte war über eine Melodie moduliert, der das Ohr nachgibt. Nichts wurde angerührt, was über das Erfahrungspotential des Siebzehnjährigen hinausging.» Einmal abgesehen davon, daß Walser zwanzig war, als Blei ihn kennenlernte, hat Blei die Erinnerung an die erste Begegnung überliefert:

Ich lud den Dichter zu einem Besuch ein. Ein paar Tage darauf stand er in meinem Zimmer und sagte: «Ich bin der Walser.» Ein langer, etwas schlacksiger Bursch, mit einem knochig-braunroten Gesicht, über dem ein dicker blonder Schopf vom Kamm nicht zu bewältigen war, graublaue verträumte Augen und schöngeformte große Hände, die aus einer zu kurzärmeligen Jacke kamen und nicht wohin mit sich wußten und sich am liebsten in den Hosentaschen versteckt hätten, um nicht da zu sein. Das war der Walser, halb Handwerksbursch auf der Walz, halb Page, ganz Dichter.

Erste Prosa

Es war wiederum J.V. Widmann, der als erster Prosa von Robert Walser brachte, im «Sonntagsblatt des *Bund*», mit schier unglaublicher Konsequenz und Beharrlichkeit über Monate hin, auch mit nicht zu unterschätzendem Wagemut, angesichts der mutmaßlichen Beschaffenheit einer gebildeten Leserschaft der hauptstädtischen Tageszeitung.

Fritz Kochers Aufsätze	20 Abschnitte	März / April 1902
Der Commis	10 Abschnitte	Juni 1902
Ein Maler	15 Abschnitte	Juli / August 1902
Der Wald	<u>10 Abschnitte</u>	August 1902
Zusammen	55 Abschnitte	

Die buchhalterische, kommishafte Zusammenstellung stammt von Robert Walser selbst, aus einem Brief an den Insel-Verlag, der die gesammelten Texte unter dem Titel *Fritz Kochers Aufsätze* 1904 in dreizehnhundert Exemplaren herausbrachte: Robert Walsers erstes Buch.

In seiner Besprechung der Aufsätze ging Widmann auf Reaktionen von Leserbriefschreibern ein. Es ärgerte diese am meisten, «daß sie diese Sachen, obschon sie sie ‹absurd› fanden, doch immer zu Ende lesen mußten.»

Es lag etwas Suggestives in Walsers Art, seine eigentümlichen Gedanken so ohne Hast und Nachdruck fast wie sanft gleitende Billardbälle auf grünem Tisch hervorrollen zu lassen. (*Der Bund,* Bern, 9. Dezember 1904)

Man kann, angesichts der sanften Unerbittlichkeit der Walserprosa eine gewisse entzückende Ärgerlichkeit, ein ärgerliches Entzücken seiner ersten Leser verstehen. (Es gibt Wörter, wie Entzücken, die sich im Zusammenhang mit Robert Walser wiederholen, wiederholen *müssen;* das ist der Walser in der Tat: ein entzückender Autor.)

Lebensläufe

Wer war dieser entzückende Walser?

Es gibt einige Literatur über ihn, eine kritische Gesamtausgabe, besorgt von Jochen Greven, Briefe, Selbstdarstellungen verschiedener Art. Die beste, einläßlichste, tiefsinnigste und: verblüffendste Selbstdarstellung ist allerdings bei diesem Dichter, wie vielleicht bei keinem andern, sein Werk.

Nun, Jochen Greven hat, für das Walsersche «Gesamtwerk», vier Lebensläufe hervorgegrübelt – nach einem fünften habe ich selbst, auf Grevens Wunsch und Anregung, begleitet von einer schlotternden Sekretärin, im eisigen Estrich, einem wahren Tenn, der Anstalt Waldau gefahndet, die inzwischen vom Irrenhaus zur Psychiatrischen Klinik befördert worden war. Es war in der Tat so fürchterlich kalt, daß ich mich nicht mehr mit Sicherheit erinnere, einen Lebenslauf gefunden zu haben, meine jedoch, nein. Die Krankheitsgeschichte des Robert Walser war jedenfalls mager und nichtssagend, wie derartige Krankenblätter, manchmal zum Glück, nun eben einmal sind. Im Jahre 1920 schrieb Walser für eine literarische Zeitschrift über sich selbst:

Walser kam am 15. April 1878 in Biel im Kanton Bern als zweitletztes von acht Kindern zur Welt, besuchte bis zum vierzehnten Altersjahr die Schule und erlernte hierauf das Bankfach, reiste siebzehnjährig fort, lebte in Basel, wo er bei Von Speyer & Co. tätig war, und in Stuttgart, wo er Stellung bei der «Union», Deutsche Verlagsanstalt, fand. Nach Ablauf eines Jahres wanderte er über Tübingen, Hechingen, Schaffhausen usw. nach Zürich, arbeitete bald im Bankwesen, wohnte sowohl in Außersihl wie auf dem Zürichberg und schrieb Gedichte, wobei zu sagen ist, daß er dies nicht nebenbei tat, sondern sich zu diesem

Zwecke jedesmal zuerst stellenlos machte, was offen-
bar im Glauben geschah, die Kunst sei etwas Großes.

Walser fährt mit dem Satze fort: «Dichten war ihm in der
Tat beinahe heilig. Manchem mag das übertrieben vorkommen.»

Er gelangte, weil er ja immer wieder eine Arbeitsstelle
brauchte, nach Thun und Solothurn, schließlich nach
Zürich zurück; schrieb dort «teils in der Schreibstube für
Stellenlose oder diente als eine Art Mädchen für alles in
einer Villa am Zürichsee». Der zweite erhaltene Lebenslauf, von 1925, weniger ausführlich als der erste, schließt
mit folgenden Sätzen:

In Berlin lebte ich sieben Jahre als teilweise recht fleißi-
ger Schriftsteller. Oberschlesien erblickte mich als gräf-
lichen Bedienten. Die Wahrheitsliebe empfiehlt mir,
das zu sagen. Ist denn ein Schloßaufenthalt nicht
etwas Schönes? Seit etwa zwölf Jahren wohne ich wie-
der in der Schweiz und bin glücklich um eines Gefüh-
les von Jugend willen, nicht ohne hier und da natür-
lich so «meine Sorgen» zu haben.

Die beiden letzten Lebensläufe sind dann für die Heil-
anstalten Waldau-Bern und Herisau geschrieben. Vielleicht darf es nicht wundern, daß sie knapper und trocke-
ner ausgefallen sind als die früheren. Ein klein wenig
sieht es aber schon aus, als ob Walsers Leben frühe angefangen hätte, sich zu entleeren, sich zu verkürzen, statt
zu verlängern.

1926 beantwortet Walser eine Umfrage der «NZZ»:
«Gibt es verkannte Dichter unter uns?» mit einem Stück
schönster Walserprosa.

Jeweilen frühmorgens erquickt sich meine Daseinslust
an feinstem holländischem Kakao. In meinen Schrän-

ken liegen nicht die besten, aber bekömmlichsten
Weine. Meiner Meinung nach werden die Dichter im
großen und ganzen nur beinahe zu gern und zu rasch
anerkannt. Infolgedessen bekommt man sie dann satt.

Der Kommis, der Zögling, der Diener – das sind immer
Gestalten des Robert Walser selbst, die er sich *zu-*
schreibt: im Leben wie im Werk. Zugleich bemerkt er an
sich stets auch etwas Adliges, Prinzliches, Kaspar-Hau-
ser- und Sohn-eines-Großrats-Haftes, am ausgeprägte-
sten der Ich-Erzähler in *Jakob von Gunten.* Franz Blei kol-
portiert eine Anekdote, wonach Walser sich selbst einen
Kammerdiener gab; auch wenn sie erfunden sein sollte,
steckt der ganze Walser drin.

Aufgehetzt von einem Verehrer Walsers fuhr ein nord-
deutscher Verleger nach Bern, wo der Dichter wohnte,
um bei ihm einen Roman zu bestellen. Ein Mensch in
Hemdsärmeln öffnete ihm die Wohnungstür. Ja, sein
Herr, Robert Walser, sei zu sprechen. Und er führte
ihn in ein Zimmerchen. Er würde gleich erscheinen.
Und gleich darauf kam durch eine zweite Tür Walser
wieder: er hatte sich nur einen Rock angezogen, wie es
sich eben für einen Besuch schickte.

Zu der Zeit war Walser fünfzig Jahre alt.

Der Gehülfe

Man hat sich angewöhnt, Robert Walser als den «Gehülfen» zu sehen, Hauptgestalt seines bekanntesten, gleichnamigen Romans von 1908. Tatsächlich hat Walser sich,
im Leben wie im Schreiben, hinter der Figur des Gehülfen, des Kommis, des Untergeordneten, Sanften, Gehor-
chenden – endlich des psychiatrischen Patienten, lebens-

länglich verborgen und versteckt. Walser selbst hat bei der frühesten Sammlung *Gedichte* (1909) eines vorangestellt, als Paßwort, als Schlüssel, als Selbstdeklaration. Es heißt: «Im Bureau».

> *Der Mond blickt zu uns hinein,*
> *er sieht mich als armen Kommis*
> *schmachten unter dem strengen Blick*
> *meines Prinzipals.*
> *Ich kratze verlegen am Hals.*
> *Dauernden Lebenssonnenschein*
> *kannte ich noch nie.*
> *Mangel ist mein Geschick;*
> *kratzen zu müssen am Hals*
> *unter dem Blick des Prinzipals.*

Es handelt sich auch insofern um ein Schlüsselgedicht, als die Gegenfigur des Kommis, der Prinzipal, darin vorkommt. Bestürzend und bedrängend ist, im Gedicht wie im Roman, die fürchterliche *Nähe* des Kommis und des Prinzipals: dem Kommis ist es nicht einmal vergönnt, zu kratzen am Hals, es sei denn unter dem strengen Blick des Prinzipals.

Bezeichnend für die Prinzipal-Kommis-Welt Walsers ist, daß beide völlig selbstverständlich, weder aus Herablassung noch aus untertäniger Imitation, dieselbe Sprache sprechen. Der Sachverhalt ist ganz einfach: beide haben auf derselben Schule dieselbe Sprache gelernt. Bloß ist hernach der eine der Kommis, der andere Prinzipal.

Noch kennt der Angestellte in Walsers nicht mehr patriarchalischer, aber doch *prinzipalistischer* Weltordnung seinen Prinzipal persönlich – noch ist weder ein anonymer Apparat noch gar ein «Human-Relations»-Department zwischen die beiden getreten; noch ist es dem Gehülfen vergönnt, mit seinem Chef zu leiden, wenn derselbe beispielsweise, wie Herr Tobler im *Gehül-fen*, ein Versager ist und Konkursit.

Der Schluß des Gedichtes verleiht dem «Bureau» schließlich eine strikte Walserische kosmisch-zärtliche Dimension.

> *Der Mond ist die Wunde der Nacht,*
> *Blutstropfen sind alle Sterne.*
> *Ob ich dem blühenden Glück auch ferne,*
> *ich bin dafür bescheiden gemacht.*
> *Der Mond ist die Wunde der Nacht.*

Von diesen Relativierungen her: Ironie, kosmisches Geschick, Grazie des Lebensausdrucks, sollten auch Walsers sozialkritische Äußerungen gelesen werden, die, im *Gehülfen* besonders, bis hin zum Sozialrevolutionären gehen. So patzig-real und ernst gemeint, wie sie in Koerfers Film, den Gegebenheiten des Mediums und den Spezifitäten des Konzepts entsprechend, wirken mußten, waren sie von Walser nie gedacht.

> *Ich will unter Armut verstanden*
> *haben ein stilles Weh,*
> *Menschen, die außer den Banden*
> *der Tat, hingestreut, weich, wie Schnee.*

Es gibt bei Walser immer wieder, nicht nur im Gedicht des Siebzehnjährigen, den *Armen*, den er in Schutz nimmt vor Beleidigungen und Anschuldigungen, der auch seinen selbstverständlichen Stolz hat; von *Verelendung* ist dabei nicht die Rede.

Man wird immerhin zugeben: diesem Walser steht «Armut ist ein großer Glanz von innen» näher als das Kommunistische, irgendein Manifest.

Es ist selbstverständlich anderen auch schon aufgefallen, wie beispielhaft symbolisch der Walsersche *Gehülfe* für «den Schweizer» schlechthin geworden ist; haben sich doch die Schweizer nicht nur zu den Bankiers, sondern auch zu den Butlers der Welt entwickelt. Walsers Gehülfen sind für unser nationales Selbstverständnis keineswegs schmeichelhaft: sie haben ausnahmslos etwas Adliges, Selbstbewußt-Demokratisches, «Joseph-in-Ägypten-Haftes» an sich. Auch: einen jugendlich wilden, unberechenbaren, anarchischen Zug. Der Walsergehülfe steht, was Moral, Lebensart, Höflichkeit des Herzens, Bildung betrifft, gern und oft weit über seinem Prinzipal.

Man hat sich Gedanken gemacht, wie Walser zu dieser Apotheose des Gehülfentums gekommen sei.

Die Tendenz Walsers, sich zu verkleinern (und zugleich das Kleine zu sehen), dieses freilich unübersehbare Phänomen, steht wohl weit mehr als in Abhängigkeit zu der schweizerischen Enge in Zusammenhang mit seiner künstlerischen Sensibilität. Nur indem er sich verschwindend klein machte, konnte er das mikroskopisch Kleine wahrnehmen – oder umgekehrt: weil seine Sensibilität ihn zwang, das Kleinste zu registrieren, verlor er zunehmend seine Existenz. (Elsbeth Pulver, in: *Die zeitgenössischen Literaturen der Schweiz*)

Wer es so sehen will, darf nicht verkennen, daß Dichter anderer Länder und Epochen, von durchaus ebenbürtiger Sensibilität, keineswegs zur Selbstverzwergung neigten, sich nicht im Traum als «Gehülfen» erlebten – oh, ganz im Gegenteil! Anderseits ist das Sich-klein-Machen, Sich-mehr-verbergen-als-Darstellen ein anerkannter Zug schweizerischer Gegenwartsliteratur weithin. Ich bin mir, nebenbei, nicht klar, ob nicht eine andere geografische *und* sozio-kulturelle Gegebenheit die Nation viel besser als die vielberufene Enge charakterisiert, an Walser einiges mehr und besser zu erklären vermöchte: Die Schweiz ist ein *vertikales* Land. Die Barthsche Senkrecht-von-oben-Theologie war so wohl nur in der Schweiz möglich. Selbst Dürrenmatt, dem man Breite, Weltläufigkeit und alles mögliche sonst nachredet, ist vor allem andern: ein Senkrecht-von-oben-Geist.

Der Zögling

Wie dem auch immer sei, Walser hat in seinem dritten Roman *Jakob von Gunten, ein Tagebuch* (1909), die Möglichkeit gefunden, sich noch unter den Gehülfen zu stellen, *hinter* den Kammerdiener zu verkriechen: den Zögling. Genauer: *Gehülfen-Zögling,* denn Gehülfe wird in dem obskuren Institut Benjamenta überhaupt erst gelernt.

Man lernt hier sehr wenig, es fehlt an Lehrkräften, und wir Knaben vom Institut Benjamenta werden es zu nichts bringen, das heißt, wir werden alle etwas sehr Kleines und Untergeordnetes im späteren Leben sein. Der Unterricht, den wir genießen, besteht hauptsächlich darin, uns Geduld und Gehorsam einzuprägen, zwei Eigenschaften, die wenig oder gar keinen Erfolg versprechen. Innere Erfolge, ja. Doch was hat man von solchen? Geben einem innere Errungenschaften zu essen? Ich möchte gern reich sein, in Droschken fahren und Gelder verschwenden.
Wir Eleven oder Zöglinge haben eigentlich sehr wenig zu tun, man gibt uns fast gar keine Aufgaben. Wir lernen die Vorschriften, die hier herrschen, auswendig. Oder wir lesen in dem Buch «Was bezweckt Benjamentas Knabenschule?».

189

*Es gibt nur eine einzige Stunde, und die wiederholt
sich immer. «Wie hat sich der Knabe zu benehmen?»
Um diese Frage herum dreht sich im Grunde genommen der ganze Unterricht.*

Eine sehr Walsersche, zarte Andeutung: das Gehülfe-Ler-
nen trägt seinen Zweck in sich – man ist Gehülfen-Zögling, um ein guter Gehülfenzögling zu werden. Es ist ja
nicht einmal sicher, ob man in dieser Blauen Pädagogi-
schen Provinz überhaupt «Gehülfe lernt» – im weiteren
Verlauf des Buches spricht wenig dafür.

Eine Schule, deren Schüler nichts lernen, als gute
Schüler zu sein – wen erinnert das nicht, über die Allge-
meingültigkeit des Modells hinaus, an einige ungemein
schweizerische Einrichtungen wie: Rekrutenschule, Wie-
derholungskurs –? Ich möchte nicht falsch verstanden
werden; Walser läßt sich keineswegs zum, wenn auch verborgenen, Schweizer par excellence emporstilisieren. Tatsächlich sind er und sein Werk in wesentlich höherem
Grade Hervorbringungen innerer Geschichte als äußerli-
cher Gegebenheit. Aber Walser hat natürlich die äußeren Gegebenheiten registriert *und:* er hat sie, verändert,
wiedergegeben. Die Eigenart solcher Prozesse besteht
eben darin, daß wir das Gewohnte, Offensichtliche erst
in der Veränderung, Verfremdung erkennen. Der gol-
dene Lichtnebel der Walserprosa legt sich dergestalt über
die Dinge, daß man dieselben erst wahrnimmt, wenn
man mit dem Kopf an ihre Kanten stößt. Dann dafür
aber auch gleich richtig.

Aus der Nähe betrachtet war das Robert Walsersche
Leben nichts weniger als so ein geordnetes, untertäniges
Kommis-und-Gehülfen-Leben. Walser flüchtete, im
Gegenteil, mit ganzer Kraft aus diesem alles andere als
lyrischen Geschick; in die Dichterexistenz, und, als diese
als endgültig sozial gescheitert angesehen werden durfte,
1929, ins Irrenhaus; freiwillig, wie es heißt.

190

Eine milde Form erzwungener Freiwilligkeit, besser: Freiwillig tun, was ohnehin unvermeidlich ist, das ist nun allerdings wieder ein enorm Walserscher Zug, der sich in seinen Figuren und ihren Tathandlungen ebenso äußert wie in der konsequent euphemisierenden, ja *eu-logisierenden,* eben vergoldenden Wortwahl seiner Prosa wie seines Gedichts.

Verstummt

Über die Geschichte des Walserschen Verstummens im Irrenhaus ist viel gerätselt, viel interpretiert und vermutet worden. Ich fühle mich, wohl eben *als* Fachmann, nicht recht kompetent, darüber zu sprechen.

Es genüge der Hinweis: Walser war tatsächlich geisteskrank, und diese Tatsache erklärt tatsächlich nichts – nichts an seinem Werk. Genaugenommen erklärt sie, obgleich sie es zweifellos verursacht hat, noch nicht einmal sein Verstummen.

Von der großartigen und entsetzlichen Logik derartiger Vorgänge kommt es, daß das Geschick des Gehülfen und seines Zöglings, vor dem Walser, bis zur völligen Verweigerung gesellschaftlicher Anpassung, geflüchtet ist, *in* seinem nachgewiesenen hilfsbereiten Wohlverhalten in der Klinik, ihm vollends zum unausweichlichen wurde.

Walser ist, das muß hier ausdrücklich gesagt werden, kein «psychopathologischer Dichter». Die Krankheit hat ihn, manifest, spät ereilt. Walser gehört nicht zu denjenigen, die *in* der Krankheit reden, schöpferisch werden, gestalten: Walser ist durch seine Psychose verstummt.

Ein reizvolles und bedeutendes Unternehmen müßte darin bestehen, den lebenslänglichen Kampf gegen die «hereinbrechenden Ränder» der Psychose in seinem Stil nachzuweisen.

Jakob von Gunten, mir persönlich weitaus Walsers lieb-

stes Buch, ist auch sein konsequentestes: wird die Walserprosa in den *Geschwistern Tanner,* im *Gehülfen* noch
von so etwas wie Handlungen, Aktionen, Aktivitäten,
einem Ablauf und Verlauf beeinträchtigt, fallen solche
Rücksichten und Konzessionen an vorgefaßte Meinungen, was ein Roman sei, im *Jakob* endgültig weg. Von
Handlung kann da doch wohl nicht mehr die Rede sein:
reine Zuständlichkeit.

Eros

*Walser ist bestimmt ein Mensch, der «nicht zu fassen»,
nicht bei seinem Wort zu nehmen ist. Wer ihm poe-
tisch kommt, den ernüchtert er mit einem Säuferge-
lächter, wer ihn sozial nehmen zu sollen glaubt, dem
antwortet er aus seiner aristokratischen Seele heraus,
während doch niemand, schon zu der Zeit, da es nicht
Mode war, wie er abgründige Feststellungen über das
Bürgerliche zu machen, die Art und das Leben hatte.*
(Albin Zollinger, 1936)

Das ist schön, kann sein: allzu schön gesagt. Aber stimmt
es auch, daß Walser «nicht bei seinem Worte zu nehmen
ist»? Verhält es sich nicht vielmehr so, daß Walser sehr
wohl beim Wort zu nehmen ist; so sehr, daß man in seinen allerfiktionalsten Texten immer ihn selbst, und nur
ihn selbst vernimmt – daß man Leben und Schreiben
gerade dieses Autors in einem Maße nicht zu trennen vermag, das durchaus unüblich ist?! Nur ist Walser einer,
dessen Wort nicht *wörtlich* genommen werden darf –
einer, bei dem das Aufzeigende immer auch verhüllt, aus
einer ganz bestimmten, meines Wissens allerdings bislang nie näher bestimmten Dialektik von Realität und
Traum heraus.

Wie dem auch immer sei, ich rede hier vom Eros der

Walserlyrik, Walserprosa, nicht von der Robert Walserschen Sexualität. Das muß festgehalten werden, weil anscheinend bei diesem Dichter keiner imstande ist, die Texte anders als, zumindest primär, auf ihn selbst hin zu lesen.

Man hat von der Monadenhaftigkeit, Beziehungslosigkeit der Walserfiguren gesprochen. Diese monadische Isolation steht in einem merkwürdigen Verhältnis von Gegensatz und Ergänzung zu Walsers Wortwahl der Zärtlichkeit. Was wir als normale zwischenmenschliche Kommunikation kennen, ist in der Tat nicht die Spezialität seiner Figuren, nicht Walsers Fach. Wer ihn liest, kommt kaum auf den Gedanken, daß dieser Mensch jemals einen andern näher an sich hätte herankommen lassen als bis knapp an die verletzliche Oberfläche der Haut.

So weit fühlte er sich unverletzt, gesichert, «er selbst» – etwa wie die Figuren attischer Stelen in Rilkes zweiter Duineser Elegie.

Diese Beherrschten wußten damit: so weit sind wir's,
dieses ist unser, uns so zu berühren;
stärker stemmen die Götter uns an.

Ein wenig gehören Walsers Figuren ohne Zweifel zu jenen «Verlassenen, die du so viel liebender fandst als die Gestillten».

Allerdings gibt es bei Robert Walser eben gerade nichts von dem Rilkeschen Pathos; es geht auch nicht so sehr um ein unbenennbares Geschick, gar um Beherrschtheit; es geht vielmehr um eine zärtlich-mäandrische Flucht- und Annäherungsbewegung, vor einer abgründigen, Kierkegaardschen Angst. Es handelt sich um die süß-verschreckte Erotik der ersten Jugend – Hofmannsthal danebenzitierend: «niegereift und zart und traurig».

Unter den Kommis-Aufsätzen von 1902 sticht einer heraus. Es wird dort einer jener Walserschen Kaspar-Hauser-Kommis geschildert, unverhüllt zärtlich als «der Schöne» bezeichnet: «Er ist schlank, hat schwarzes Lokkenhaar, das um seine Stirn wie lebendig spielt, und feine schmale Hände.» Doppelpunkt. Der Satz geht weiter: «ein Commis für einen Roman.»

Das ist nicht mehr nur abwehrende, schützende Ironie, das ist Denaturierung, wie übrigens auch das Haar, das nicht lebendig, sondern *wie lebendig* um die Stirn des Jungen spielt. Und als müßte es so sein, der Titel heißt: «Lebendes Bild».

Saul und David

Auf eine merkwürdige Weise paßt auch die wundervolle Szene «Saul und David» (1913) in dieses Bild: die Angst des Jungen und des wahnsinnigen alten Königs voreinander, im biblischen Urtext durchaus angelegt, wird von Walser expliziert: der König ist, als König, versteint. Der Junge, der weiß, daß er sein Thronfolger sein wird, möchte ihn beleben: vor dem Zepter graust ihm, vor «der jammervollen Hoheit, die Sie verdammt sind darzustellen und die auch ich verdammt sein werde darzustellen».

O mein Vater, weinen, weinen Sie. Ich möchte Sie so gern wie einen Menschen weinen sehen. Auch habe ich Sie noch niemals lachen hören. Können Sie lächeln, lieber Vater? Sind Sie keiner Träne fähig? Hat der König ganz den Menschen in Ihnen erwürgt?

In der etwas unfaßlichen Beziehung des Herrn Benjamenta zum jungen Jakob von Gunten ist Ähnliches näher entfaltet, vielleicht vermindert um die Dimension des Entsetzens *und* des Erbarmens, mit der König-Kreatur, das den Rang der Miniszene von David und Saul ausmacht.

Es wäre hier ohne Zweifel der Augenblick anzumerken, daß Robert Walser ein erotisches Verhältnis zur Sprache hat. Das kommt bei Dichtern vor. Die Wortwahl der Zärtlichkeit, Un-Nüchternheit bezieht sich bei Walser keineswegs ausschließlich auf Menschen – er verwendet dieselbe Sprache ganz allgemein, kontert, sobald «*es*» Gefahr läuft, emphatisch zu werden, mit erfrischender Banalität – wobei das Muster etwas komplizierter ist, als sich ohne weiteres darlegen läßt.

Eines Morgens um acht Uhr stand ein junger Mann vor der Türe eines alleinstehenden, anscheinend schmucken Hauses. Es regnete. «Es wundert mich beinahe», dachte der Dastehende, «daß ich einen Schirm bei mir habe.» Er besaß nämlich in seinen frühen Jahren nie einen Regenschirm. (Der Gehülfe)

Was Walsers Werk durchklingt, muß man schon sagen: wie ein unaufhörliches Geläute, ist seine *Jugend-Seligkeit.* Das oder der Junge ist, unübersehbar in *Jakob von Gunten,* der oder das Erstrebenswerte.

Ich war eigentlich nie Kind, und deshalb, glaube ich zuversichtlich, wird an mir immer etwas Kindheitliches haften bleiben. Ich bin nur so gewachsen, älter geworden, aber das Wesen blieb. (Jakob von Gunten)

Walser hat für diese Jugendsüchtigkeit, Unwilligkeit, ein Erwachsener zu werden, mit unauslotbaren Einsamkeiten, mit dem Verstummen bezahlt.

Die Frau mit dem Gefieder

Walsersche Frauen haben stets etwas von vornherein Unnahbares an sich; etwas Töchter-Zions-Jesaja-3,6-Haftes; Kopfhoch-Tragendes, Mit-den-Augen-nach-der-Seite-Blinzelndes, Trippelnd-Einhergehendes, Fußspangenklirrendes, Verlockend-Unerreichbares; mehr Schöngemaltes als Belebtes, Beseeltes.

Nun komm' ich noch zu sprechen auf die schöne Frau von Thun,
die ganz entzückend plauderte schon bloß mit ihren Schuhn.

Fräulein Benjamenta, die Lehrerin Jakob von Guntens, zu der eine zöglingshafte Beziehung möglich war, entzieht sich, stirbt: «Am Boden lag das entseelte Fräulein.»

Etwas unmittelbarer, zärtlicher, wird denn auch erst *die Tote* angesprochen von Jakobs Zögling Kraus:

«Schlafe, ruhe süß, verehrtes Fräulein. (Er sprach sie, die Tote, mit du an. Mir gefiel das.) Entwunden bist du den Schwierigkeiten, entfesselt vom Bangen, befreit von den Sorgen und Schicksalen der Erde. Wir haben dir am Bett gesungen, Verehrte, wie du es befahlst...»

Die tote, denaturierte Respekts- und Verehrungsperson kann sich nicht mehr wehren, nicht einmal gegen das vertraulich-ungehörige Du. In Walsers Universum nimmt der Tod dem *andern* das Schlimmste von seiner angsterzeugenden Fürchterlichkeit; wo es nicht Tod im brutalen Sinn ist, so doch eine gewisse Künstlichkeit.

Einst spielte ich mit Mädchen und mit Knaben,
benahm ein bißchen töricht mich dabei

benützte meine Gaben,
zum es bisweil'n zu gut nur haben.
Nun geh' ich schon um neun ins Bett,
bewege mich gediegen und adrett.
Manches kam anders, aber hin und wieder
seh' ich im Geiste der Geliebten prächtiges Gefieder,
die lieben, schönen, sanften Augenlider.

Die Schlacht bei Sempach

Was einen bei Walser auf Schritt und Tritt entzückt, sind
weit weniger seine Handlungen, Gestalten, Inhalte als
sein Stil und: Walsers wahnsinnige Sätze.

In diesem Sinn ist Walser auch ein gefährlicher Autor.
Es fängt damit an, daß man seine Stücke, Stück um
Stück, gut zu finden anfängt; hört damit auf, daß man
daran zweifelt, daß es außer ihm je einen Dichter gegeben hat, der den Namen verdient.

Man kann vermuten, daß die effektive Wahnsinnig-
keit dieser ganz besonderen Walsersätze an der Wortwahl liegt, an manchem anderen sonst, ganz besonders
aber an einer unvorhersehbaren Diskontinuität der Asso-
ziationssprünge, die einen, lachend oder entsetzt, schach-
matt setzt. An Stelle einer Analyse dieses Phänomens, die
ich zu leisten nicht imstande bin, hier einer der aller-
wahnsinnigsten Walsersätze, die Winkelriedpassage aus
der *Schlacht bei Sempach* von 1908.

Man sah sich auf der Seite der «Menschen» genötigt,
einen Trick anzuwenden. Der Kunst gegenüberge-
stellt, wurde Kunst nötig oder irgendein hoher
Gedanke; und dieser höhere Gedanke, in Gestalt eines
Mannes von hoher Figur, trat auch alsogleich vor,
merkwürdig, wie von einer überirdischen Macht vor-
geschoben, und sprach zu seinen Landsleuten: «Sorget

ihr für mein Weib und für meine Kinder, ich will euch
eine Gasse bohren»; und warf sich blitzschnell, um
nur ja nicht an seiner Lust, sich zu opfern, zu erlah-
men, in vier, fünf Lanzen, riß auch noch mehrere, so
viele, wie er sterbend packen konnte, nach unten zu
seiner Brust, als könne er gar nicht genug eiserne Spit-
zen umarmen und an sich drücken, um nur ja so recht
aus dem Vollen untergehen zu können, und lag am
Boden und war Brücke geworden für Menschen, die
auf seinen Leib traten, auf den hohen Gedanken, der
eben getreten sein wollte.

Ein Dichter vom Range Walsers hat es nicht nötig, die
hergebrachte Version der Geschichte zu verändern und
zu ironisieren. Dafür ist bei ihm Raum für *Erbarmen* mit
den feinen, ritterlichen Jungen, die da, ahnungslos, abge-
schlachtet werden. Walsers Art, die Dinge im einzelnen
zu sehen und darzustellen, reicht hin, um aus einer altbe-
kannten Geschichte eine zu machen, die man liest, als
hätte man noch nie davon gehört.

Ein Leben steht an einem Schlachtentag noch lange
nicht still; die Geschichte nur macht eine kleine Pause,
bis auch sie, vom herrischen Leben gedrängt, vorwärts-
eilen muß.

Am Weihnachtstag 1956 ist Robert Walser auf einem
Spaziergang in die Umgebung von Herisau an einem
Herzschlag gestorben, friedlich, ohne Todeskampf. Auf
lautlose Art hat Walser sich, man darf es sagen: aus dem
Leben geschlichen; hat sich vollends unfaßbar gemacht,
sich hinter seinem Leichnam, seiner Legende, seinem
Werk, endgültig, versteckt.

Es klopfte nächtlich an die Tür
und ging, heißt es vom Herzeleid.

Er zeigte weinend auf sein Herz
und ging, heißt es vom armen Mann.

Zitate und Lebensdaten aus:

Robert Walser, *Das Gesamtwerk,* hrsg. von Jochen Greven, Kossodo, Genf und Hamburg, versch. J.
Robert Mächler: *Das Leben Robert Walsers.* Kossodo 1966.
Elsbeth Pulver, in: *Die zeitgenössischen Literaturen in der Schweiz.* Kindler, Zürich und München 1974.
Franz Blei, *Schriften in Auswahl.* Biederstein, München 1960.

POLA-POLA

Als ich mir anfangs Juli 1981 aus einer Laune, aus dem Augenblick heraus, ohne viel zu überlegen, bei meinem Fotohändler eine Polaroid-Kamera kaufte, die ja nun wirklich, wie man sagt, nicht alle Welt kostete, einen genialen kleinen Apparat, wie ich das Ding später in einem Text nannte, der Fotohändler mir das kleine, äußerst eigenartig, zumindest scheinbar funktional geformte, schwarz und weiß gefärbte Kunststoffgehäuse in die Hand drückte, ich über die Straße den Gasthof Sternen, samt den Gerüsten von Umbau und Renovation, fotografierte, oder mußte es, fragte ich mich, *polagrafierte* heißen, zum erstenmal das selbsterzeugte Bild innert Sekunden erscheinen sah, staunte wie als Kind über eine Zauberlaterne oder die allerersten Micky-Maus-Filme, die ja wohl die besten geblieben sind, einen

199

Stil geprägt haben, und das pfiffige Mäuschen hat erst noch fast meinen Jahrgang, und das da hatte ich nun eben wie ein staunendes Kind gewissermaßen selber gemacht, der Fotohändler anschließend auf mich abdrückte, das unverwechselbare Klicken erklang, das erst recht unverkennbare, beinahe musikalische, dennoch mechanische Geräusch des Ausstoßens des eben belichteten Films aus dem Apparat, ein Klönen, ein Stöhnen der Materie, zum ersten- nicht zum letztenmal staunte, ein wenig auch erschrak über mein Polaroid-Konterfei, da ahnte ich nicht, was daraus werden würde, ein kostspieliges Hobby, beinahe eine Sucht, eine Obsession, eine permanente Pröbelei, ein für mich ganz neuartiges optisches Experiment *und* eine Art fotografisches, oder aber polagrafisches Tagebuch, ein *family album,* in welchem ich nun allerdings entschieden mehr zu hinterlassen gedachte als einen *snapshot,* war doch fast ausnahmslos ich selbst es, der abdrückte, damit die Bildausschnitte wählte, die Bilderserien prägte, auch und erst recht, wenn ich mich an meinem eigenen Schatten versuchte, am Selbstbildnis im Spiegel, mit und ohne Blitz, endlich lernte, die Kamera so zu verkanten, daß das Selbstporträt im Spiegel zu sehen war ohne die Kamera, wenn ich mich an meinen Füßen versuchte, an den Krampfadern der Unterschenkel, häßlichen kleinen narzißtischen Details, die ich mit einem normalen fotografischen Apparat niemals als ablichtungswürdig empfunden hätte, mit einem Film, der zum Entwickeln und Vergrößern einem noch so anonym Andern, und wenn er mir gegenüber noch so sehr als Un-Person auftrat, der Fotohändler mit seiner beinahe klinischen, etwas überbetonten Diskretion zum Beispiel, immerhin anvertraut und überlassen werden mußte, eine Art Autopornografie demnach, ich entdeckte, völlig anders als im eigenen Spiegel oder in autobiografischen Texten in den Polaroids mein alterndes, übergewichtiges, schweres, schwerfälliges, körperli ches und mit dem Körper dem Tode geweihtes Selbst. Im ersten Sommer, Herbst und Winter lichtete ich gnadenlos meine sämtlichen Gäste ab, ob sie es nun mochten oder nicht, entdeckte, daß Gegenstände, Stoffe, ein See zum Beispiel mit Polaroid besonders gut werden, oder besonders anders als auf herkömmlicher Fotografie, begann nachzudenken und zu lesen, was andere nachgedacht hatten über das neue Medium.

Als ich im Sommer 1961, genau zwanzig Jahre früher, zu schreiben anfing, gab es noch kein Polaroid, schon gar nicht kommerzielle, für jedermann, ich hatte eine Spiegelreflexkamera ohne Belichtungsautomatik, kaprizierte mich noch jahrelang auf Schwarzweißfotos, die damals auch noch mit einigem liebevollem Können handvergrößert wurden – und nun ist es ja in diesem Herbst 1985 wiederum zwanzig Jahre her, daß mein erstes Buch, der Erzählband *Husten* erschien, und man kann heute elegisch darüber philosophieren, ob ich möglicherweise, hätte es 1961 Polaroid schon kommerziell, für jedermann gegeben, gar nicht mit Schreiben angefangen hätte, was dadurch mir und anderen erspart geblieben wäre – oder ob nicht vielmehr die Polarophilie sich zur Polaropathie, zur Polarophrenie entwickelt haben würde, anders als das immer noch moderate Schreiben zu einer allesverschlingenden Sucht.

Ein Polaroidbild hat zwar etwas von einem Unikat, einem Original, etwas Auratisches hängt ihm an, aber ein Polaroidbild ist von vornherein nicht gut oder schlecht, gelungen oder mißlungen, es ist vielmehr einfach einmal da, als Spielerei, als Tagebuchnotiz, wie angedeutet, als ein Dokument für etwas, das Roland Barthes der Fotografie ganz allgemein zuschreibt, jenes *ça a été*, das allerdings auch nur eine halbe Wahrheit darstellt, die andere Wahrheit über die Fotografie ist, wie jedermann weiß, daß sich mit Fotografie, auch ohne Tricks, ein Bild der Realität herzaubern läßt, das so zumindest eben gerade niemals *été* war, und aus zwei Halbwahrheiten wird, wie ebenfalls jeder weiß, noch längst keine ganze. Jedenfalls ist das Polaroidbild einfach einmal da, wie gesagt, und entschieden ohne jeden Kunstanspruch. Und so, nur so, wage ich es auch, eine Auswahl aus meinem Polaroid-Tagebuch über fünf Jahre zu zeigen.

Das wahrhaft Verrückte an Polaroid ist, daß das Bild nach fünf Minuten schon nostalgisch wirkt.

«Gäste nehmen von einer Einladung nichts lieber mit nach Hause als ihr eigenes Bild.

Im Schnitt verschenkt man von den Polaroid-Party-Bildern 50 bis 70 Prozent.

Im allgemeinen betrachten die Personen auf den später geknipsten die früher abgedruckten Bilder.»
(aus: Walter Vogt, *Metamorphosen,* Prosa, 1984, S. 31)

Politik
und Gesellschaft

ANATOMIE DES HOLZBODENS

Man sagt: die Schweiz ist ein Holzboden und denkt dabei an Kunst oder «Kultur». Man kann aber auch meinen: die Schweiz ist überhaupt ein Holzboden, ein Holzboden für alles, was nicht Geschäft ist. Mit der Feststellung des Holzbodens wiederum ist aber nicht sehr viel getan; man möchte wissen, wie der Holzboden beschaffen ist. Über die politische Beschaffenheit dieses Parketts (auch ein Parkett ist ein Holzboden, aber ein glänzender) ist schon viel geredet und geschrieben worden, die meine ich weniger. (Wobei ich natürlich auch weiß, daß alles, was ist, auch «politisch» ist.)

Das Imitisch

Es ist neuerdings Mode geworden, vom Image der Schweiz zu sprechen, wobei jeweils die französische oder englische Aussprache des Wortes («Imaasch» oder «Imitsch») schon mehr über den, der das Wort verwendet aussagt, als ihm vermutlich lieb ist. Man stellt sich gern vor, daß man dieses Image, das hauptsächlich für das Ausland gemeint ist, dirigieren kann, zum Beispiel von «Bern» aus, nach Weisungen aus Zürich oder Winterthur. Man nimmt an, daß sich die Löcher im Schweizer Käse mit etwas Kultur stopfen lassen oder daß die Kultur der Schweiz der Schweizer Uhr guttut, man möchte überhaupt nicht gern, daß die Ausländer glauben, daß wir das sind, was wir sind. Was aber sind wir? In krassem Gegensatz zum äußeren Imitsch steht das innere Bild einer Heimat, die hauptsächlich am ersten August ist. Dabei verhält sich alles ganz anders. Ob es uns paßt oder nicht, wir haben die Wahl zwischen zwei Images: dem Bankier (was hauptsächlich die Franzosen glauben, die Imaasch sagen) und dem Hirtenbub (daran glauben die Engländer, die Imitsch sagen). Ich persönlich bin für den Hirtenbuben – aus dem kann noch etwas werden – Albert Schulze Vellinghausen «... so wurde die Schweiz zur Bildhauernation». Das hören Sie zum ersten Male? Tjaja, die Schweiz! Man kann sich natürlich fragen, ob die Schweiz überhaupt ein Thema ist. Ich weiß es nicht. Was aber soll aus dem Bankier noch werden? Ein Großbankier, bestenfalls. Wir selbst halten uns gern für eine risikofreudige Industrienation. Man kann das bezweifeln, wenn man zum Beispiel die Jahresberichte der großen Versicherungsgesellschaften liest. Man kann die Risikofreudigkeit einer Industrie bezweifeln, bei der die Gewinne privatwirtschaftlich sind, aber die Risiken das Risiko des Staats. Daß die Schweiz heute auch eine Nation von Dichtern und religiösen Spinnern ist, anders, aber ebensosehr wie das legendäre Irland, das hat man an den offiziellen Stellen nicht gern. Es ist, als schämte man sich – so wie die Iren ja auch dazu stehen, daß es in Irland immer regnet, während wir dauernd von Sonne in unseren Fremdenverkehrszentren faseln.

Um eine Schweiz von innen bittend

Es ist heute eine intellektuelle Mode geworden, die Schweiz groß zu sehen – sozusagen, um den Bundesfeierrednern und den Nationalräten zu beweisen, daß «man» die Schweiz noch lieber hat als sie selber, und daß man sie in ganz anderen, eben großartigeren, Proportionen sieht – womit man hofft, den Bundesfeierrednern oder Nationalräten oder wem immer den Schwarzen Peter zuzuspielen, manchmal aus einem ganz realistischen Grund: um der Strafe für Intellektualität zu entgehen. Man dichtet der Schweiz eine mögliche Funktion an in den großen Auseinandersetzungen der Welt – wenn das vertrackte Land nur endlich mit seinen Waffenexporten aufhören wollte – man glaubt, daß die Schweiz in den Menschenrechten führend sein sollte, man ärgert sich über die Xenophobie des Schweizers, die doch erstens seinem prinzipiell sensitiven, mißtrauischen Naturell einfach entspricht – und die vielleicht zweitens auch ein bißchen ein statistisches Phänomen ist. Womit ich nicht etwa meine, daß dadurch die Ungerechtigkeiten und Gemeinheiten, die schleichende Fühllosigkeit gegenüber den ausländischen Arbeitern entschuldigt ist. Allerhöchstens erklärt. Man sollte nach so vielen Jahren über dieses Thema wieder ruhig sprechen können. Auch sachlich. Die ersten Nutznießer wären die Fremdarbeiter selbst. Ich persönlich habe Mühe, mir ein Italien vorzustellen, das zehn Millionen Schweizer (davon sieben Millionen Deutschschweizer) anstandslos verkraftet, bei aller traditionellen Hochachtung vor diesem Land. Und das sind nun in Gottesnamen ungefähr die Proportionen. Außerdem müßte man sich auch eins wieder einmal emotionslos zurechtlegen dürfen: ein Arbeiter leistet in einem *verantwortbaren* Sozialgetriebe nicht mehr, als er selbst an Dienstleistungen wieder verschlingt. Wenn er ein Süditaliener ist und in den Hügeln im Emmental oder rund um Zürich herum «assimiliert» werden soll, dann kann die Situation eintreten, daß er wesentlich mehr an Dienstleistungen braucht, als seiner Arbeitsleistung entspricht. Die Dienstleistungen werden bekanntlich von der Öffentlichkeit getragen – und der Profit aus seiner Arbeit, der geht schlicht und einfach in die Kassen jener Unternehmerschicht, die das Leben in diesem Land ohnehin unerträglich macht, weil sie über alles und jedes herrscht. (Mußte wieder einmal gesagt sein.) Wenn ich noch etwas aus der ganz kleinen Froschperspektive des Anstaltspsychiaters beifügen darf: Es wäre schön, wenn Gott oder die Geschichte uns jeweils einen vernünftigen Bevölkerungsquerschnitt schicken wollte (oder ein «önnselekktid sämmpll», wie die Naturwissenschafter sagen) – heute ist die Situation nämlich so, daß meine eingewanderten Kollegen hauptsächlich polnisch, ungarisch, tschechisch sprechen, die eingewanderten Patienten jedoch italienisch , spanisch, türkisch – so daß zuletzt kaum mehr ein Arzt und ein Patient dieselbe Sprache sprechen, alles radebrecht, die Folgen sind, zugegeben, meist eher erheiternd als tragisch. Ich sehe, wie Sie sehen, die Aufgaben der Schweiz eher klein. Das heißt: Ich möchte um eine Schweiz von innen bitten. Ich halte es für unrealistisch, von den großen historischen und außenpolitischen Sendungen und Möglichkeiten eines Landes zu sprechen, das doch offensichtlich, so wie es geworden ist, keine Sendung und keine Möglichkeit mehr hat. Damit möchte ich nun allerdings nicht dem masochistischen Selbstverzwergungswahn der offiziellen Schweiz das Wort reden. Gerade nicht: ich möchte versuchen herauszufinden, wie es ist, damit es anders werden kann.

Alle Irrenhäuser sind gelb

In dem Land, von dem ich, ungern genug, hier spreche, herrscht eine Bauwut, eine Art Konstruktionswahnsinn, der seine destruktive Tendenz geflissentlich übersieht. Wir bauen Autobahnen an den letzten See- und Flußufern, als handelte es sich um Kanada. Wir bauen vollkommen chaotische Einfamilien- und Ferienhäuschensiedlungen, ohne jede Planung, wir lieben nichts mehr als Streusiedlungen – als wären wir Trapper der ersten Generation. Es ist unglaublich (und ekelhaft) zu sehen, wie absolut bedenkenlos der sogenannt heimatliebende Schweizer dem Seilbähnchenwahnsinn seine letzten Berglandschaften opfert, die er ungerührt in seinen

Schulbuchversen und Liedern weiterbesingt. Dann die generelle Scheußlichkeit unserer Architektur! Öffentliche Gebäude, Hochhäuser und Fabriken machen eine rühmliche Ausnahme: aber zählt denn das – in dem Salat von baulichen Greueln, der wie ein dicker, bösartiger Pilz unsere letzten Ufer und Rebhübel beschleicht?! Rilke fuhr mit heruntergelassenen Storen durch das Land, dessen Schönheit man ihm allzu aufdringlich beschrieben hatte. Ein Menschenalter später hat man genug Grund, bei einer Fahrt durch die Schweiz das Auge starr auf die Mittellinie der Straße zu richten, die hat wenigstens eine saubere Geometrie. Eine Frage nebenbei: in der Schweiz gibt es doch eine Eidgenössische Technische Hochschule, und an dieser Eidgenössischen Technischen Hochschule eine Abteilung für Architektur? (Oder irre ich da?) Wie kommt es, daß in einem Land die alte Architektur generell gut ist, die neue generell schlecht? Woher die Kraft zu diesem Hiatus, an einem Ort, wo es keinen Hiatus geben müßte (wo zum Beispiel ein Jurabauernhaus plötzlich verblüffend heutig und in der zweiten Hälfte des zwanzigsten Jahrhunderts wie eine Idealmöglichkeit erscheint) – und das in einer Bevölkerung, die sich sonst nicht genug auf ihre Traditionen berufen kann, und die, scheint es, tatsächlich lieber umkommt als umdenkt? Hat man darüber schon einmal eine vernünftige Untersuchung gemacht? Zum Beispiel mit Geld aus dem Nationalfonds für wissenschaftliche Forschung (oder wie sonst er heißt) – oder glaubt man tatsächlich dort immer noch, nur die Verbesserung der Herstellung der Zahnrädchen und die Aufklärung der Struktur der Ketten der Aminosäuren seien förderungswert?

Und was geschieht in den Häusern drin? Etwa der sprichwörtliche Schweizer Fleiß? (Oder doch eher, wie das Gesetz es sagt, «beischlafähnliche Handlungen»?) In der Berner Kirchenzeitung mit dem schönen Namen *Der Sämann* regt ein Achtzehnjähriger sich über die älteren Generationen auf. Er vergleicht sie (ich muß schon sagen: uns) mit korrektgekleideten Schweinen. Er findet, man schreie immer nur nach Krankenhäusern, um zu heilen, was der Mangel an Sportplätzen für die Jungen schlechtgemacht hat. Der gute Junge! Er hat ja wirklich keine Ahnung! Es gibt in der Schweiz tatsächlich zu wenig Sportanlagen – und was mit den letzten unberührten Landschaften geschieht, siehe oben. Aber Krankenhäuser – schließt sich denn das gegenseitig aus? Geht es nicht ums gleiche – daß vielleicht endlich einmal in diesem Land die wirklich wichtigen Dinge wichtig genommen werden: Blumen, Vögel, Kinder – und unser kranker Nachbar auch. Daß wir lernen, einen Jungen eher danach zu schätzen, wie er Gitarre spielt oder was er in der Leichtathletik kann oder ob er, zum Beispiel, fähig ist, meine Tochter wirklich gern zu haben – als danach, was für ein verdammtes Pöstchen er bekleidet und ob er am Sonntag ein weißes Hemd trägt und die Haare kurz. Alle Irrenhäuser sind zwar gelb – aber das Gelb der Irrenhäuser ist keine fröhliche Farbe. Schwestern und Pfleger von Psychiatrie-Kliniken arbeiten oft unter Bedingungen, die derselbe Junge wohl mit Staunen zur Kenntnis nehmen würde – man entschuldigt gern alles mit Personalmangel, man hält Personalmangel gern für ein Naturgeschehen, man vergißt allzugern, daß es leichter ist, viel Personal zu finden als wenig Personal … Und ich persönlich bin jedesmal wieder entsetzt, wenn ich in einem Möbelgeschäft oder einem Geschäft für Haushaltmaschinen die wohlgekleideten Nichtstuer herumhocken sehe, die auf ihren Stuhlgang warten und, selbstverständlich auch, auf ihre Tantième. Diese Geschäfte, scheint es, arbeiten mit einer derartigen Marge, daß sie sich einfach *jeden* Personalbestand leisten können – und die netten jungen Leute hocken halt eben lieber den ganzen Tag guterzogen unter lauter guter Form, als daß sie etwas anrühren und sich möglicherweise beschmutzen dabei

210

oder sogar seelisch noch etwas bieten müssen. Aber es rächt sich: auf die auf ihren Stuhlgang wartenden jungen Leute wartet etwas ganz anderes: der boshafte Gang der psychosomatischen Krankheiten: Magengeschwür, Colitis ulcerosa (eine bösartige, schmerzhafte Darmkrankheit), Asthma, Herzinfarkt. Sie sind nicht zu beneiden, und zu bedauern auch nicht. In den privaten Häusern herrscht mehr und mehr Wohlstandsverwahrlosung – mehr und mehr wird «Überprotektion» mit Nestwärme verwechselt, es gibt immer mehr Investitionen und weniger Atmosphäre, man erstickt in diesen Häusern, einige brechen schließlich aus. Aber was geschieht mit denen? Arbeitserziehungsanstalten warten ja nur auf sie.

Weh dem, der flieht

Natürlich gibt es jene, die nie etwas erreichen werden, was zählt. Man braucht dabei nicht immer gleich an Hippies und Gammler zu denken. Auch Musiker, Schriftsteller, Krankenschwestern und Kindergärtnerinnen gehören dazu. Ich will keineswegs behaupten, daß Kindergärtnerinnen und Krankenschwestern in den meisten andern Ländern mehr als bei uns verdienen – aber sie sind anders *gestellt*. Wenn sie schon materiell nichts erreichen, man verachtet sie wenigstens nicht noch dafür. Genau gleich die Musiker und Schriftsteller. Es geht ihnen in den meisten Ländern nicht besser – Schreiben ist nun einmal kein Beruf. Aber in der Schweiz werden sie zusätzlich ausgestoßen und verlacht. Man muß sich natürlich fragen, was das für eine Gesellschaft ist, die sich so verhält. Auch den Verrückten geht es in der Schweiz nicht gut. Man läßt sie zwar nicht verhungern – man hält sie am Leben als Geisteskrankheitsträger von hohem wissenschaftlichem Wert und / oder moralischem Prestige.

Aber man sperrt sie ein. Unsere schweizerische Gesellschaft ist unglaublich intolerant geworden, für alles, was nur ein bißchen von der Norm abweicht. Das Einsperren von Geisteskranken in Irrenhäuser, die Erklärung des Wahns zu einer Krankheit, die Sequestration des Wahns fällt zeitlich zusammen damit, daß auch der Künstler nicht mehr für voll genommen wird und gesellschaftlich keine Relevanz mehr hat. Das läßt sich nachweisen (der Gedanke ist von Michel Foucault nicht von mir). Was wäre das nun also für eine Gesellschaft, die sich so verhält? Eine besonders antiquierte oder eine besonders moderne? Aber man darf dieser Modernität mißtrauen – vielleicht ist sie nämlich schon vorbei.

Natürlich verachtet man jene Leute, die nichts von dem erreichen, was zählt, nicht, *weil* sie nichts von dem erreichen, was zählt, sondern vielmehr, weil die Tatsache, daß sie nichts von dem erreichten, was zählt, eben auch beweist, daß sie nichts tun, was zählt. Das ist die öffentliche Meinung. Man kann aber auch bezweifeln, daß diese öffentliche Meinung stimmt. Man darf sich zum Beispiel fragen, ob es wirklich so katastrophal wäre, wenn einmal alle Unternehmer oder alle Bankiers ausfallen. Ob nicht der Ausfall der Lehrerinnen und Krankenschwestern doch schwerer wiegt? Ob es nicht so ist, daß gerade diejenigen, die nie etwas von dem erreichen werden, was zählt, die einzigen sind, die etwas tun, was zählt. Man kann sogar an einer Demokratie zu zweifeln beginnen, die hauptsächlich eine Plutokratie ist. Es gibt in der Schweiz nur *ein* ernst genommenes wesentlich antiplutokratisches Reservat: die Armee.

Atomkrieg und ewiger Friede

Der einzige Literaturprofessor mit Generalsrang, K. Schmid, Zürich, hat es in einem Vortrag vor Sanitätsoffizieren unternommen, die beiden extremen Möglichkeiten, für die eine Armee wie die unsere grundsätzlich nicht ausgerüstet sein kann, zu durchleuchten, im Hinblick auf eine trotzdem mögliche Funktion dieser Armee. Der Atomkrieg braucht uns hier nicht zu beschäftigen. Daß eine Armee in jedem Fall einer Großkatastrophe immer noch ein ganz taugliches Instrument sein kann, ist klar. Aber was geschieht im ewigen Frieden? K. Schmid ist gegen die Aufhebung der Armee. Sie reut ihn. Die Erinnerungen an seine eigene Soldatenzeit reuen ihn. Er glaubt an eine mögliche erzieherische Funktion der Armee – «ich bin nicht wichtig, aber es kommt auf mich an». Er versteht die Armee im ewigen Frieden als ein kastalisches Element oder Instrument in einer dem absoluten Profitdenken anheimgefallenen Gesellschaft. Daß seine Gedanken nicht nur kastalisch, sondern ein klein wenig auch kakanisch sind, entgeht ihm selbst sicher nicht. Die Armee hat allein schon als Rückzugsposition gegenüber der schweizerischen Form von Matriarchat ihre Berechtigung, jedenfalls ist sie als das weniger lächerlich als die etwas hilflose Stimmrechtsverweigerung und der Jaß. Nun kostet eine Armee bekanntlich etwas. Viele reuen die Militärausgaben. Sie glauben, man könnte etwas Gescheiteres anfangen damit. Natürlich könnte man – aber würde man auch? Es gibt wenig, was dafür spricht, daß man würde. Es ist dieselbe Sache wie mit dem Raumprogramm. Natürlich könnte man mit jenen Milliarden den Hunger der Welt bekämpfen – aber würde man auch? Man würde eben nicht, sondern man würde für dasselbe Geld fressen. Auch von dem Geld, das für die Armee aufgewendet wird, kann man einstweilen sagen, es wird wenigstens nicht verfressen, versoffen oder fürs Autofahren gebraucht. Die Gründe für die Schwierigkeiten, statt eines Raumprogramms den Hunger zu bekämpfen, sind verschiedenartig. Erstens sind die Hungernden, wie es bei Bertolt Brecht heißt, «die

Kunden», und zweitens (wichtigerens) geht es um das narzißtische Selbstverständnis großer Nationen – und dieses realisiert sich lieber und besser an der Raumfahrt. (Es geht auch um den «Fortschritt», aber das ist ein anderes Kapitel.)

Was kostet nun aber die Armee? Die Kosten der Armee sind gar nicht die Kosten der Armee. Die wahren Kosten der Armee sind die Kosten des Verdienstausfalls bei unserem seltsamen WK-System. Wenn wir das mal entdeckt haben werden und dazu die Relevanz dieser Kosten durch Berechnung festgestellt haben werden, dann, fürchte ich, schaffen wir die Armee ab. Der schweizerische Panmilitarismus ist zwar durch keinerlei ideologische Argumente zu erschüttern, durch wirtschaftliche aber schon.

Ein echoloses Milieu

Die Schweiz als Ganzes ist das, was man ein echoloses Milieu nennt. Ich denke dabei nicht an die Berge, auch nicht an den Wald, aus dem es bekanntlich so zurücktönt, wie man hineinruft, ich denke an die Leute. Wenn ich zuletzt, nur als Beispiel, noch vom Schriftsteller – oder Dichter – reden darf (immerhin dem ersten der «twelve» in Donovans «Atlantis») – tja, man schreibt so vor sich hin. Es scheint, niemand hat recht Freude daran, daß da einer schreibt... selbst an Leute wie Friedrich Dürrenmatt und Max Frisch hat man sich mehr einfach gewöhnt – und manchmal spürt man aus Kritiken von Werken weniger Berühmter das heraus: das darf uns nicht noch einmal passieren. (Es wird auch nicht.) Jüngere deutsche Autoren beneiden uns gelegentlich darum, daß man sich in der Schweiz wenigstens noch über etwas aufregt – aber die Aufregung ist von kurzer Dauer, und sie bewirkt nichts. Das höchste, was man erwarten darf, sind anonyme Anrufe – und auch die sind nicht häufig. Starkritiker haben herausgefunden, daß manchmal ein toller Verriß für ein Buch ganz nützlich sein kann (sie scheinen, nebenbei, den Nutzen ihrer Verrisse schwer zu überschätzen) – seither besprechen sie einfach Dinge, die ihnen nicht gefallen, gar nicht mehr. Da sie einen Autor ja nicht kritisieren, sondern vernichten wollen, ist das nur konsequent. Aber es tut nichts, man kann Autoren nicht «machen», und vernichten lassen sie sich nicht so leicht. Unkraut verdirbt nicht. Es ist höchstens schad für das allgemeine kulturelle Milieu. Eine Diskussion ist nun halt einfach nicht möglich. Wer einmal versucht hat, auf Kritiken seiner Werke einzugehen, wird es kein zweitesmal tun. Es scheint, die Kritiker wollen nicht angesprochen werden. Sie halten ihre Kritiken für magische oder religiöse Texte. Dazu darf man nichts sagen. Blumen schicken, das dürfte man vielleicht. Als ich einmal einer Kritikerin für einen ganz grausigen Verriß Nelken schicken wollte, flehte mein Verleger, der sich auskennt, mich an, es nicht zu tun. Später schrieb ich der Kritikerin, daß sie so um ihre Nelken kam. Sie schrieb mir zurück, Nelken wären ihre Lieblingsblumen gewesen… Eigentlich schade. (Aus meinem nächsten Buch hätte die Kritikerin erfahren können, was ich von Nelken halte. Aber Gott sei Dank lesen die Kritiker nicht.) Auch dieser Aufsatz wird nichts bewirken: keine Bodenrechtsreform, keine Landesplanung, keinen Zustrom zu den Pflegeberufen, nichts. *Einen* Leserbrief vielleicht. Ich sage zum voraus schönen Dank.

VERSUCH, DURCHS FENSTER ZU SEHEN

Als ich 1974 meine *Briefe aus Marokko* in den Druck
gab, war mir klar, daß ich besser *Briefe aus der Schweiz*
publiziert hätte. Als ich 1978 einen Bericht nach dem
andern über *mein* Los Angeles schrieb, war mir bewußt,
daß ich besser versucht hätte, die Schweiz von L.A. her
zu beschreiben. Ich wollte es auch, war jedoch dazu
nicht imstande – das Thema Schweiz schien mir, von
Los Angeles aus, unfaßbar, unwirklich, wesenlos.

Dabei sah ich, gerade von Los Angeles her, zum erstenmal gewissen Vorteile an der Schweizer Lebensform,
Staatsform, Politform, Gesellschaftsform.

Aber welche? Das wußte ich weniger.

Ich war nicht fähig, sie anders denn als Biertischgesprä-
che, besser: in Whisky-am-Boden-hockend-Gesprächen
zu formulieren.

So hätten wir denn also, mein Phaidros, den gewiß wohl
nicht ganz einfachen Versuch zu unternehmen, unser
eigenes Land sozusagen in jener doppelten Brechung,
gar Widerspiegelung, darzustellen, welche sich, wie uns
die Physiker lehren, einstellt, wenn wir das Land, in dem
wir leben, von jenem Vorort der Hauptstadt aus, in
welchem wir uns, unbestreitbar, befinden, darzustellen
suchen; mit einem Blick über jene Stadt hin und von derselben her zurück, in welcher wir uns erinnern, uns seinerzeit physisch (körperlich, körperhaft, «in der (unserer) Physis») befunden zu haben; in welche wir hingegen
uns jederzeit noch immer seelisch (psychisch, geistig)
zurückzuversetzen vermögen; jenes unversunkene Atlantis an dem Ozean, den sie den Pazifischen nennen,
benannt nach den Boten (Angeloi, Los Angeles); um
gewissermaßen einige Eigenheiten dieses unseres eigenen Landes genauer zu erkennen.

Über Satelliten, Liebster, sollte dies kein Problem sein ...

Später saß ich denn einigermaßen verzweifelt am Strand von Venice, California, und starrte tagelang auf die deutsche Version des Textes von Yves Velan *Zur kulturellen Situation der Schweiz,* dessen ursprüngliche französische Fassung mir so sehr gefallen hatte – mich ernstlich fragend, was damit gemeint sein könnte, was, allenfalls, darauf zu erwidern wäre. Wozu ich mich verpflichtet fühlte, hauptsächlich C. zuliebe, der den Text in seiner Literaturzeitschrift *drehpunkt* herausgegeben hatte und der auch die Entgegnungen zu publizieren unternahm. Überdies hatte C. mich in Los Angeles besucht, mir einen Hauch von Realität in das südkalifornische Nirwana gebracht, der, möglicherweise, lebensrettend gewesen war.

Oder ist etwa die Schweiz, für mich, tatsächlich gar kein Thema?

Andersherum: weshalb sollte sie eigentlich eines sein –?

C. sagt, ihm sei dieses Land erst ins Bewußtsein getreten, als es von ihm verlangte, dasselbe zu verteidigen.

Ich habe 25 Jahre lang bei der Armee mitgespielt, mir scheint jedoch, darauf bin ich in all der Zeit nie gekommen, daß ausgerechnet dieses Instrumentum Pacis mir mein Land hätte ins Bewußtsein rufen sollen.

Ich habe die Heimattümelei der Kriegs- und Hitlerjahre, selbstverständlich, nicht mitgemacht.

1942/43 lernte ich bei der Mutter Schell Bühnendeutsch nach Siebs, verwendete es absichtlich und lässig betont.

Unser Deutschlehrer am Gymnasium, gebürtiger Russe, verhielt uns ebenfalls nicht zu Deutschtümelei oder Urschweizerei: der bedeutendste deutsche Autor war für ihn Shakespeare; der einzige Schweizer, den er zelebrierte, war Gotthelf, in seinen besten, bösesten Stükken nun allerdings ein übergroßes, episches Weltformat;

Gotthelfs Emmental ist ebenso groß wie Gogols Rußland, daran kann kein Zweifel bestehen; diese Landschaft ist nicht eng, wohl aber: vertikal. Die Schweiz ist
überhaupt ein vorwiegend vertikales Land. Karl Barths
Senkrecht-von-oben-Theologie mußte ja in diesem
Land entstehen. Auch Dürrenmatt ist ohne Zweifel ein
vertikaler Geist. Schweizer Literatur als nationale Beson-
derheit gab es für mich erst ab 1961, als ich selbst zu
schreiben begonnen hatte.

Ich habe als Junge der Trias Phonie-Ethnie-Patrie miß-
traut, die damals auch Blut-und-Boden hieß, mißtraue
ihr, folglich, immer noch.

Unsere heutige, eingleisige, Ausrichtung auf die Bundesrepublik ist mir ein Greuel. (Die BRD trifft keine
Schuld.)

Ich kann nicht verstehen, wie ein angesehener, damals
junger, Deutschschweizer Autor sich rühmen konnte,
keine Fremdsprache zu sprechen. So kleinkariert waren
wir noch nie.

Dabei vergaß er, daß Hochdeutsch für uns die erste
Fremdsprache ist, und in einem gewissen Sinn die
Fremdsprache *kat' exochen* bleibt.

Übermütiges Gespräch mit Hugo Loetscher, beim
Abendessen im «Löwen», Solothurn, 26. Mai 1979, mit
zwei Publizistinnen aus Zürich und mit C. Es wäre die
Übertreibung des Jahres zu behaupten, daß Solothurns
«Löwen» mich an meine beiden liebsten Hollywood-Bei-
zen, «Sarno's» und «Figaro», erinnerte, die Preise hingegen, vom teuren Pflaster Berns herkommend, schon.

Loetscher amüsiert sich über Leute in Gruppen-The-
rapien, die sich Schuldgefühle leisten wegen Träumen.
Er selbst, sagt er, tut Dinge, von denen die nicht einmal
träumen.

Vielleicht, entgegne ich nachdenklich, hättest du
auch Schuldgefühle, wenn du bloß träumtest ...

(Ich habe 1950/51 zwei Semester an der Berggasse 9

gewohnt, Tür sechzehn, wenige Häuser weg vom ehemaligen Haus Sigmund Freuds, in Wien.)

Loetscher erbost sich über die Meldungen, die jedesmal eintreffen, wenn irgendwo auf der Welt eine Großkatastrophe eintrifft, von Überschwemmung, Erdbeben bis Revolution, Reaktorunfall, Krieg: daß alle Schweizer wohlbehalten sind.

Loetscher: Einen Schweizer, dem es nicht gut geht, kann man sich gar nicht vorstellen.

(Und wenn nun einmal einer unserer Diplomaten erschossen wurde, scheint es sich um einen Irrtum zu handeln.)

Nebenan sitzen Therese und Peter Bichsel mit einem befreundeten Paar bei Tisch. Am Tischende der Bichsels knien, im flackernden Licht des Gasthauses, zwei Jungen mit aufmerksamen Augen. Sie sehen aus wie Pagen in den *Très Riches Heures du Duc de Berry.*

Schriftsteller selbst sieht man seltener knien.

(Einzelne tun es möglicherweise dann und wann im Hochamt, das weiß ich nicht.)

Wenn ich von mir selbst sprechen darf: ich knie gelegentlich, als Huldigung, an Jugendschönheit, Altersweisheit, kindliche Weisheit, Schönheit eines gealterten Gesichts.

Dürrenmatt kniete, 1971, um den Bordeaux von 1898 gerecht auf die vier Gläser zu verteilen, den er zuerst in eine Karaffe umgegossen hatte. Die Zeremonie war groß, der Wein längst untrinkbar geworden, erstickt.

Was die Schweiz vor allem andern ist: eine Gleichmacherdemokratie. Ich nenne es gern das Orgetorix-Syndrom, nach dem Heerführer der Helvetier, den seine Landsleute niedermachten, aus dem einzigen Grunde, daß er sie überragte.

Hinter der allgemeinen Gleichmacherei regieren im Verborgenen Hierarchien von ungeheurer Straffheit;

wirtschaftlich, gesellschaftlich weit mehr als politisch im engeren Sinn. Aber Freiräume, gesellschaftlicher Art, gibt es selbstverständlich ebenfalls – mehr, als Außenstehende meinen; man muß sie kennen, gewissermaßen dazugehören. Vielerlei ist ungestraft möglich, und nicht nur für geheiligte Personen. Ich denke zum Beispiel an das Kleine Leben einer so ungemein strengen Fassadenstadt wie Bern.

Es ist sehr schwer zu erfassen, wir mir scheint, aber der gesellschaftliche Aspekt von Demokratie, die Dialektik von Freiheit und Zwang, von repressiv und permissiv, liegt in der Schweiz, bei grundsätzlich vergleichbaren politischen Strukturen, völlig anders als in Kalifornien.

Wenn denn nun schon, lieber Phaidros, dieses Land so ungemein klein an Ausdehnung ist, wie es nun einmal ist – wie, meinst du, kommt es, daß dessen Einwohner (Bevölkerung, die «Helvetes») darüberhinaus zu freiwilliger Selbstverzwergung neigen?

– Das allerdings, Bester, frage ich dich!

– Würdest du zustimmen, o mein Phaidros, sagte ich, sie suchten sich zu verkriechen, sich als schuldlose Kindlein zu gebärden, endlich wohl gar tatsächlich an Kindes statt zu gelangen, bloß um sich der freilich unbequemen Verantwortung für ihren Wirtschafts-, im besonderen Finanz-Gigantismus zu entziehen?

– Ich würde, in der Tat, ich meine es, aber wirklich: genau so verhält es sich doch nun wohl gar –!!

Wer heute über vierzig ist, leidet in der Schweiz an einem Verschontheitskomplex.

Wer, andrerseits, 1939 achtzehn war, lebt und lebte in einer völlig anderen Welt, als wer erst 1945 achtzehn wurde.

Die Situation des kritischen Intellektuellen ist in diesem Land, wie vieles, paradox; wir regen uns lauthals auf über Korruption, Ungerechtigkeit, Wegwerfmentalität, Gigantomanie.

Wenn wir jedoch ehrlich sind – so ehrlich, wie man genaugenommen nicht einmal gegenüber sich selbst sein darf: Widerlich ist doch eben gerade, wie selbstverständlich alles klappt, wie treuherzig, wie völlig unkorrupt es im großen ganzen zu und her geht; widerwärtig diese gewisse Bravheit der wirtschaftlichen wie intellektuellen Oberschicht, der perfekte Mangel an Glanz und Grandezza – der sich andrerseits, zugegeben, in harter Währung auszahlt; greulich, diese ganze entsetzliche, dabei selbstverständlich völlig irrationale Vernünftigkeit des Verhaltens, die haushälterische Mentalität.

Davon allerdings sind die Angelenos weit, sehr weit entfernt!

Auch von schweizerischer Überbehaustheit, schier unmoralischer Sicherheit des Besitztums, Finish, Perfektionismus, usw. usf.

Eine Megalopolis wie L.A., der man das Überleben kaum mehr zu garantieren vermag, wenn das Andienungsdefizit auf dem Rohöl-Weltmarkt lachhafte 4 % beträgt; die dabei bereits in Chaos, Hysterie, Gewalttätigkeit zu versinken droht – das wäre uns ganz einfach nie passiert.

Dafür bringen wir es wiederum zustande, mit der halben Einwohnerzahl von L.A., mit einer chaotischen Einfamilienhäuschen-Streusiedlungsideologie, Zweitwohnungswahnsinn infolge harter Währung und Fluchtgeld, das ganze Land bis zur Unkenntlichkeit zu zersiedeln.

Rilke soll seinerzeit bei seiner Reise durch die Schweiz die Rouleaux in seinem Eisenbahnabteil heruntergelassen haben, weil ihm die landschaftliche Schönheit des Landes allzu aufdringlich geschildert worden war.

Heute hätte derselbe Rilke, bei einer Reise durch die Schweiz, ganz besonders ins Wallis, wieder mehr als genug Grund, dasselbe zu tun.

Das Schweizer System lebt von einer gewissen Undurchschaubarkeit.

Die Schweizer Korruption besteht darin, daß gewisse Leute für gewisse Gute Dienste noch nicht einmal zu bezahlen brauchen.

In diesem Land hat nichts einen festen Tarif. Es ist, andrerseits, auch wieder sinnlos zu feilschen. So, wie wir uns auch im Dialekt mit Zwischentönen, Betonungen, averbalen Signalen verständigen. Wir lügen eigentlich nur, wenn es gar nicht anders geht. Wir übertreiben nicht gern. Aber wir sagen eigentlich auch nie, was wir denken.

Wo die Villen, Behausungen und Demeures in den Hollywood Hills kreischen, schweigen diejenigen am Zürichberg vielsagend und dumpf.

So träfen wir denn nun, lieber Phaidros, in diesem merkwürdig vertrauten und merkwürdig fremden, bemerkenswerten, komischen Lande auf ein allerdings erstaunliches Paradoxon: es streiten sich die politischen Gruppierungen aller Art auf die staunenswerteste, edelste Weise darum, wer von ihnen nun der beste, vorzüglichste, ehrlichste Patriot sei, wer es mit dem Lande am besten meine – selbst die revolutionärsten und fortschrittlichsten Gruppen, selbst diejenigen, die sich seinerzeit gern als Nonkonformisten bezeichneten!

Einer gewissen Weltläufigkeit rühmt sich hingegen inzwischen wohl längst keiner mehr.

– Hat denn nicht, o mein Lieber, selbst jener unbestreitbar Größte, den sie den Dürrenmatt nennen, einen Komödienschreiber gleich dem Aristophanes, sich vor Jahren heftig dagegen gewehrt, ein Nihilist genannt zu werden?

– Statt sich dazu zu bekennen, einer zu sein, wolltest du wohl, mein guter Junge, sagen – und hinzufügen: wie weit wir es mit Idealismus, Positivismus, mit dem Wahren, Guten und Schönen, Gott-und-Vaterland gebracht haben, wissen wir inzwischen ja!

– Damit hat er mich, seinerzeit, wohl gar gewissermaßen enttäuscht –.

– Es ist das Vorrecht deiner Jugend, o Phaidros, dich enttäuschen zu lassen...

Ich habe drei Spruchbilder, 30 mal 30 cm, Gouachen von Ben Salvisberg, einem jüngeren Bieler Maler, nebeneinandergehängt, weiße Wolkenschrift auf tief himmelblauen Grund:

> *J'aime la Suisse*
> *Ich hasse die Schweiz*
> *La Suisse est belle*

Kann sein, sogar die für jeden Spruch verwendete Sprache sagt etwas aus.

Ben wollte einmal für eine Ausstellung in Paris (Format A4) einen Spruch verwenden, von dem er partout behauptete, er sei von mir, er brauche meine formelle Einwilligung dazu:

> *Die Schweiz ist klein*

Wir diskutierten einen langen Abend darüber, kamen zum Schluß, daß selbst und erst recht für Paris die deutsche Fassung die bessere sei...

Laß uns nun gehen, da ja die Hitze nachgelassen hat, die Lawinen niedergegangen sind, die Erdbeben, Überschwemmungen, akuten Wirtschaftskrisen und der unaufhörliche Schneefall ein Ende gefunden; die Klapperschlangen sich in ihre Erdlöcher zurückgezogen haben, die Gelben Seeschlangen, deren Biß achtzehnmal tödlicher als derjenige der Kobra sein soll, in die abyssischen

Gründe getaucht sind; die bösen Geister von Schlaf, Traum, Rausch und Bad Trip jedoch noch für einige Zeit durch das schwindende Tageslicht gebannt –

– Gehört es sich nun nicht, daß wir beide zu diesen hier beten und erst dann aufbrechen?

– Selbstverständlich.

– Lieber Pan und all ihr andern Götter dieses Ortes, gebt mir, daß ich schön werde innerlich; was ich aber an Äußerlichem habe, möge meinem Inneren freund sein. Für reich möge mir der Weise gelten; an Gold aber soll mir eine Menge gehören, wie sie niemand als der Besonnene tragen und mit sich führen könnte.

– Haben wir noch etwas anderes nötig, Phaidros?

– Mir genügt das Gebet.

– Hast du denn gar keine Angst vorm Fliegen?

– Ich fliege Olympic!

– Und ich TWA.

ZEHN JAHRE

Zehn Jahre sind, wie man sagt, eine schöne Zeit. Wer, wie ich, ins sechste Jahrzehnt bereits eingetreten ist, wird sich immer wieder dabei ertappen, daß er von Dingen redet, die zwanzig, dreißig Jahre her sind, als wären sie gestern geschehen. Erst das merkwürdige Erstaunen im Blick der eigenen Kinder und anderer Jugendlicher, mit denen man näher zu tun hat, weist einen zurecht. Unweigerlich fallen einem dann die eigenen Eltern ein, die in ebenderselben Weise von Dingen gesprochen haben, die für uns in grauer Vorzeit lagen – eigentlich schon fast vor der Erschaffung des Menschengeschlechts. Es scheint, daß man sich dann anhand der Enkel, die man sozusagen mit den Kindern gemeinsam hat, wieder eher zurechtfindet; die eigenen Kinder sind inzwischen auch etwas älter geworden und haben für längere Zeiträume mehr Sinn. Es wird plötzlich legitim, die Enkel mit den Kindern zu vergleichen, die dazwischenliegende Zeit einer Generation schrumpft zusammen, Oma und Opa fühlen sich à jour.

Man ist dankbar für Zeit-Marken, so wie ein Ozeanfahrer dankbar für Landmarken ist.

Nun, vor zehn Jahren, mitten in den Sommerferien, war die kleine Ferienwohnung am Murtensee ausgeschrieben, die wir seither, eben seit zehn Jahren, haben. Ich weiß, 1968 ist Bedeutenderes geschehen, in der Tschechoslowakei, im Mai in Paris – in Paris waren meine Frau und ich übrigens, zufällig, als erst verschreckte, dann enthusiastische, dann skeptische Touristen dabei. Der Schrecken hat nicht recht behalten, der Enthusiasmus noch weniger, die Skepsis wohl. 1968 wird ohne Zweifel einmal in die Geschichte als Zeit-Wende eingehen, wie andere Daten, 1945 zum Beispiel.

Meine private Zeit-Marke wird nun eben der erste Sommer in Guévaux am Murtensee sein. Ich liebe diesen Winkel an dem algengrünen See besonders. Es gibt dort noch Natur-Schilfufer, bescheidenen Auwald, eine kleine Riedwiese mit verschiedenen kleinen Orchideen. Von Guévaux über den Mont Vuilly über La Sauge bis hin nach Marin und La Tène, das ist überhaupt die Landschaft der Schweiz, die ich am meisten liebe. Es ist diese Landschaft für mich auch zu einer Landschaft der Entscheidungen geworden. Vieles von dem, was hier zu erzählen wäre, ist viel zu privat und zu schwierig, als das man es einem Leser zu überantworten vermöchte, anders als in literarisch verfremdeter und dadurch legitimierter Form.

Gute Zeitungsleser werden sich besser erinnern, was in genau diesen zehn Jahren alles geschehen ist, von der ersten Herz-Transplantation bis zur Beendigung des Krieges in Vietnam, afrikanische Befreiungen, das Einbrechen einer europäischen Krise, die wohl gar nicht eine Krise ist, sondern eine echte Rezession, eine Redimensionierung der Ansprüche und Möglichkeiten des Weißen Mannes ganz allgemein.

Im Juli 1969 haben wir in der engen Wohnstube am Murtensee eine ganze Nacht hindurch an einem kleinen japanischen Schwarzweißfernseher die erste Mondlandung verfolgt. Anfangs waren wir eine ganze Gesellschaft, meine Familie, Nachbarn, man trank und aß ein bescheidenes Stück Kuchen zu dem unbescheidenen Ereignis. Bis dann im Morgendämmer, unter dem Ruf der Pirole, der ersten Vögel überhaupt, der erste Mensch den Mond betrat, waren nur noch mein jüngerer Sohn, elfjährig, und ich übriggeblieben. Insgeheim, das gestanden wir uns nachher ein, hofften wir bis zuletzt, daß irgendein Mondwesen auftauchen und die Menschen in ihre Schranken weisen würde.

Davon ist nichts eingetreten – und dennoch: wie weit sind wir heute entfernt von jenem letzten Aufflackern eines ungebrochenen Fortschrittsglaubens, einer technologischen Euphorie!

Dafür hat der Mond seine alten poetischen Qualitäten wiedergewonnen – ich habe in Briefen und Texten von der Westküste in aller Unschuld den weißen Mond von San Francisco, den roten Mond von Los Angeles dieses Frühjahr wieder beschrieben, ohne auch nur einen Gedanken daran zu verwenden, daß er einmal betreten worden war!

In unserem Guévaux hat sich, in aller Stille, einiges verändert: die Kinder sind großgeworden, kommen nicht mehr regelmäßig mit den Eltern in die Ferien, haben ihren eigenen Kreis, ihre eigenen, zunehmenden, belastenden Verpflichtungen – die Horde von Jugendlichen, die jahrelang im Sommer Abend für Abend um das

Haus herum ihre lauten Spiele spielten, ist aufgelöst. Seit Jahren schon gehen meine Frau und ich dann und wann allein an den Murtensee, andere Ehepaare ebenfalls. Die Nachtigallen, der See, die Bäume sind uns geblieben – aber sonst hat sich im kleinen Leben am Ufer des Sees eben auch einiges verändert: unscheinbare, kleine, gefährdete Wasserhühner sind verschwunden, vor drei Jahren fand ich die letzte Schleiereule der nächsten Umgebung tot – hoffentlich täusche ich mich, aber ihr bemerkenswerter Ruf war nicht mehr zu hören seither.

Vieles hat sich in den letzten Jahren auch zum Bessern gewendet; die Menschen sind hellhöriger, behutsamer geworden, sie fühlen sich neuerdings weniger als unumschränkte Herren denn als Schicksalsgenossen von Natur und Umwelt, der ganzen Schöpfung insgesamt.

TOURIST IN PARIS

Wir waren als Touristen, meine Frau und ich, vom 10. bis 18. Mai 1968 in Paris. Wir haben die Nacht vom zehnten Mai nicht erlebt, Cohn-Bendit nicht gesehen, überhaupt keine Prominenz. Wir waren sogar ungewöhnlich schlecht darauf vorbereitet, die Vorgänge in Paris auch nur zu registrieren: die politischen Verhältnisse kannten wir bloß in den gröbsten Zügen, selbst das ungemein wichtige Vokabular der Abkürzungen mußten wir uns erst erarbeiten. Wir hatten auch eine Studentenrevolte in einem Land großer demokratischer Tradition als eher harmlos eingeschätzt. Vielleicht unterschätzten wir die ebensogroße revolutionäre Tradition desselben Landes. Trotzdem haben wir einiges gesehen. Die Schwierigkeiten bei der Beschreibung des Aufstandes sind enorm. Man wird ständig Abstriche machen müssen von dem Marx-Mao-Marcuse-Jargon, den die Studenten viel verwenden, denn es besteht der Verdacht, daß sie oft etwas völlig anderes meinen und bloß das Vokabular noch fehlt. Ein Mangel übrigens, der in Diskussionen offen zu Tage trat und der vielen Studenten völlig bewußt ist. Man darf sich andrerseits nicht auf die bloße Beschreibung der Aktion beschränken – denn die Revolte hat ein ganz bestimmtes Arsenal (Streik, Demonstrationsumzug, Barrikaden), dieses Arsenal bleibt im Prinzip immer dasselbe, wie sehr auch der ideologische und der denkerische Hintergrund sowie die konkreten Forderungen wechseln. «Agissez! La théorie du mouvement viendra après!» Das ist einerseits kühn und andrerseits recht einseitig gesagt. Kein Mensch kann heute diese Théorie du mouvement machen, und vielleicht noch lange Zeit nicht. Sicher ist (für mich), daß in Paris etwas völlig Neues entstanden ist: eine ganze, numerisch nicht einmal unbedeutende (wenn auch kaum abschätzbare) Gruppe vorwiegend junger Menschen, die sich gegen nichts mehr und nichts weniger wendet als gegen die *Société de Consommation*... die uns F. Behrendt noch am 17. Mai als die Gesellschaft der Zukunft prophezeit, «unter optimistischen Voraussetzungen», wie er sagt – und die meine Generation (eine ziemlich absente Generation, auch «Beat-Generation») als fast schicksalhaft, ein hereinbrechendes Verhängnis ansah. Man bezeichnet diese Gruppe junger Leute als «die Studenten»; man darf das tun, vorausgesetzt, man ist sich darüber klar, daß es sich um Studenten im allerweitesten Sinn des Wortes handelt und daß die Gruppe in sich höchst heterogen ist, daß sie sich eigentlich nur zu ganz bestimmten Aktionen wirklich (und wirksam) zu vereinigen vermag. Was zu beschreiben wäre, ist die Wechselwirkung von Aktion und Diskussion, das Kreative, die Slogans einer solchen Bewegung.

228

Ist nun eine Bewegung gegen die Konsumgesellschaft restaurativ, reaktionär oder gelinde gesagt: eine Illusion? Wenn man den technischen Fortschritt (den naturwissenschaftlichen inklusive) bedingungslos bejaht, dann bestimmt. Dann ist diese Bewegung auch lächerlich. Wenn man jedoch, wie ich, glaubt, daß die Automatik und Autonomie der technischen Entwicklung *jetzt* kritisch beleuchtet, eventuell gestoppt, umgekrempelt und auf andere Ziele gerichtet werden muß – *dann* ist in Paris etwas *geschehen,* etwas entstanden, das nicht mehr aus der Welt geschafft werden kann und über dessen Auswirkungen man im Augenblick kaum spekulieren darf.

Der elfte Mai

In den Straßen des Quartier Latin liegen noch zarte Schwaden von Tränengas von der vergangenen Nacht, man hustet und weint ein bißchen. Prof. Kahn sagt, daß dem Tränengas ein Giftgas beigemischt war, und die Regierung weiß es nicht genau ... Im Odéon starrt eine fasziniert gelangweilte Menge auf das japanische Bunraku-Puppentheater, das da unverständlich (unfaßbar) abläuft. Studenten ziehen zu Hunderten durch die Straßen, mit dem Ruf: «Libérez nos camarades!» Ach, und die Polizei war auch dabei, mit Helm, Schild, Gummiknüppel, Karabiner. Plötzlich ruft einer der Demonstranten den Polizisten zu: «C'est fini. On s'en va.» Die Studenten sind aufgefordert, jetzt der ganzen Bevölkerung zu erklären, was sie wollen und was geschah. Um jeden Studenten bildet sich sofort eine Diskussionsgruppe, denn die Pariser sind inzwischen hergekommen, um sich ein wenig anzusehen, was ihre Studenten da gemacht haben. Leute, die man als Eltern von Gymnasiasten oder Studenten hätte ansehen können, oder als Professoren, fehlten allerdings fast ganz.

Abends, vor diesem Hintergrund, in einer Seitenstraße des Bd. St. Michel Ionescos *Cantatrice Chauve,* das war erschlagend, und erst *La Leçon* – das Stück vom Professor, der am Ende der Stunde das ungelehrige Kind ersticht. Übrigens die teuren Plätze in dem winzigen Theater (4000. Vorstellung) gähnend leer. Wahrscheinlich trauten sich die Inhaber der teuren Plätze nicht ins Quartier.

«Quand les autos penseront, les Rolls-Royce seront plus angoissées que les taxis.» (Henri Michaux in *Passages)*

Solidarité

Nach der gedrückten Stimmung des elften jetzt das Wunder des 13. Mai. Man kann einen solchen Demonstrationszug nicht recht beschreiben. Er hat dreieinhalb Stunden gedauert, in einem raschen, leichten Schritt, in offenen Reihen von achtzehn bis zwanzig Leuten. Kein Polizist, kaum je eine Stockung. Alles wirkt improvisiert, erstaunlich spontan. Sprechchöre, die wie Orgelton in den Boulevards widerhallen. Diese Sprache läßt sich ja auch herrlich skandieren!

> *Les trottoirs avec nous*
> *Vous êtes concernés*
> *De Gaulle au poteau*
> *Fouchet démission*
> *CRS assassins*
> *Grimaud démission*

Der Anfang sah aus wie ein Umzug des heutigen Tiers état, der tertiären Berufsgruppen, Dienstleistungsgewerbe im weitesten Sinn: Universität, Schulen, Spitäler, Ingenieure, Künstler – bloß die Académie und die Schriftsteller fehlten. Plakate, Transparente, der Refrain

der Internationale. Und an der Ecke Bd. St. Germain /
St. Michel, wo die Menge am undurchdringlichsten
stand, wechselten all die Zeit die Straßenampeln schön
stur in ihrem eigenen Takt

piétons passez
piétons arrêtez

Erst allmählich traten Gruppen von Arbeitern auf, die
Plakate waren weniger improvisiert, aus dem Arsenal
geholt, die Slogans weniger frisch, einige handfeste Forderungen, darunter die (angesichts der Preise!) herzzerrei-
ßende

Pas de salaires au-dessous de 600 F.

Weitaus den größten Raum nehmen Solidaritätserklä-
rungen aller Art ein.

Etudiants ouvriers solidarité
Hippies solidaires
Avec étudiants et travailleurs peintres et
sculpteurs pour une culture véritable
Les universités aux étudiants
les usines aux travailleurs
Fouchet l'camp
L'imagination prend le pouvoir dans la rue,
dans l'université, dans l'usine, dans l'école
Etudiants enseignants ouvriers solidaires
A bas cette morale qui, pour maintenir son
ordre, ne sait construire que banques casernes
prisons. Contre un monde qui a vendu les âmes
pour des bagnoles
Le pouvoir est dans la rue
Tout état est policier

Diese Slogans und Sprüche sind wichtig. Sie stellen, wie könnte es anders sein, das erste Produkt der groß angesagten Imagination dar, die die Macht übernimmt. Sie zeigen auch bereits etwas: Studenten, die auszogen, ihre schlechtgewordene Universität zu verbessern, und die plötzlich entdeckten, daß die Gesellschaft, in der sie leben, noch viel schlechter war als die Universität.

Kritische Universität

Wir waren noch unter den ersten, die nachts in die wiedereröffnete Sorbonne eindrangen, tastend in den halberleuchteten Korridoren, ein bißchen verwundert jedermann, daß man das so darf. Lächeln, freundliche Auskunft: «Vous pouvez aller n'importe où ...» In einem Hörsaal unterrichtet eine junge Dame Chanson politique, in einem anderen ist Guerillataktik angezeigt. Die Gründung der Université critique dauert nur Minuten. Denn jetzt sollen die jungen Arbeiter kommen, und denen muß jetzt etwas gezeigt werden, eine ganze Universität. Im Hof tritt eine Jazzband auf. Die Wände werden beklebt und beschrieben:

Défense absolue d'interdire
Ici depuis 1848 pour la première fois on dépoussière

Maler werden gesucht, um die langweiligen Fresken zu übermalen, bald schon schleppen einige Unentwegte große heutige Plastiken herbei. Wandzeitungen überall. Im Hof installieren sich in den folgenden Tagen Kommunisten und Anarchisten mit Traktaten, Broschüren, Posters und Seidenporträts. Die Hörsäle sind jetzt den Komitees reserviert und durch einen Ordnungsdienst gesperrt. Der Hof bleibt offen. Lautsprecher suchen Freiwillige für den Ordnungsdienst, Aufräumarbeiten, Verpflegung, Verbindungsleute zu streikenden Arbeitern. Laufend treffen auch Meldungen ein, meist von kleinen Triumphen der Solidarität. Über diese Lautsprecher wurde auch zweimal der Marsch auf Renault-Billancourt organisiert – der dann offensichtlich werden ließ, daß die Solidarität zwischen Studenten und Arbeitern schwieriger ist als gedacht. Warum das so ist, erfuhr man im offenen Diskussionsforum im Odéon.

L'ex-Théâtre de France

Am Donnerstag morgen 16. Mai war das Odéon Théâtre de France von den «Studenten» (nicht durch das offizielle Komitee und gegen dessen Willen) besetzt. Die rote und die schwarze Fahne wehten vom Dach, und das Theater war auf unbestimmte Zeit geworden

> – *un lieu de rencontres entre ouvriers étudiants et artistes*
> – *une permanence révolutionnaire créatrice*
> – *un lieu de meeting politique ininterrompu*

Man drängte sich in den Theatersaal mit seinen tausend roten Plüschohrsesseln. In den vorderen Reihen des Parketts ein überraschendes Bild: ältere Leute und Leute, die sich eben getrauen, ins Parkett eines Nationaltheaters zu sitzen. Die andern stauen sich vorerst an den Türen. Hier wird ausschließlich diskutiert. Man nennt sich «camarade» und sagt sich du. Die Titel «Monsieur» und «Madame» werden nur in Ausnahmefällen verwendet und klingen bedrohlich. Erstaunlich übrigens neben der Höflichkeit, der einstweilen gehobenen Stimmung und dem Ernst die maßlose Empfindlichkeit dieser jungen Leute. Die Anrede «Jeune homme» etwa wird überhaupt nicht ertragen.

233

Ein blutjunger brandmagerer Arbeiter steht mit gespreizten Beinen über dem Mittelgang und leitet die Diskussion – denn hier soll nicht gehandelt, nicht beschlossen werden, hier herrschen freie Rede und Kreation. Die Diskussion um die Universität wird immer wieder aufgenommen und immer wieder beerdigt. L'université ne nous intéresse plus. Das große Wort Revolution fällt hier zum erstenmal. Mit dieser Regierung verhandeln sie nicht mehr. Eigentlich auch mit der ganzen bourgeoisen Gesellschaft nicht. Dann kommt das Thema der Examen halt doch wieder aufs Tapet. Wer irgendeinen Vorschlag macht, ist ein Reformist. Kultur? Wir sprechen jetzt nicht von Kultur. Fini cette culture des spécialistes. Wir machen hier auch kein Theater. Es *ist* aber ein Theater (das Odéon). Irgendwer soll Theater machen. Jedermann ist ein Künstler. Wer eben Lust hat. So geht das doch nicht. (Sacré dilettantisme des révolutionnaires.) Das Theater gehört auf die Straße. Détruire pour construire. Und eine ganz zarte Stimme aus dem ersten Rang: «En art on ne détruit pas.» Wir müssen alles neu anfangen, viel weiter gehen als Maos Rote Garden. Eine neue Art finden, um Bonjour zu sagen. Was für ein alter Zopf! Man will sich klar werden über die eigene Situation. Das braucht ein bißchen Zeit. Man kann doch jetzt noch gar kein Programm haben. Wird es überhaupt je ein Programm geben? Sind die überhaupt fähig, auch nur Kommissionen zu bestellen. Die tagen ja bereits! Aber wer, aber wo? So dreht das im Kreis. Am Freitag abend ist man gleich weit wie am Donnerstag morgen. Barrault, der Direktor des Odéon, hat inzwischen kapituliert: «Barrault est mort!» Dafür kriegte er seinen Applaus – aber um welchen Preis! Er wurde kalt mit seinen schrecklichen Polsterstühlen identifiziert. Diese Studenten sind Wilde, haben keine Ahnung von irgend etwas, wissen nichts, wollen nichts wissen und haben, im Gegensatz zu den Arbeitern, auch vor nichts Respekt.

Ein Arbeiter nennt das Odéon «immerhin einen Tempel der Kultur», den er das erstemal betritt. Ein Werkstudent wendet sich jetzt gegen die Côte d'Azur-Studenten, die vor den drei Monaten Ferien noch ihre Examen unter Dach bringen möchten, auf Kosten der Revolution. Und schon am Donnerstag mittag schreit der junge Arbeiter den Studenten ins Gesicht: «Vous êtes tous des fils à papa!» Er wird niedergeschrien. Überhaupt werden die Arbeiter öfter niedergeschrien. Eine besonders erregende, auch häßliche Szene im Théâtre de l'Est Parisien. Ein Stück von Armand Gatti (44, weiß Gott kein Bourgeois) wird in der Pause unterbrochen für eine freie Diskussion. Ein paar Studenten betreten den Saal, reißen die Diskussion vom Zaun – Madonnenköpfchen, Ideologen, Demagogen mit nackten Machtinstinkten. Die Studenten, vernimmt man staunend, haben in acht Tagen mehr erreicht als die Linksparteien in hundert Jahren. (Diese Jungen negieren *auch* die Tradition der Revolution). Das wird einigen älteren Arbeitern, Gewerkschafter mit üblen Erfahrungen, zuviel. Natürlich ist das, was die wollen, eine Politik der ganz kleinen Schritte, aber eine Politik der *möglichen* Schritte immerhin. Und die Konsumgesellschaft, die den Studenten zuviel geworden ist, bleibt für die Arbeiter noch immer ein Ziel – sie haben eben den verlästerten Kühlschrank und das Auto noch nicht. Und unter *Participation* können sie sich einstweilen nichts Konkretes vorstellen (die Studenten vermutlich auch nicht). Die verschüchterten Bürger, die das Stück sehen wollen, flüchten jetzt aus dem Theater, denn es wird gebrüllt. Gatti ringt nach einem versöhnlichen Schlußwort. Der Studentensprecher kanzelt ihn ab: das Schlußwort kann nicht versöhnlich sein – «et vous: faites attention à votre littérature…» Dabei ist das Stück *Les treize soleils de la rue Saint Blaise,* ob gelungen oder nicht, die faszinierendste Vorwegnahme des ganzen Problemkreises, der jetzt endgültig im Kreis dreht. Aber die Studenten haben es sich halt nicht angeschaut. Von Kultur spricht man nicht mehr.

Ich hebe nicht den ersten Stein – ich habe Marx wenig gelesen, in Marcuse nicht viel mehr als hineingeschaut, von Mao kenne ich hauptsächlich Lyrik. Also Ignoranz auf Gegenseitigkeit? Oder doch ein Generationsproblem?? Allein diese Bilderstürmerei gehört, neben der gelegentlichen schauderhaften Schulmeisterei, zu den Dingen, die die Arbeiter an den Studenten schockieren. (Denn die Arbeiter, wenn sie in Streik treten, bewachen ihre Produktionsstätten, und die Studenten als erstes zerstören sie.)

Ich würde persönlich den Studenten den heiligen Ernst zubilligen, und ich glaube auch, daß ihr erster Impuls gegenüber der arbeitenden Klasse brüderlich war – daß sie aus ihrer Isolierung und Privilegierung heraustreten wollten... Frage höchstens: können Studenten das? Sind sie nicht *notwendig* privilegiert? (Um ihre Funktion in der Gesellschaft zu erfüllen eben.) Als die Arbeiter sie nicht vorbehaltlos mit offenen Armen empfingen, da hat das schreckliche Sendungsbewußtsein und die *große Ungeduld* alles zerstört.

Eine neue Medizin?

In der Faculté de Médecine waren wir nur wenige Minuten – die Hörsäle längst den Komitees reserviert, und im Lichthof eine Kirmes von jener lauteren Hilarität, die die Mediziner gern vor den Humanwissenschaftern auszeichnet. Vielleicht sind Mediziner im Bewußtsein ihrer aktuellen Unentbehrlichkeit (die wohl selbst vom Archiater Mao nicht im Ernst bezweifelt wird – siehe sein Gedicht + Tagebuchnotiz über die Ausrottung der Bilharziose im Distrikt Yü-chiang) auch selbstbewußter als die andern, und vielleicht macht es halt einen Unterschied, ob man

einmal Leichenbäuche oder immer nur Bücher aufge-
schnitten hat. Jedenfalls: man verstand sein eigenes Wort
nicht mehr. Mediziner sind im Prinzip unpolitische
Technokraten. In Paris, denke ich, gehören sie von vorneherein zu den Reformisten. Es könnte allerdings sein,
daß im Endeffekt einige Reformen aufregender sind als
die schönste Revolution. Die alten Probleme sind immer
noch da: die miesen Spitalverhältnisse, die schlechte Ausbildung der meisten Ärzte, das idiotische System der *Concours* – das nun ganz offensichtlich auf das Herauszüch-
ten einer ganz kleinen Elite gerichtet ist. Vergessen wir
nicht, daß in eben diesen Tagen das «Cœur de Montpellier» zu schlagen aufhörte, während es dem «Cœur de
Broussais» besser ging als allen Herztransplantierten mit
Ausnahme Blaibergs bislang – und daß eben dasselbe so
immobile offizielle Frankreich zugunsten der Prestige-
operation der Herzverpflanzung sämtliche Gesetzesbe-
stimmungen offenbar unter den Tisch wischen konnte,
die im Januar 1968 noch auf ewige Zeiten prohibitiv
erschienen! Die jungen Ärzte wollen jetzt plötzlich das
«Mandarinat» der medizinischen Lehrstühle abschaffen
zugunsten eines offenen Kollegialsystems (ein äußerst
vernünftiger Vorschlag, nachahmenswert) – sie möchten
noch kameradschaftlicher sein gegenüber dem, was man
«medizinisches Hilfspersonal» nennt, sie glauben an den
Mythos des Heilers nicht mehr so recht. «Le médecin se
croit patron là où il n'est que contremaître...» So auf
einem Pamphlet, das weder das jugendlichste, noch das
revolutionärste, keinesfalls das lyrischste von allen war,
die wir sammelten, aber bestimmt das allererstaunlich-
ste: *Médecine et Répression.* Also: die Medizin ist voll inte-
griert in ein kapitalistisches Herrschaftssystem, das sie
dazu braucht, um Risse und Abgründe zuzuzementie-
ren, die sich da allenfalls auftun. «Die kapitalistische
Gesellschaft hat den Arzt unter dem Deckmantel einer
scheinbaren Neutralität dem Apparat der Unterdrük-

kung an die Seite gestellt: er wird gezwungen, die Bevölkerung arbeits- und konsumfähig zu erhalten (Beispiel: Arbeitsmedizin), und er muß die Leute dazu bringen, eine Gesellschaft zu akzeptieren, die sie krank macht (Beispiel: Psychiatrie.)» Die Medizin, heißt es, vernachläßigt zwei wesentliche Dimensionen: den Menschen als soziales Wesen und als *sujet de désirs.* Der Arzt sei auf die Rolle eines «Hüters der Krankheit» verwiesen – ein echter Kampf gegen die Krankheit, steht da, würde sehr rasch politisch und revolutionär... Das ist nun der extremste Standortwechsel, der inerhalb eines so fest etablierten Faches wie der modernen Medizin noch möglich ist. Nimmt die offizielle Medizin den naturwissenschaftlichen Begriff «Krankheit» als absolut und alle sozialen Gegebenheiten als akzidentiell und irgendwie belanglos, fast als «peinlich» (ich möchte nicht mißverstanden werden! Ärzte sind nicht «asozial».) – wohl wissend, das ſdieses System für die «Geisteskrankheiten» nicht stimmt – wird hier das Umgekehrte versucht: von sozialen Gegebenheiten ausgehend, wird der Begriff von Krankheit und Heilen verändert – mit einem deutlichen Hinweis auf die schwer vernachlässigte Präventivmedizin. Daran ist einerseits viel Wahres. Andrerseits werden diese Gedankengänge zerschellen an dem Block von simplen Tatsachen, den es in der naturwissenschaftlichen Medizin einfach gibt. Auch der dialektische Materialismus ist ja weder an der Kirche noch am Kapital, schon gar nicht an der Literatur, sondern an der Naturwissenschaft gescheitert. Trotz allen Einwänden bleibt es erstaunlich, daß eine Generation von Studenten, von jungen Ärzten und Forschern, die ja nun wirklich vergoldet wird, sich plötzlich gegen ihre Vergolder wendet – und was viel wichtiger ist: gegen das Weltuntergangsspielzeug selbst, das ihnen in die Hände gelegt wird. Denn daran, daß die Technik (inklusive Naturwissenschaft) nicht so weiterwursteln kann wie bisher, ist wohl kein

Zweifel mehr erlaubt. Nicht mehr der technische Fortschritt ist heute lebenswichtig, sondern die *Steuerung* des technischen Fortschritts. Und wer soll diese *Steuerung* übernehmen? Nun, diese Einsicht ist eines der Wunder von Paris: der Techniker selbst.

Entfesselte Intelligenz

Was ist geschehen? Eine studentische, intellektuelle Jugend wirft die Fesseln ab: Wissenschaft, Universität, Kunst, Literatur – all das zählt nicht mehr. Alles will neu entdeckt und überprüft sein. Dieser (kritische) Prozeß führt naturgemäß zuerst einmal zu uferlosen Diskussionen. Dann besteht, ebenso selbstverständlich, die Gefahr, daß, je mehr man sich von hergebrachten Ordnungen befreit, man um so sklavischer einzelnen Dogmen und Ideologien verfällt. In dem Stadium des Prozesses, das wir mitgemacht haben, war zumindest immer eine Mehrheit da, die sich gegen sich anbietende Radikalismen und Vereinfachungen wehrte, im gleichzeitig tapferen Versuch, nicht irgendwelchen eigenen zu verfallen. Ich bin optimistisch. Wenn nicht ein Tyrann oder Großinquisitor alles in die Hand nimmt und gewaltsam «Ordnung schafft», glaube ich, wird etwas daraus. «Irgendwie», heißt es bei Musil, «geht Ordnung in das Bedürfnis nach Totschlag über.» Vielleicht gibt uns die permanente Revolution einmal ein Mittel an die Hand, das notwendige Maß an kreativer Unordnung herzustellen, das es offensichtlich braucht, um den permanenten oder katastrophenartigen Übergang in Totschlag zu verhindern. Und wie hübsch, fast tröstlich, klingt der Spruch von einer Hausmauer in den grauen Alltag unserer Produktions-Konsumptions-Zivilisation herüber: «Un an de révolution vaut 20 ans de vie normale.» Mir jedenfalls gefällt's.

Nun, um eine Revolution handelt es sich vorläufig nicht. In Europa besteht durchaus keine revolutionäre oder auch nur präevolutionäre Situation – soweit Marcuse in einem Interview mit *Jeune Afrique*. Vielleicht ist das Wort «Revolution» auch gar nicht mehr brauchbar. Man spricht so gern und leichtfertig vom beschleunigten Ablauf der Zeit. Vielleicht sind wir halt auch von 1917 heute weiter entfernt als die russischen Revolutionäre vom Aufstand des Spartakus…

Selbstverständlich sehe ich die psychologischen Bedingungen der «Commune des Etudiants» (so ein Soziologe in *Le Monde)* auch. Man wird sich auch erinnern, daß die Unrast unter den Studenten in den mittleren fünfziger Jahren begann – damit, daß plötzlich Studentenseelsorger, Psychologen und Psychiater gebraucht wurden. Daß krampfhaft ein Dialog mit den Professoren gesucht wurde. Natürlich ist es interessant, daß die unmittelbaren Nachfolger einer Generation, die nicht laut genug nach «Nestwärme» rufen konnte, jetzt alles über den Haufen werfen. Für die Kahlschlagatmosphäre unter der Kerngruppe der Studenten bietet sich sogar noch eine weitere Erklärung an: ersaufen und ersticken wir denn nicht tatsächlich in einem derartigen Berg von Gewußtem und zu Wissendem, daß die Tabula rasa ganz einfach einmal gewagt werden *muß?*

All das stimmt wohl, allein deckt das ganze Phänomen nicht. Ich glaube, die abrupte Wendung gegen die Konsumgesellschaft ist ernst zu nehmen. Ebenso der Ruf nach Einsicht in die eigene Lage, das tausendmal wiederholte «prendre conscience de notre situation». Mir scheint, selbst die nachfolgenden Streiks, die sich ja materiell in ihren unmittelbaren Auswirkungen weit mehr gegen die Camarades richten als gegen die sogenannte Bourgeoisie, der man viel schwerer beikommt – selbst

240

diese Streiks erzwingen viel eher eine Einsicht in die eigene Lage (*und* in die eigenen Möglichkeiten) als irgend etwas anderes. Und solange eine Revolte *plus* Streikwelle nicht mehr Opfer fordert als der Osterstraßenverkehr, sehe ich zu Panik keinen Grund.

(Abgeschlossen 21. Mai 1968)

Anmerkungen

Agissez! La théorie du mouvement viendra après!	Handelt! Die Theorie der Bewegung kommt später!
Société de Consommation	Konsumgesellschaft
Libéréz nos camarades!	Befreit unsere Kameraden!
C'est fini. On s'en va.	Das war's. Geht nach Hause.
Quand les autos penseront, les Rolls-Royce seront plus angoissées que les taxis	Wenn die Autos einmal denken, werden sich die Rolls-Royce mehr fürchten als die Taxis
Les trottoirs avec nous	Die Straße gehört uns
Vous êtes concernés	Es geht euch an
De Gaulle au poteau	De Gaulle an den Pfahl
Fouchet démission	Fouchet muß gehen (damaliger Innenminster)
CRS assassins	Die CRS sind Mörder (CRS: Compagnies républicaines de sécurité)
Grimaud démission	Grimaud muß gehen (damaliger Polizeiminister)
Tiers état	Der dritte Stand
Pas de salaires au-dessous de 600 F.	Mindestgehalt: 600 F.

Etudiants ouvriers solidarité
Hippies solidaires
Avec étudiants et travailleurs peintres et sculpteurs pour une culture véritable
Les universités aux étudiants – les usines aux travailleurs
Fouchet l'camp

L'imagination prend le pouvoir dans la rue, dans l'université, dans l'usine, dans l'école
Etudiants enseignants ouvriers solidaires

A bas cette morale qui, pour maintenir son ordre, ne sait construire que banques casernes prisons
Contre un monde qui a vendu les âmes pour des bagnoles
Le pouvoir est dans la rue
Tout état est policier
Vous pouvez aller n'importe où
Défense absolue d'interdire

Solidarität zwischen Studenten und Arbeitern
solidarische Hippies
Zusammen mit Studenten und Arbeitern, Malern und Bildhauern für eine wahre Kultur
Die Universitäten den Studenten – die Fabriken den Arbeitern
Fouchet hau ab! (Wortspiel: «ficher l'camp» bedeutet in der Umgangssprache «abhauen»)
Die Phantasie ergreift die Macht auf der Straße, in der Universität, in der Fabrik, in der Schule
Solidarität zwischen Studenten, Lehrern, Arbeitern
Nieder mit einer Moral, die Banken, Kasernen, Gefängnisse baut, um Ruhe und Ordnung aufrechtzuerhalten
Gegen eine Gesellschaft, die ihre Seele dem Auto verschreibt
Alle Macht der Straße
Jeder Staat ein Polizeistaat
Sie können überall hingehen
Verbieten streng verboten

Ici depuis 1848 pour la
première fois on dépous-
sière
Renault-Billancourt

un lieu de rencontres
entre ouvriers étudiants
et artistes
une permanence révolu-
tionnaire créatrice
un lieu de meeting politique ininterrompu
L'université ne nous interesse plus
Fini cette culture des
spécialistes
Sacré dilettantisme des
révolutionnaires
Détruire pour construire
En art on ne détruit pas

Barrault est mort!
Vous êtes tous des fils à
papa!

et vous: faites attention à
votre littérature
Concours

Cœur de Montpellier

Seit 1848 wird hier zum
ersten Mal abgestaubt

Sitz der Autowerke
Renault
ein Treffpunkt für Arbei-
ter, Studenten und Künst-
ler
eine permanente schöpfe-
rische Revolution
ein Ort für ständige politische Treffen
Die Universität interes-
siert uns nicht mehr
Schluß mit der Kultur
der Spezialisten
Verfluchter Dilettantis-
mus der Revolutionäre
Zerstören um aufzubauen
In der Kunst zerstört
man nicht

Barrault ist tot!
Ihr seid alle Muttersöhn-
chen! («fils à papa» ist
ein Sohn, der von seinem
Vater ausgehalten wird)
und Sie: Passen Sie auf,
was Sie schreiben!
Aufnahmeprüfungen
(hier im Sinne eines
Numerus clausus)
Das Herz von Montpel-
lier (In Montpellier war
die erste medizinische
Fakultät Frankreichs)

Cœur de Broussais

Das Herz von Broussais
(Im Spital von Broussais
wurde die erste Herztransplantation Frankreichs
durchgeführt)

Le médecin se croit
patron là où il n'est que
contremaître
sujet de désirs
Un an de révolution vaut
20 ans de vie normale

Der Arzt sieht sich dort
als Chef, wo er nur Vor-
arbeiter ist
Lustsubjekt
Ein Jahr Revolution
wiegt soviel wie 20 Jahre
Alltagsleben

prendre conscience de
notre situation

sich der eigenen Lage
bewußt werden

Medizin

ARZT UND AUTOR

Meine sehr verehrten Damen und Herren,
Die freundliche Einladung an mich, als Autor über den
Arzt zu sprechen, kommt von Ihnen, aus dem Kanton
Appenzell also. Ich danke Ihnen herzlich dafür. Der Kanton Appenzell ist ja dafür bekannt, daß er neben der offiziellen Medizin, die wir vertreten, auch jene andere
öffentlich und unter dem Schutze des Gesetzes zuläßt,
die sich als Naturheilkunde oder wie immer bezeichnet.
Ich finde das schön. Es herrscht hier so etwas wie medizinische Religionsfreiheit. Und Freiheit ist eigentlich
immer gut.

Ich bange auch nicht um unsere naturwissenschaftliche Medizin; sie wird das Rennen schon machen, auch
in freier Konkurrenz mit animistisch hypnotischen Praktiken. Ich wenigstens traue ihr soviel zu, und Sie, wie ich
vermute, auch. Vielleicht besteht sogar ein geheimer
Zusammenhang zwischen dieser etwas minder verkrampften Haltung den Naturheilpraktikern gegenüber
und der Einladung an den Autor von *Husten, Wüthrich,
Höhenluft* und *Melancholie,* vor Ihnen seine Sache zu vertreten. Dieser Autor war eine Zeitlang auch ein schwarzes Schaf in der Herde weißer Lämmchen, die die
Schweizer Ärzteschaft offenbar in den Augen ihrer eigenen offiziellen Vertreter darstellt.

Ich habe «animistisch» gesagt. Ich bin da nicht Fachmann. Wenn ich aber, vergröbernd und meinetwegen als
«terrible simplificateur», einmal dem Magischen das
Bannen, dem Animistischen das Zaubern und Beschwören zuordnen darf, dann ganz bestimmt unserer technischen Welt das Machen. Die Machbarkeit der Sachen ist
das große Welterlebnis unserer Zeit. Des Staunens darüber ist kein Ende – an Autosalons, am Fernsehen und
am Funk. Selbst die Wahnsysteme unserer Geisteskran-

ken erweisen sich als durchaus «gemacht». Es gibt gemachte Gedanken, gemachte Stimmen, von außen Kommendes, Telekommunikationen – die genauso rational oder irrational gemeint sind wie diejenigen der Fernmeldetechniker und ihrer Kunden, der Journalisten.

Magisch oder animistisch sind eher einige Schulen der Psychiatrie, nicht die Psychosen.

Der Technokrat ist der wahre Weltherrscher von heute, dazu ein reiner Tor, also eine Gefahr – Gefahr nicht nur für die ganze Welt, sondern selbst in unseren bescheidenen und überblickbaren Verhältnissen, eine Gefahr beispielsweise für Politiker; denn die Technokraten, wir Ärzte gehören mit dazu, sind nicht objektiv. Aber sie sprechen eine Objektsprache, und das ist für den Politiker, der, mindestens bei uns, nur noch die Sprache des selbstverständlichen Arrangements gewöhnt ist, ein überwältigendes Erlebnis und eine unwiderstehliche Versuchung. Denken Sie dabei ruhig an die Macht der Zahlen, die Macht der Statistik und andererseits daran, wie solche Statistik gemacht wird, in Spitälern und auch anderswo. Zuletzt ist dann eben alles «gemacht». Ein Buch wird gemacht. Ein Autor, ein Bestseller wird gemacht. Die Beatles wurden gemacht, und Präsident Johnson ist gemacht. Sein Nachfolger, wer immer es sein mag, ein Fernsehstar oder ein Privatpilot, wird noch tausendmal mehr «gemacht» sein. Es gibt diese Mentalität des «can do». Was ich tun kann, das tue ich auch. Man kann Farbfernsehen machen, also macht man es. Obgleich man heute schon mit Sicherheit, aus simpler Analogie zum Farbfilm, sagen kann, daß wir alle, die wir hier versammelt sind, anständige oder auch nur erträgliche Farben am Schirm nicht mehr erleben werden. Von der Herstellung von Atombomben einer Größenordnung, die, wie man sagt, weder taktisch noch strategisch mehr einen Sinn haben kann, mag ich gar nicht reden.

Bin ich wirklich so ungeheuer weit weg von der Reali-

248

tät, wenn ich uns Ärzte ebenfalls als Kinder dieser Zeit ansehe und glaube, daß gerade diese universelle Haltung auch in unserem Beruf eine Rolle spielt? Wollen Sie Beispiele?

Erinnern Sie sich, mit welchem ungeheuren, inzwischen bereits gedämpften Optimismus man Lungenoperationen durchführte, als man es endlich konnte? Erinnern Sie sich etwa der Leukotomie, einer Operation, die – ich zitiere einen Psychiater – heute kein Mensch mehr macht? Sie wurde aber gemacht! Von Menschen, an Menschen. Sie wissen ebensogut wie ich: manchmal unter ernsthaftem Ringen um die Indikation, unter langem, sorgfältigem Abwägen des Für und Wider. Es kann ja auch so noch schiefgehen. Aber oft, und gerade bei den größten Spezialisten mit dem röhrenförmigsten Gesichtsfeld, aus der Sicherheit und der Freude des Könnens heraus. Ich kann es, also mach ich's. Und aus der Mentalität von Dienstleistungsbetrieben heraus, die die unsere nicht werden darf, daß etwas tun in diesem Fall besser ist als nichts tun – oder was man für «nichts» hält. Medizin ist ein kurioses Fach. Ich kann nicht glauben, daß Tariffragen unsere wahren Probleme sind – sowenig wie die, nebenbei bemerkt, wesentlich mieseren Tantiemen die wahren Probleme der heutigen Autoren darstellen.

Es gibt doch in der Medizin von heute echte Probleme. Womit soll sich ein Kinderarzt eher befassen: mit dem Schulweg oder mit den «inborn errors of metabolism»? Oder nochmals: Auf welches Parkett begibt sich eine Medizin des nicht ungefährlichen Eingriffs, wenn sie prinzipiell, was sie kann, auch tut? Eine Medizin, die wohl noch Kontraindikationen kennt, aber keine Indikation mehr stellt... Wenn ein berühmter Professor der Chirurgie, ich vermute, ohne die leiseste Ahnung, was er da sagt, äußert: Die gesündesten Patienten habe er am liebsten, sie seien am leichtesten operierbar – und das ausgerechnet in bezug auf den Lungenkrebs! Die Frage der Sicherung der Diagnose vor der Operation stellt sich dann gar nicht mehr, weil ja das Operationsrisiko so und so gering ist. Wir wollen doch nicht im Ernst die prophylaktische Medizin so groß schreiben, daß wir den Männern über vierzig die Lunge entfernen und in zehn Jahren dann, wenn die Technik soweit ist, denselben Männern, die inzwischen auch fünfzig geworden sind, das Herz.

Sie wissen besser als ich, daß durchaus analoge Vorschläge in bezug auf die Gebärmutter, die als besonders krebsanfällig und als besonders entbehrlich gilt, längst gemacht wurden. Das erinnert, in grausiger Weise allerdings, an das früher übliche künstliche Gebiß als obligates Geschenk zur Volljährigkeit.

Woran scheitern eigentlich solche unheimlichen Projekte immer wieder? Für mich, ich bin ein einfaches Gemüt, ist die Sache ganz simpel: an Ihnen. An der Vernunft der praktischen Ärzte, an der Vernunft, dem Einsatz und dem Gewicht auch jener Spitalärzte und Spezialisten, die mehr an ihre Patienten denken als an die Medizin.

Ich bin oder fühle mich nicht berufen, über das Verhältnis von Praktikern und Professoren zu sprechen. Michael Balint, London, hat das längst getan. Nur eins möchte ich Ihnen sagen: Die Tage der Pyramiden sind gezählt. Ich meine jene Pyramiden, wo zuoberst, gehalten von einem verschüchterten Stadt-, Regierungs- oder Stiftungsrat, ein Professor herumberserkert wie ein tanzender Shiva, auf dem Buckel ehrgeiziger Oberärzte, auf dem Buckel gesichtsloser Assistenten, und allesamt wieder auf dem Rücken des Praktikers, der ein wenig der Bauer im Spiel ist. Diese Zeiten sind ganz einfach vorbei. Zunehmende Unüberblickbarkeit schon der einzelnen Fächer, dann vor allem neue Richtungen, wie Psychosomatik und Medizinsoziologie, haben Wunder gewirkt und werden auf die Dauer das, was Balint die «Droge» Arzt nennt, eben den Praktiker, wieder in seine ganze Würde einsetzen.

Es gibt aber nicht nur echte Probleme, es gibt auch echte Tragik des Arzttums. Noch einmal: Alles ist gemacht. Der Lärm und die Lärmbekämpfung, die größte Explosion aller Zeiten und die ionisierendste Strahlung aller Zeiten – und wenn es dann ein Antidot dagegen gibt, wird es dann ebenfalls gemacht sein. Würde es Sie wundern, wenn eines Tages eine chemische Firma, die groß genug wäre, daß sie es sich leisten kann, voll Stolz bekanntgäbe, daß sie jetzt nicht nur Heilmittel herstellt – sondern auch die Krankheiten dazu? Oder erinnert sie das etwa an einiges, was es schon gibt? Daß dieselben chemischen Firmen außer Heilmitteln auch Entlaubungsmittel herstellen für den Dschungelkrieg. Aber seien wir getrost: Dieselben Firmen werden auch Wiederbelaubungsmittel herstellen, wenn einmal der Dschungelkrieg nicht mehr opportun ist.

Alles also gemacht? Ärzte wissen, daß es nicht stimmt... kennen Vorgänge, die sich dem Machen, ja, jeder Beeinflussung entziehen, sehen die Vorgänge Tag für Tag: Altern, Wahnsinnigwerden, Tod.

Vom verehrtesten meiner klinischen Lehrer stammt der Spruch: «Der wahre Arzt zeigt sich erst, wenn der Kranke unheilbar ist.» Was heißt heilbar? Was heißt «heilen»? Der Arzt, der Philosophie hat, ist gottgleich, sagt Hippokrates. Und «Der Herr ist mein Arzt», steht in der Bibel. Der Arzt als Heiland – oder als Heilender wenigstens? Den Heiland als Arzt finden wir im Neuen Testament. Was heißt dort «heilen»? Darf ich so sagen: Eine derartige Wandlung der Person, daß die Krankheit sinnlos wird, heißt gegenstandslos, heißt, daß die bösen Geister ausfahren – in einem Fall, dem Falle des Lazarus, sogar der Tod...

Krankheit und Tod haben keine Macht mehr, weil sie

für die Person, die in Berührung mit dem Heiligen steht, keinen Sinn, keine Wirklichkeit, keine Wirksamkeit mehr haben. Vielleicht wird hier eine Grenze überschritten, die nicht zu überschreiten ist, vielleicht sind diese Dinge für uns ganz unglaubhaft – das wissen Leute wie Ingmar Bergman und Friedrich Dürrenmatt sowenig wie wir – vielleicht klingt das alles auch ein bißchen papieren und verbal…

Weshalb trauen wir eigentlich dem «Verbum» (Logos) so gar nicht mehr und dem Messer in der Hand so viel? Steht dahinter nicht so etwas wie ein tragischer Irrtum? Verstehen wir nicht am Ende sogar eine so einfache Vokabel wie «Experiment» ganz falsch? Wie, Hand aufs Herz, werden Heilmittel erfunden, Operationsmethoden erfunden, Eiserne Lungen, Pace Makers und neue Bestrahlungsmethoden: verbal oder manuell? Ich meine verbal. Im Anfang war das Wort. Wir haben uns auf eine naturwissenschaftliche Medizin festgelegt. Ich muß dazu allerdings sagen, daß die theoretischen Grundlagen dieser Naturwissenschaft – sit venia verbo: ich meine die denkerischen Grundlagen – ungefähr von 1890 stammen. Die Physiker haben gelernt, ohne Naturgesetze auszukommen, die Psychologen ohne Motive, die Dichter ohne Versmaß und ohne Grammatik, die Maler ohne ein Ideal von Form… aber unsere offizielle sogenannte naturwissenschaftliche Medizin, sie denkt streng kausal und bildet sich erst noch etwas darauf ein. Wir freilich, Sie, die mehr Ärzte als Mediziner sind, wissen, daß das nicht stimmt – daß mit jedem Eingriff, auch mit jedem beratenden Wort etwas in Gang gesetzt wird, was unabsehbar…

Denken wir deshalb magisch, animistisch? Das glaube ich nicht. Es braucht dringend eine Logistik der Medizin. Was die Krankheiten machen, wissen wir für den heutigen Zustand unseres Bewußtseins hinlänglich. Oder anders herum: Solange sich das Bewußtsein nicht ändert, ist in dieser Richtung nichts Entscheidendes mehr zu erwarten.

Die Frage ist: Was tut der Arzt? Was will der Patient? Will er geheilt werden? Oder will er repariert werden? Ich denke: mal das eine, mal das andere, meist aber beides zugleich. Und Sie kennen den Moment, wo die Reparatur verkehrt sein kann, weil sie der Heilung nicht mehr dient.

Ich möchte keine Beispiele bringen. Wir alle kennen die Narbenbäuche sogenannter hysterischer Patienten – manchmal auch nur solcher, die ihre Beschwerden nicht deutlich genug oder nicht gelehrt genug formulierten.

Unsere pseudonaturwissenschaftliche Skepsis gegenüber dem Irrationalen in Vorgängen, die wir so gern rational hätten, führt dazu, daß wir da, wo wir handeln – etwas machen also –, nicht «heilen», sondern reparieren ... und daß wir da, wo wir «heilen», *scheinbar* unwirksam sind.

Eines der schrecklichsten und erhabensten Beispiele dazu ist die Strahlenbehandlung unheilbarer Geschwülste. Strahlentherapie ist nun wirklich das Paradigma einer im engsten Sinn «physikalischen» Therapie: meßbar, dosierbar, jedem personalen Einfluß entzogen, exakt. Und wenn man dann sieht, daß diese ungeheure Therapie, und gerade in den Fällen, wo sie den letzten Strohhalm darstellt, wirkungslos bleibt, also versagt – und was dann schließlich bleibt an Behandlung, an Positivem für den Kranken, ausgerechnet mein bißchen Hinwendung, mein bißchen ärztliches Selbst ist – sollte man da nicht auf kuriose Gedanken kommen?

Der wahre Arzt, sagte Klaesi, erweist sich erst da, wo die Krankheit unheilbar wird.

Reparieren, ja – aber nicht als Heiland, sondern als Sanitätstechniker. Oder Heiland – aber unwirksam – machtlos dem größeren Schicksal gegenüber.

Warum wollen wir nie beide Aspekte unseres Berufs

zusammensehen? Liegt denn in dieser Tragik nicht auch und gerade die Größe unserer Position?

Wir müssen wieder scheitern lernen!

Ist es denn nicht recht seltsam, daß die Vertrauenskrise zwischen Arzt und Patient, über die ein jeder stöhnt, ausgerechnet mit dem gewaltigsten Zuwachs an technischen Möglichkeiten zusammenfällt... Möglichkeiten, die den stolzen Internisten der Jahrhundertwende mit seinem ganzen diagnostischen Inventar für uns auf die Stufe einer Medizin der feuchten Tüchlein drängt...

Sind etwa die Patienten verängstigt, *weil* unsere technischen Möglichkeiten so unabsehbar geworden sind? Oder glauben Sie, daß die Krise daher rührt, daß notwendig heute eine zunehmende Diskrepanz besteht zwischen dem, was der einzelne Arzt, und dem, was die Medizin vermag? Ich bin nicht sicher. Ich an Ihrer Stelle, ich würde mich nicht blind mit der Medizin identifizieren – ich würde eine Lanze brechen für den Arzt.

Allerdings, die Stellung der Medizin ist stark. Die heutige Medizin bedeutet nicht mehr und nicht weniger als die letzte Hoffnung, daß Naturwissenschaft und Technik, die sich doch so ganz offensichtlich autonom, über unsere Köpfe weg zu unbekannten Zielen hin entwickeln, sich eines Tages doch noch zum Besten des einzelnen werden einsetzen lassen in einer anderen, unmittelbaren Weise, als es Atombomben, Kybernetik und Überschallflugzeuge gestatten, Erscheinungen, denen wir doch, höflich gesagt, zwiespältig gegenüberstehen.

Bisher habe ich gesprochen als Arzt und Mensch und Christ – ich nehme nicht an, daß Sie mit allem einverstanden waren, ich denke aber auch nicht, daß Sie mich für meine Ansichten aus Ihrer Gesellschaft ausschließen wollten, wie es doch immerhin in unserem offiziellen Blatt für Standesfragen vorgeschlagen wurde.

Was habe ich denn Fürchterliches geschrieben? Oder

254

ist die Tatsache, daß ich schreibe, an sich schon anrüchig? Um Gottfried Benn hat es solche Reaktionen verärgerten Unmutes im Kreis seiner Kollegen gegeben. Später schützte ihn dann die Flucht in die Wehrmacht vor den Übergriffen des Nazistaates, dem sich die Ärzteschaft nur allzuleicht ein- und unterordnete – und sein ganzes Arsenal an rassistischem Blut-und-Boden-Gedanken-Material, ich fürchte, nur allzu gern übernahm, entsprach und entspricht es doch gerade jener antiquiert naturwissenschaftlichen Denkweise, die in Ärztekreisen, auch in hochgestellten akademischen, grassierte und grassiert.

Ich glaube kaum an ernsthafte Schwierigkeiten, wenn ich hübsche Gedichte, Sonette vielleicht, von bunten Blumen, dunklen Jungfrauen und hellen Jünglingen herstellen würde. Vielleicht würde die *Ärztezeitung* sogar dann und wann eines davon abdrucken, als besinnliche Probe aus dem Schaffen eines Kollegen, der neben seiner aufreibenden Arbeit als Röntgenarzt noch Zeit und Muße findet, sich allem Schönen, Wahren und Guten zu öffnen. Allein: Ich tu's nicht. Ich interessiere mich, ganz unverhohlen, für die Ärzte, meine Kollegen. Glauben Sie nicht auch, daß Sie (wir) ungemein interessant sind – daß Sie (wir) es, kurz gesagt, verdienen, auch einmal mit anderen Augen als mit denjenigen Cronins oder Van der Meerschs angesehen zu werden? Medizin, habe ich einmal geschrieben, enttäuschte mich bald, weil man weder über die Krankheiten noch über die Kranken etwas erfuhr. Wenn ich das so lese, würde ich meinen: ein Aphorismus. Ein Aphorismus ist eine schonungslose Verkürzung für etwas kaum Sagbares. Ein Aphorismus sagt nie ganz, was er meint. Jeder etwas sensible Student jedes Faches kommt eines Tages an diesen Punkt: Er zog aus, zu lernen, wie etwas ist. Statt dessen bietet man ihm ein neues abstraktes Bezugssystem, die Dinge entschwinden ihm, in der Hand hält er Steine statt Brot. Ein junger

Physiker meinte zu diesem Thema, es sei fraglich, ob man einen so heiklen Befund in aller Öffentlichkeit diskutieren kann: Ich meine ja.

Die Öffentlichkeit beansprucht ein Recht darauf, und außerdem und nebenbei nimmt sie kaum Notiz von so etwas. Die Öffentlichkeit, das sind in solchen Fällen einige wenige Tausend. Sagen wir: ein bis zwei Promille. Und sie wußten es schon. Nämlich auch diejenigen, die dagegen auftraten, wußten es bereits. Sie traten nicht dagegen auf, daß es so ist, sondern daß es einer, der es wissen muß, auch sagt.

Wenn man alle diese Dinge nicht mehr oder nur im engsten Fachkreise äußern darf, dann sind wir bald wieder bei einer memphitischen Geheimwissenschaft und erst noch bei einer gesundschweizerischen Leisetreterei, die bei uns nicht nur das politische, sondern nächstens jedes Leben zertritt.

Wüthrich, das Selbstgespräch eines sterbenden Arztes, scheint es, ist ein seltsames Buch. Rein formal herrscht keine Einigkeit. Ein Kritiker lobt die erste Hälfte des Buches (knapp, sagte er), dann fällt es schon ab – andere finden, daß der Autor die ersten fünfzig Seiten besser gestrichen hätte. Ich meine, wie stets in solchen Fällen: Beide haben recht.

Man hat mich mit Wüthrich identifiziert, geglaubt, seine Ansichten seien auch meine Ansichten. Das Verhältnis eines Autors zu seiner Figur ist jedoch immer komplex. Und die Ansichten, die ich einem sterbenden alten Herrn in den Mund lege, können vernünftigerweise nicht die meinen sein, denn ich bin kein sterbender alter Herr. Fest steht, daß Wüthrich dasselbe Fach studiert hat wie sein Autor und daß die beiden gewisse gemeinsame Interessen haben.

Es gibt auch Leute, die sich für Wüthrich halten.

Was geschieht in dem Buch wirklich? Wir erfahren, daß Professor Wüthrich stirbt, am Nachmittag des zehnten September. Das Buch schildert seinen letzten Vormittag: die Fahrt zur Klinik, Erinnerungen … Er kauft Blumen für seine längst verstorbene Frau. Er denkt: «Ich habe die besseren Kreise immer gehaßt. Erst wenn sie nackt vor mir standen und der Krebs ihnen den Bauch auftrieb, begannen sie Menschen zu gleichen. Angenehmer als die armen Leute sind sie trotzdem. Sie leisten sich teurere Seifen und parfümieren sich diskreter.» Das denkt also mein sterbender Professor. Daß Mitglieder von Golf- and Country-Clubs diese Stelle übelnehmen könnten, das verstehe ich – aber wem eigentlich: dem alten Herrn oder dem Autor? Aber Ärzte?

Da würde sich ja plötzlich die niemals ausgesprochene Frage nach dem Engagement des Arztes stellen – so, wie man beispielsweise jeden Autor dauernd nach seinem Engagement fragt und ihn dann zum Teufel schickt, entweder weil er oder weil er nicht engagiert ist oder sich dafür ausgibt. Meine Damen und Herren, die Frage nach dem Engagement des Arztes ist gar nicht so sehr aus der Luft gegriffen und auch gar nicht so leicht beantwortet. Ich las in der Zeitung, daß vor dem griechischen Militärputsch endlich, unter anderem, die ärztliche Betreuung gewährleistet war, und nach dem Putsch nicht mehr. Undenkbar bei uns? Wie viele Flugstunden von Athen leben wir?

Und wenn die Ärzte das Bündnis mit der Macht schon längst ebenso eingegangen wären wie jahrhundertelang, zu aller Leid, die Pfaffen? Könnte es nicht sein, daß wir das Bündnis eingehen müssen, weil unsere kostbare Medizin so kostspielig geworden ist, daß wir sie anders als mit den Mitteln der Macht gar nicht mehr betreiben können? Dann wäre unser Verhältnis zur herrschenden Klasse und zum Geld allerdings tragisch geworden. Wüthrich sagt oder vielmehr denkt bloß: «Steinreiche und bettelarme Menschen können noch Gutes tun. Der Mittelstand ist zu sehr mit sich selbst beschäftigt.»

Diese Stelle wurde in St. Gallen zum Thema einer journalistischen Sonntagsbetrachtung gewählt. Viel Ehre für den alten Mann.

Nach einer irren Fahrt oder Irrfahrt durch die Stadt gelangt Wüthrich in sein Spital. Einem Patienten, der ihm die Tür aufreißt, gibt er hundert Franken Trinkgeld. Er stellt fest, was er tut. Weil alles zerfließt, muß er ganz genau sein. «Das ist ein Spital. Hier ist alles krank. Überall wird abgerissen und neu gebaut. Im neuen Spital werden die Wege breiter sein. Mein Blick fällt am Küchengebäude vorbei auf den neuerstellten bleiweißen Operationstrakt. Operiert nur in euren blendendweißen neuen Trakten! Im allgemeinen fand ich die Starchirurgen gefährlicher als die mittelmäßigen. Der Magnolienbaum stirbt.»

Sie, die wissen, wie alte Internisten über junge Chirurgen denken, werden mir den Satz über die Starchirurgen nicht anlasten. Überdies: Ist es nicht so? Ich schrieb es jedenfalls gern.

Eine schreckliche Doppelbödigkeit erhält dann Wüthrichs Gespräch mit seinen Assistenten. Der alte Herr verachtet die jungen Leute, weil sie ihm und seinen unsinnigen Forderungen nicht entgegenzutreten wagen. Und wie er nun einerseits absinkt in die Hilflosigkeit des Sterbenden, eines, der sich an Strohhalme klammern muß, um überhaupt noch da zu sein, wirft er andererseits seinen Assistenten in luziden Momenten Fragen und Grobheiten an den Kopf, die sie nicht zu parieren vermögen – erstens, weil sie wirklich subaltern sind, Anpasser und ganz kleine Naturen, zweitens jedoch, weil sie ihren Chef längst als Patienten behandeln.

Wüthrich geht dann mit der ganzen Queue auf Visite. Dreimal betritt er denselben Frauensaal. Je mehr seine physische Kraft abnimmt, desto mehr heilt er alle Patientinnen, die überhaupt noch da sind. Jedesmal sind es weniger, die einen werden ins Badezimmer verbracht, wo man auf Professor Wüthrichs Abteilung stirbt, die anderen auf andere Abteilungen verlegt.

Hier ist ein Punkt, den wohl alle meine ablehnenden oder erschreckten Kritiker gründlich übersehen haben: Es geschieht nämlich gar nichts. Diese Assistenten und Oberärzte, die dem halluzinierenden Chef nicht entgegenzutreten wagen, gerade aus ärztlichen Gründen nicht, besorgen hinter seinem Rücken das Notwendige so exakt und so pflichtbewußt, so stur, wie Professor Wüthrich sagen würde, und so gottvergessen phantasielos wie immer. Wüthrich, wie ich glaube, merkt es auch noch, findet es zwar höchst unfair – aber er wagt eben auch nicht mehr, dagegen aufzutreten. Man kann sich fragen: Ist Wüthrich bereits so sehr in seinem Bewußtsein getrübt, daß er in guten Treuen dreimal denselben Saal besucht – oder *rächt* sich der Sterbende an den Überlebenden, der ganz Alte an den Jungen …?

Das Ganze, meine Damen und Herren, ist ein Theater. So kraß realistisch, wie sich das Buch in den Einzelheiten gibt, ist es gar nicht. Nach dem Frauensaal (dreimal) jetzt der Männersaal. Immer toller präsentieren sich die Fälle, die alle nicht so sind für unser Tagesbewußtsein, wie sie sich diesem ungeheuren, sterbenden Hirn Wüthrich darstellen.

Zum Schluß der Besuch in den Einzelzimmern der Schwerkranken, einer in einem Gitterbett, mit Urämie, ein junger Gelbsüchtiger mit einem Christuswahn. Bei dem kranken Christus fällt Wüthrich in die Knie. Überwältigt. Aber wovon? Von dem kleinen lächerlichen Christus Produce of Switzerland – oder von der Kreislaufschwäche …

Die Frage bleibt offen. Offen bleibt auch die Flügeltür, sperrangelweit. Professor Wüthrichs letztes verständliches Wort: Nein.

Warum schreibt man so etwas? Das letzte Nein, ein Nein zum Tod, den man verneinen muß und nicht verneinen kann, hat mir viel zu schaffen gemacht. Ich glaube, eine Zeitlang mißverstand ich meinen eigenen Text. Im Anschluß an *Wüthrich* schrieb ich, fast hektisch, ein fünfaktiges Drama, in dem ein grausiges historisches Geschehen abläuft, obgleich jede Aussage immer sofort wieder verneint wird. Das Monstrum blieb stecken im Entwurf. Was davon blieb, für mich, ist die Sicherheit, daß Wüthrichs letztes Wort Nein lauten muß.

Ich habe *Wüthrich* 1964 unter dem Druck von bedrängenden Ideen und, wenn Sie wollen, Visionen in einer ersten Fassung innert zwei Wochen niedergeschrieben, nach einem Unfall, in den Schären von Stockholm, und die sind bekanntlich aus Granit. Fünfzehn Jahre klinische Medizin stecken in dem Buch. Sie verstehen, daß man so etwas nicht alle Tage schreibt. Daß es dazu auch Vorstufen braucht: einige Erzählungen, teils in *Husten,* teils noch unveröffentlicht, sind doch Vorstufen. Oder das Stück *Höhenluft,* das allerdings von dem ganzen Wüthrichkomplex nur einen einzigen Aspekt herausstellt, den der Eigengesetzlichkeit einer übermächtigen technischen Entwicklung, den des beängstigenden «Ich tue es, weil ich es kann.»

Ich spreche hier nicht über *Höhenluft. Höhenluft* ist ein Schwank, der zwar in einem Sanatorium spielt, aber es handelt sich nicht um ein Ärztestück. Das Arztbild in *Höhenluft* ist das aller Schwänke, absichtlich schablonenhaft, absichtlich ohne jede Retusche, ohne jede Psychologie. Ich fürchte, die Zürcher Kritik hat dieses Stück gründlich mißverstanden, sich an Vordergründigkeiten festgesaugt, sich auf Tabuverletzungen spezialisiert, wo es längst keine Tabus mehr zu verletzen gibt – und die Genfer *La Suisse* hat sich dafür nachher über die Zürcher Kritik ein bißchen mokiert, die für diesen Schwank einen kritischen Apparat mobilisierte, der vielleicht einer großen Tragödie angemessen gewesen wäre, jedoch nicht sehen wollte, daß es sich um etwas ganz Lustiges, vielleicht auch ganz Neues handelte, «un Pop Art de la scène». Aber in Genf durfte das Stück dann doch auch nicht gespielt werden. Es ist eben ein unartiges Stück.

Wüthrich brauchte auch eine Sprache. Ich hatte diese Sprache nicht von vornherein. 1961, nach einer Krankheit, begann ich zu schreiben. Ich teile Ihnen das mit, als Fakt, ohne Interpretation. Ich bin kein eingeschworener Anhänger der Psychosomatik, und ich bezweifle, daß wir das begriffliche Instrumentarium besitzen, um in zulässiger oder zuträglicher Art über solche Dinge zu sprechen.

1963 habe ich ein ganzes Jahr lang fast ausschließlich Gedichte gemacht – um meine Sprache zu finden, wie ich nachhinein glaube. Etwa sechshundert bis siebenhundert Gedichte entstanden 1963, und von denen sind bislang zehn oder zwölf publiziert, und viel mehr werden es auch nicht. Die Sprache in *Wüthrich* bedient sich einer Art Collagetechnik: In den unablässig murmelnden inneren Monolog der Hauptfigur sind Gedanken, Slogans, Sprüche, Erinnerungsfetzen zum Teil eingebaut, zum Teil aber auch in ihrer Eigengestalt und in ihrem ganzen Eigenleben einfach hineinmontiert. Ähnlich ergeht es den Gesprächsfetzen in den Nebenfiguren. Die Nebenfiguren kommen in einem bestimmten Sinn gar nicht vor. Nur durch das trübe Medium der Wahrnehmung des Sterbenden hindurch. Und so wie dieser Sterbende meint, daß sie sind, sind sie ja gar nicht. Allerdings, so wie es ist, ist es nie.

Die Figur des Sterbenden hat mich jahrelang beschäftigt, zeitweise mit erstaunlicher Ausschließlichkeit. Das mag Gründe haben: Erfahrungen, Erlebnisse, wie man sie als Arzt – oder überhaupt als Mensch – eben hat. Es kann aber noch etwas anderes dahinterstecken: Neugier. Neugier auf einen Vorgang, der unbeeinflußbar abläuft. Es gibt doch auch jene merkwürdige Befriedigung über Naturkatastrophen – eine Erleichterung, daß *uns* doch nicht stets die ganze Verantwortung trifft…

Wie viele solche Vorgänge wie das Sterben gibt es denn in unserer durchorganisierten und verwalteten Welt? Die Auswahl ist beschränkt. Das Sterben würde dann zu einem Symbol der Freiheit, der Befreiung – und das ist es ja im *Wüthrich* auch. Noch nie im Leben hat sich der Professor so frei und so offen über Patienten und engste Mitarbeiter geäußert – nicht einmal gegenüber sich selbst.

Sterben ist, ausgesprochen oder nicht, eines der großen Themen der europäischen Literatur unserer Zeit. Beckett ging voran, Ionesco schrieb *Le Roi se meurt,* Dürrenmatt den *Meteor.* Ich beanspruche da keine Originalität. Man kann sich höchstens fragen, warum das so ist. Ist etwa Europa ein sterbender Kontinent? Oder ist Europa ein Kontinent, in dem vieles absterben muß, damit es neu geboren werden kann? Ich weiß es nicht.

Neu an meiner Art, das Sterben darzustellen, ist höchstens der Stil. Eine Art Naturalismus, auch hierin verwandt mit den Schrecken der Pop Art, ein Naturalismus, der seine Herkunft von der Naturwissenschaft nicht verleugnet, sondern betont, und der die Möglichkeiten, die die Wissenschaft bietet, gelegentlich zu einem Lupen- oder Mikroskopeffekt nutzt. Das geriete dann in die Nähe dessen, was in der Malerei New Super Realism heißt – überlebensgroße Bierbüchsen und so.

Warum stirbt ausgerechnet ein Arzt? Man hat mir unterschieben wollen, ich beerdige damit den Arzt. Den Arzt gibt es nicht, nicht einmal in der Literatur. Es gibt Ärzte: Sie, Wüthrich, mich. Vielleicht hätten wir über Mandelentzündung oder akuten Blinddarm dieselbe Meinung. Sonst, wie ich vermute, über nichts auf dieser Welt. Im Prinzip ist ein Arzt, der stirbt, nicht aufregender als ein Coiffeur, der Haar verliert. Aber der Sterbende ist eben doch aufregender als der Glatzkopf, der Arzt als der Coiffeur. Ich bin Arzt. Ich kenne das ärztliche Milieu und sonst nicht viel. Meine Figuren haben einen Beruf.

Wüthrich stirbt mitten in der Ausübung seines über alles geliebten Arztberufs. Sie kennen den Jargon solcher Todesanzeigen.

Also einfach ein Sterbender, der zufällig Arzt ist? So einfach geht es leider auch wieder nicht. Daß der Sterbende der Heilende ist, das ist denn doch ein hübscher dramaturgischer Trick, auf den ich nicht gut verzichten konnte. Je mehr er stirbt, desto mehr wachsen ihm ungeheure heilende Kräfte zu – das ergibt eine Diskrepanz, eine dialektische Spannung, die sich bis zum Schluß hin steigert. Wüthrich sagt von sich selbst: Ich bin ein eifersüchtiger Professor. Zuletzt ist er kein Professor mehr, sondern ein überdimensionierter Patriarch, ohnmächtig in seiner Allmacht.

Wüthrich ist kein bürgerliches Trauerspiel. Selbst und gerade das, was durch den ganzen Totentanz durchscheint: die unbedingte Treue zu der längst verstorbenen Frau, die unbedingte Anhänglichkeit an den Sohn – das ist so unbürgerlich wie möglich, so unbürgerlich wie Ehe, Vaterschaft, Arzttum, Liebe, Leben und Tod.

Man hat mir, nicht gerade öffentlich, aber beinahe, vorgeworfen, ich säe Mißtrauen. Selbstverständlich will ich Mißtrauen säen. Gegen die Ärzte? Gegen die moderne Medizin?

Nein, meine Damen und Herren, das werden Sie mir abnehmen müssen: gegen nicht mehr und nicht weniger als den Menschen selbst, der heute in der Lage ist, sein eigenes Geschlecht von der Erde zu vertilgen – und in der Gefahr, es zu tun, weil er es kann. Menschlichkeit ist nicht mehr billig von der Stange zu haben! Ich hoffe, daß meine sämtlichen Werke inhumane Züge tragen. Denn nur so öffnet sich, vielleicht, ein Ausblick auf ein neues Menschentum.

Wer denn bietet sich als Figur in diesem Drama mehr

an als gerade der Arzt – der professionell Gute, Menschliche? Und glauben Sie mir, Wüthrichs Ende in diesem Stil, an einem Bankier durchexerziert, das wäre ganz einfach komisch geworden. Und sehen Sie: Generale, Könige und Präsidenten nimmt doch schon längst kein Mensch mehr ernst. Es mußte also doch ein Arzt sein. Und die Handlung mußte auch in ein Spital verlegt werden.

Der amerikanische Autor Arthur Miller sagte vor dem internationalen PEN-Kongreß, ein Spital ist heute nicht mehr für die Kranken da, sondern um Spital zu spielen. Das Spital ist ein Glücksfall. Ein Modell der Welt. Ich halte die Welt für ein Spital und das Spital für eine Welt. Sie, die es wissen, werden mir da kaum widersprechen. Denn einzig im Spital wird jedem klar, was im Grund immer und überall der Fall ist, in den Banken, auf den Flugplätzen und auf den Raketenabschußrampen – unsere ganze stolze Technik, der ganze Fortschritt wird immer am gleichen Objekt eingesetzt, immer an demselben kleinen Kollegen exerziert – unserem Bruder Mensch.

DAS TELEGENE HERZ

Das Herz ist nichts anderes als eine Pumpe. Es wäre falsch, es mit einem Mythos zu umgeben.

Christiaan Barnard

Die Herztransplantation ist möglich. Christiaan Barnards erster Patient, Louis Washkansky, operiert am 3 Dezember 1967 in Kapstadt, starb zwar nach achtzehn

Tagen, aber der zweite, der Zahnarzt Blaiberg, lebt zur Zeit, da ich schreibe, schon im dritten Monat nach der Transplantation – lebt zu Hause, lebt anscheinend gut – so gut, daß die täglichen Bulletins aufgehört haben; man weiß nicht mehr sicher, was Blaiberg heute ißt, gestern aß und morgen essen wird, und selbst daran, daß er allabendlich «Guten Abend, gute Nacht» singt, sind neuerdings wieder Zweifel möglich. Drei Monate Lebensfreude, das ist für einen vom Tod gezeichneten Herzkranken ein schönes Resultat. Und zudem gibt es im Augenblick wenig Grund, daran zu zweifeln, daß aus den drei Monaten drei Jahre werden, oder dreißig Jahre. Vielleicht wird man bis dann so weit sein, daß man eine zweite Transplantation am selben Patienten wagen kann – oder, wahrscheinlicher, gibt es in zehn Jahren ein voll funktionstüchtiges künstliches Herz.

Die technischen Probleme sind, in Kapstadt gelöst, lösbar auch anderswo. Daß die Großzahl der Operierten einstweilen nur ganz kurze Zeit überlebt, ist nichts Ungewöhnliches, gilt und galt auch in anderen Fällen, wo operatives Neuland betreten wurde: bei den «gewöhnlichen» Herzoperationen im Anfangsstadium, bei der Lebertransplantation. Die technischen Probleme brauchen uns hier nicht zu berühren. Sie betreffen die operative Technik, die Unterdrückung der Immunreaktionen gegen das körperfremde Eiweiß des übertragenen Herzens, die Bekämpfung der Infektion. Es ist nicht übertrieben zu sagen, daß alle drei Gebiete erst in allerletzter Zeit so weit kamen, daß eine derartige Operation am Menschen Erfolg haben konnte. Gefahren lauern jetzt am ehesten von seiten der «Auch-wir-in-Dübendorf»-Mentalität: das heißt, daß nun jeder, der ein Skalpell zu führen versteht, auch gern ein Herz transplantieren möchte. Um so mehr, als möglicherweise die Zeit drängt, weil nach aller Voraussicht die Zukunft dem künstlichen Herzen gehört. Die vorsichtigste Schätzung läßt die Annahme zu, daß auch zum heutigen Zeitpunkt noch mindestens hunderttausend Chirurgen auf der ganzen Welt schlaflose Nächte haben, weil sie nicht der erste waren. Ziemlich klar ist auch die Anzeigestellung zur Herzverpflanzung, übrigens grob gesehen einfach (unheilbare, schwerste Erkrankung des Herzmuskels), und im Einzelfall wird immer ein Unsicherheitsfaktor dabei sein. Nach dem ersten «Hit» wird vermutlich eine ruhigere, zurückhaltende Phase folgen, bis die Operation standardisiert und das Risiko besser abschätzbar geworden ist. Darauf pflegt dann ein ungeheurer Operationsoptimismus zu folgen, nicht zuletzt unterstützt durch allzu aufgeklärte Patienten, die einfach ein neues Herz *wollen* – und anschließend eine Periode der Ernüchterung: Statistiken laufen ein, die Überlebenschance ist nicht so groß, wie man meinte, viele starben operiert früher, als sie voraussichtlich ohne Operation gestorben wären – vielleicht stellt sich sogar heraus, daß das ganze Transplantationswesen ein Unwesen war, daß man, statistisch gesehen, besser die Hände davon gelassen hätte. Nun sind aber die teuren Einrichtungen vorhanden und die noch sehr viel teureren Chirurgen auch, und die lieben teuren Kranken erst recht, die Hoffnungen, die man erweckt hat, erweisen sich als nicht rücknehmbar: also fährt man fort. Bis alles amortisiert und / oder tot ist.

Es gibt Probleme im Zusammenhang mit der Einwilligung des Herzempfängers und seiner Familie zur Operation und viele andere mehr.

Alle diese Fragen sind lösbar.

Das erste unlösbare Problem besteht beim Spender. Es ist ganz einfach, weil es tatsächlich unlösbar ist.

Der Spender muß tot sein. Aber sein Herz muß leben.

Dieses Problem ist bei jeder Verpflanzung eines lebenswichtigen Organs, das nur einmal vorhanden ist, dasselbe, also auch bei der Leber. Und es scheint, mutatis mutandis, sogar bei der Nierentransplantation wieder in den Vordergrund zu gelangen, weil die Erfolgschancen nicht so groß sind, daß man einem überlebenden Spender die mit der Entnahme der Niere gekoppelte verminderte Lebenserwartung zumuten darf.

Die Lehre vom «Hirntod», prinzipiell naturwissenschaftlich zweifellos richtig (denn das Gehirn ist der Träger der Lebensfunktionen), setzt sich nicht so recht durch. Es scheint, sie gefällt einstweilen den Juristen nicht. Sie ist, liest man, den Juristen zu «subtil». Der Hirntod wird vermutlich ewig eine Ermessensfrage bleiben, die sich allerdings ohne weiteres «nach bestem Wissen und Gewissen», lies: gesetzlich, regeln läßt. Vorgeschlagen als Kriterium des Hirntodes wurde zum Beispiel ein zwölfstündiges vollständiges Aussetzen der Hirnstromkurve im Elektroenzephalogramm. So lange kann offenbar das Herz künstlich am Leben erhalten werden. Man sieht die Situation: das eine lebenswichtige Organ wird sterbengelassen, das andere lebenswichtige Organ wird künstlich am Leben erhalten.

Wenn der Tod mit genügender Sicherheit eingetreten ist, ist nach allgemeiner Übung die Entnahme eines Organs (bislang meist zu pathologisch-anatomischen Untersuchungen) kein Problem mehr. Ein «Recht am eigenen Leichnam» besteht mindestens in der praktischen Übung nicht.

Eine ganz andere Frage als die des Todeseintrittes ist die Frage des Sterbenlassens. Als Organspender werden, außer zum Tode Verurteilten, immer am ehesten Opfer von Verkehrsunfällen, gesunde junge Leute, in Frage kommen. Barnard selbst (sein Refrain in Interviews: ‹Die Menschen sollten zu den Ärzten Vertrauen haben») ist überzeugt davon, daß es genügt, wenn das eine Team, also die Unfallchirurgen, den «Tod» feststellt und dann den Herzspender dem anderen Team, also den Herzchirurgen, übergibt. Barnard setzt meines Erachtens seine Hoffnung ein bißchen zu sehr auf die allerdings sprichwörtliche Feindseligkeit zwischen verschiedenen Ärzteteams. Tatsächlich handelt es sich schon fast um ein Petitio principii. Oder die Schwierigkeit ist dieselbe wie in Friedrich Dürrenmatts *Meteor:* Wenn ein Chirurg behauptet, der Patient ist tot, und der Patient lebt weiter, so ist das kein Wunder, sondern eine Pointe.

Auf jeden Fall werden diese Schwierigkeiten städtebauliche Konsequenzen haben: Unfallkrankenhäuser werden in einer für die gegebene Verkehrsdichte genau bestimmbaren Distanz von den herzchirurgischen Stationen gebaut werden müssen – Distanz, die einerseits die völlige gegenseitige Unabhängigkeit der beiden Equipen garantiert, andererseits eine zeitgerechte Überführung des Herzspenders eben noch ermöglicht. Auch an den Fakultäten wird darauf zu achten sein, daß nicht etwa der Herzchirurg bereits Ordinarius ist, der Unfallchirurg jedoch noch nicht. Was natürlich erst recht wieder zu Ungerechtigkeiten und Intrigen führen mag.

Alle diese Dinge spielen eine Rolle.

Allein: alle diese Dinge sind nicht spezifisch für die Herzverpflanzung, sie gelten etwa für die Lebertransplantation genauso, wovon einige gemacht und in der Öffentlichkeit kaum beachtet wurden.

Was ist nun aber in Kapstadt geschehen?

Was ist nun aber *spezifisch* für Dr. Christiaan Barnards Herztransplantation?

Erstens der Barnard-Rummel, zweitens das «Herz».

So, wie es einmal einen Jewtuschenko-Zirkus gab, gibt es jetzt einen Barnard-Rummel, Auftritte wie bei den Beatles oder den Rolling Stones. Und mittendrin das lachende Gesicht des Mannes mit dem telegenen Weiß der Zähne, des Jungen aus der armen Missionarsfamilie, der Medizin studieren ging, um eine Menge Geld zu verdienen, nur klappte es bisher nicht so recht – und

268

jetzt wurde er von einem Tag auf den anderen ein Weltstar, reich und unabsehbar berühmt ... der Mann, der sich mit Sophia Loren photographieren ließ, der Mann, der vom Papst empfangen wurde, der Mann, der von sich sagen durfte: «Ich habe keine Probleme ...»

Das könnte natürlich stutzig machen; denn selbst die Beatles ziehen sich gelegentlich zur Meditation zurück, und die Rolling Stones haben Probleme, sogar sehr.

Barnard (44) gehört zur sogenannten Beat-Generation, die man wohl sehr exakt von der Beatles-Generation (zehn bis fünfzehn Jahre jünger) und der Soft-Beat-Generation (wieder etwa zehn Jahre jünger) unterscheiden sollte, aber der gemeinsame Nenner heißt: Beat.

Ob man dabei an Ginsberg, Corso, Lennon und McCartney denkt, oder an den Beatle of Corrida El Cordobès, immer war der Schock *etwas* größer als früher, immer die Publizität etwas wilder als gewohnt – immer mußten auch nach einiger Zeit die Sachverständigen unter den Schockierten zugeben, daß die Welt noch steht, noch immer rund ist, daß der neue Stil vertrottelten Institutionen wie dem Stierkampf, der Schlagermusik und dem Gedicht nur gutgetan hat, und daß dabei nicht nur Publizitätshascherei und Bürgerschreck mitspielten, sondern etwas mehr: eine große künstlerische Leistung nämlich.

Begreiflicherweise sitzt der Schock im Fall des Herzchirurgen Barnard besonders tief. Man möchte sich nicht von den Bee Gees das Herz entfernen lassen.

Warum eigentlich nicht?

Zu allen Zeiten gab es attraktive junge lachende Todesgötter. Das Bild des idealen Arztes schwankt.

Und daß der Herr Professor unmittelbar nach der Operation auf der ganzen Welt herumhüpft, sich herumzeigen und bewundern läßt, ohne sich um die Nachbehandlung des Operierten zu kümmern – tja, das gehört zum Stil des modernen Stör- und Starchirurgen.

Vermutlich ist Barnard ein reiner Operateur. Vermutlich hat er keine Ahnung von der Nachbehandlung eines Operierten. Vermutlich ist es für die Operierten sogar ein Glück, wenn er sich nicht einmischt. Vermutlich lächeln seine intellektuelleren Kollegen auf den Stockzähnen, lassen ihn springen und besorgen, wie es so schön heißt, «den Dreck am Krankenbett». Zum erstenmal in der Geschichte der Wissenschaft, die sich linear als «Fortschritt» versteht, ist es geschehen, daß die ganze Ambivalenz, die ganze *Antinomie* des Fortschritts sich nicht im Herzen und Gewissen Einzelner, meinetwegen Tausender von Einzelnen vollzog, sondern offen, öffentlich, in Schlagzeilen, im Gebrüll showsüchtiger Massen und im Geflacker und Geflunker jener Schirme, die mehr als die Welt, nämlich deren Bild bedeuten.

Die Folgen davon sind unabsehbar. Ich wage darüber nicht einmal zu spekulieren. Es kann sich durchaus eine ungeheure Ausweitung des öffentlichen «kollektiven» Bewußtseins ergeben, gerade aus der Erkenntnis der Doppelsinnigkeit und Doppelzüngigkeit jedes Fortschritts, eine aufgeklärte Haltung im weitesten Sinn – oder eine Panikreaktion ähnlich der auf Atombomben oder «Beat», eine grausige Eruption von Intellektuellenhaß. Die begriffliche Situation ist unklar. Denn man darf nicht außer acht lassen, daß sich die reaktionärsten (oder repressivsten, was allerdings nicht dasselbe bedeutet) Milieus am fraglosesten mit dem *technischen* Fortschritt identifizieren, und zwar, wie ich glaube, keinesfalls einfach als Mittel der Unterdrückung, eher als eine Art Entelechie, durch welche nachher auch Repression als gerechtfertigt gilt.

Belanglos ist der Barnard-Rummel auf keinen Fall.

Belanglos ist, vielleicht, die Herztransplantation selber, die immer eine seltene und absonderliche Operation bleiben wird und die mit den wahren Problemen unserer Zeit, selbst denen der Medizin, keinen intelligiblen

Zusammenhang hat. Denn vergessen wir nicht: für den Einzelnen tut Barnard nicht mehr als der Feld-, Wald- und Wiesenchirurg, der einen entzündeten Blinddarm entfernt. (Tatsächlich sogar sehr viel weniger.)

Und operative Chirurgie ist immer Individualmedizin.

Das Leben – genauer: Überleben – wird bei der Herztransplantation durch den wirtschaftlichen, techni- schen, intellektuellen und publizistischen Aufwand auf- geblasen zu einem ungeheuren Popanz, auf der Seite des Empfängers, also des zum Überleben Bestimmten; und gleichzeitig wird es, auf der Seite des Spenders, abgewer- tet zu nichts.

So, wie ich die Denkweise der modernen Medizin, als Zweig der universellen naturwissenschaftlich-techni- schen, einschätze, wären ihr für *einen Unsterblichen* einige Millionen Geopferte nicht zuviel.

Und hierbei spielt nun eben das «Herz» eine unge- heure Rolle.

Keiner verdankt gern seine Unsterblichkeit der Leber.

Und dem Gehirn – so weit sind wir noch nicht.

Wer ist das, das Herz?

In der neuesten Dichtung hat das «Herz» keine große Chance. Johannes Bobrowski getraut sich das Wort zu brauchen, allerdings selten. Bei Erika Burkart kommt es öfter vor. Bei Kurt Marti habe ich *Das Herz der Igel* gefunden. Bei Paul Celan:

> *in den Herzfaden die*
> *Gespräche der Würmer geknüpft –*

Kann sein, das Herz ist jetzt, nachdem man es transplan- tieren kann, lyrisch wieder brauchbar, so wie Peter Leh- ner es vom Mond vermutet:

> *Seit man auf Film gebannt hat*
> *die Kehrseite*

271

und ausgestrahlt auf die Mattscheiben
ist Mond wieder brauchbar

Das Herz ist eine Druck-Saug-Pumpe, Zentrum des Kreislaufs, von den Gliedertieren an aufwärts, beim Menschen ein faustgroßes Hohlorgan, durch ein eigenes Reizleitungssystem weitgehend automatisiert.

Mitglieder des Hochadels ließen ihr Herz gern, getrennt vom Körper, an marianischen Gnadenstätten beisetzen.

Herzkrankheiten gehen einher mit Angst. Das Verhältnis ist auf Gegenseitigkeit. Angst kann Herztod bewirken, nicht Hirntod, obgleich die Bilder der Angst ohne Zweifel der Funktion des Gehirns zuzuordnen sind. Herzneurosen sind im wesentlichen Angstneurosen.

Es scheint, das Leben zeichnet sich ab an einem Organ «Herz».

Arthur Jores, ein Psychosomatiker, hat die Schlagzeile geboren: «Jeder hat sein eigenes Herz.»

Das ist eben nicht sicher. Das wird sich weisen, sobald mehr Transplantierte längere Zeit überleben. Vermutlich wird sich dann weisen, daß man das Herz auswechseln kann, die Neurose oder was immer jedoch bleibt – daß man eben das Erfolgsorgan psychischer Einwirkung nicht mit dessen anatomischem Substrat gleichsetzen darf.

Vermutlich wird Barnard recht behalten: «Das Herz ist nichts anderes als eine Pumpe.»

Es kann aber auch sein, daß es sich nicht ganz so verhält: daß zum Beispiel der Gedanke, ein fremdes Herz in der Brust zu haben, unerträglich wird. Das Bewußtsein, mit dem Herzen eines anderen zu leben, kann ja voraussichtlich nur entweder zu einer gewaltigen Aufblähung des Ichs führen oder zum Suizid.

Es gibt den Fall eines Selbstmordes wegen eines eingesetzten fremden Knies. Meine Frau meint, ein fremdes

Knie sei schlimmer als ein fremdes Herz. Kann sein. Kann auch nicht sein.

Das sind Aspekte einer Medizin, die gern heroisch ist. Die keine Freude hat an Masern oder Eingeweidewürmern, dem täglichen Brot des Kinderarztes, nach Glanzmann.

Ja, einer Medizin, die sich sehnt nach ein bißchen Glanz.

Die gern telegen wäre.

Und die es nun *einmal* erreicht hat. Aspekte einer Medizin, die genauso ist wie eine Menschheit, die eher zum Mond fährt, als daß sie die Hungernden lehrt, wie man's macht, um nicht zu hungern.

Ich glaube kaum, daß man diesen Erscheinungen mit der allmählich verbrauchten Rede von «Ausbeutung» und allem, was dran hängt, noch gerecht wird.

Vermutlich handelt es sich um Vergottung.

Bekanntlich bezahlen die hungerndsten Völker ihre Filmstars am höchsten (Indien).

Und in der Medizin geht es um Unsterblichkeit.

Vielleicht bräuchten wir eine Medizin «nach dem Tode des Kranken». Damit meine ich nicht Pathologie oder Gerichtsmedizin. Ich meine das in Analogie zu einer Theologie «nach dem Tode Gottes», eine Medizin, die mit allen Konsequenzen anerkennt, daß der Mensch eines Tages stirbt. Und daß es nicht um Verlängerung des Sterbens geht, vielleicht nicht einmal um Verlängerung des Lebens – sondern um *Verbesserung* des Lebens des Patienten.

Hier hätte, wer weiß, eines Tages sogar ein Fach seinen Platz, das es, erstaunlich genug, nicht gibt: eine kritische Medizin.

SCHREIBEN ALS KRANKHEIT
UND ALS THERAPIE?

Schreiben als Krankheit und als Therapie – wenn ich gleich von Anfang an von mir selbst reden darf: das Thema macht mir Mühe.

Einerseits liegt «Schreiben als Therapie» irgendwie in der Luft, in einer Gesellschaft, die sich von einer lernenden zu einer therapeutischen zu entwickeln scheint.

Und welche Ironie liegt doch darin, daß ausgerechnet diese Suizid- und Weltuntergangsgesellschaft sich mehr und mehr als therapeutische versteht, und oft, im privaten Bereich, auch so verhält.

Schreiben als Krankheit, aktuell seit der Diskussion um «Genie und Irrsinn», also bereits ein ehrwürdiges Thema, aktuell aus verschiedenen Gründen für mich ganz besonders, und das seit Jahren. Dabei darf man bloß nicht dem Irrtum verfallen, in Dingen wie «Schreiben als Krankheit» mehr als allenfalls einen, und möglicherweise peripheren, Gesichtspunkt unter anderen zu behandeln.

Ich bin allerdings nicht in der Lage, das zu leisten, was man eine Psychopathographie, beispielsweise psychoanalytischer Art, nennt. Es ist mir eigentlich nie eingefallen, einen Autor unter diesem Gesichtspunkt zu lesen, mit einer einzigen Ausnahme: mich selbst.

Andererseits scheint es, daß der Gegenstand, das Thema mir zu nahe geht.

Wenn ich allein an meine Schwierigkeiten mit diesem bescheidenen Referat denke!

Ich habe monatelang gezögert. Endlich habe ich mich, ebenfalls monatelang, hingesetzt, den Text ausufern lassen zu einer Art Essay, der schließlich ungefähr 110 Seiten hatte. Der Text war so erstaunlich unbeholfen geschrieben, daß ich ihn heute allenfalls als eine Art

Materialsammlung betrachten kann, eine Lehmgrube, aus der ich das Material, die Materie zum Töpfern von Vorträgen und Vorreden holen kann.

Ich bedurfte der Befassung mit einem zwanzig-, einundzwanzigjährigen toten Mädchen, um zu erkennen, daß für mich «Literatur als Autobiographie» sich mühelos auflöste in den Themenkreis von «Schreiben als Krankheit und als Therapie».

Eine junge Frau, Lore Berger, geboren 1921, hat um 1941/42 ein Buch geschrieben, das 1944 unter dem Titel *Der barmherzige Hügel* veröffentlicht, 1981 als Wiederentdeckung aus einer verdrängten und vergessenen Epoche der Schweizer Literatur neu herausgegeben wurde.

Das Buch weist eine eigenartige, faszinierende Dialektik – Gegensätzlichkeit, Identität, Durchdringung – von Biographie und Autobiographie auf.

Dabei geht es um Krankheit und Therapie in einem recht handfesten Sinn. Im Anschluß an eine Liebesenttäuschung mit siebzehn verfällt die Autorin, wie auch später ihre Ich-Erzählerin, einer Magersucht. Lore Berger bezeichnet diese Magersucht als «Hungerstreik».

Die Autorin läßt ihre Ich-Erzählerin an einem Bluttransfusions-Schock sterben – im Augenblick, da der Geliebte zurückkehrt, ihre Liebe sich zu erfüllen droht.

Es fehlt, am Vorabend der «letzten Transfusion», die dann tatsächlich zur letzten wurde, auch nicht der Hinweis, daß nun, wenn das Glück Einzug hält, die Aufzeichnung, eben das *Schreiben als Therapie,* überflüssig und sinnlos wird.

Die Aufzeichnung soll logischerweise nach der letzten Transfusion vernichtet werden. Es fehlt auch nicht die Trauer über diesen Verlust...

Bei der Autorin kehrt die Liebe nicht zurück.

Sich selbst bereitet sie, 1943, mit zweiundzwanzig, einen ungleich symbolhafteren Tod, als sie ihn ihrer

Hauptfigur zugesteht: Sie stürzt sich von einem hohen Wasserturm, der als phallisches Symbol über dem androgynen «barmherzigen» Hügel steht – und das Geschehen beherrscht. Zur Zeit des Suizids hatte die Autorin ihr Manuskript abgeschlossen; den Bescheid, ob es auch gedruckt werden würde, jedoch nicht abgewartet.

Einer der erstaunlichsten Züge des Buches: Lore Berger hat ihren eigenen künftigen Tod in ihrem Roman einer Nebenfigur zugedacht, einem verwöhnten und verzogenen Mädchen, das mit einem an Tuberkulose verstorbenen Geliebten in einer Art von Moderato-cantabile-Situation lebt; einer Figur, von der man es nicht ohne weiteres erwartet.

Dieses Buch also ist für mich zu einer Art Schlüssel zu meinem Thema geworden, ungleich mehr jedenfalls als Werke der Weltliteratur, als Gottfried Benns Briefe an den Großkaufmann Oelze, die Tagebücher von Thomas Mann.

Statt nun über Krankheitsbegriffe, Schwierigkeiten mit Psychosomatik, Probleme mit Psychotherapie in allgemeiner Form zu philosophieren, wie ich es in meinem verunglückten Essay auf verunglückte Art versucht hatte, möchte ich vorerst über eigene Erfahrungen berichten, über Beziehungen von Krankheit und Schreiben, Schreiben und Selbstheilungstendenzen und Therapie. Selbstverständlich werde ich nicht einzig auf eigene Erfahrungen zu sprechen kommen, vielmehr auf Erfahrungen anderer Autoren zurückgreifen.

Mit dem Rückgriff auf eigenes Erleben habe ich zugleich ein weiteres Problem des literarischen Autors, des Schriftstellers im engeren Sinne, aufgegriffen: das ständige Reden von sich selbst.

Ich glaube, man lernt das frühzeitig in Interviews – einmal abgesehen vom zu vermutenden autobiographischen Charakter literarischen Schreibens überhaupt.

In Interviews wird der Schriftsteller gewissermaßen

als Fachmann für alles angesprochen, erweist sich jedoch sehr bald als Fachmann für nichts.

So wird denn ohne weiteres auch ein sachbezogenes Interview zur persönlichen Äußerung, zur persönlichen Show. Ich sage damit nicht, daß es sich nicht, beispielsweise bei Politikern, ebenso verhält.

Der Interviewer wie der Leser erwarten gar keine kompetente, überhaupt keine sachliche Äußerung – sie erwarten vielmehr, daß einer sich betont persönlich, als Nicht-Fachmann, äußert – und dadurch wird der Schriftsteller sehr leicht zur Stimme irgendeiner schweigenden Minderheit emporstilisiert, gar zur Stimme des *Homo absconditus;* und dadurch ist er dann endgültig überfordert.

Die Tatsache, als Schriftsteller ständig als eine Art von professionellem Amateur angesprochen zu werden, macht die Situation besonders schwierig, sobald es um Äußerungen zum eigenen Fach, in meinem Falle der Psychiatrie, geht. Möglicherweise sehe ich das Problem etwas übertrieben. Der Schriftsteller und Pfarrer Kurt Marti, Bern, einer meiner näheren literarischen Freunde, hat sich zum Beispiel nie gescheut, zu theologischen Fragen sich zu äußern, weder zu praktischen, noch zu theoretischen und abstrakten Themen, zur «Natur» der dritten Person Gottes, zur christlichen Trinität überhaupt – einmal auf mehr hermeneutisch-wissenschaftliche Weise, ein andermal auf eine essayistisch-aphoristische, eigentlich lyrische Art.

Ohne Zweifel geht es ihm auch darum, die grundsätzliche primäre Gleichwertigkeit der verschiedenen Aussagen darzulegen. Diese Gleichwertigkeit ist bei den hermeneutischen Wissenschaften kaum zu betreiben.

Ich aber komme doch wesentlich von den Naturwissenschaften her.

Auch bei meiner etwas überkritischen Haltung gegenüber medizinischer Praxis im allgemeinen, gegenüber Psychotherapie im besonderen, geht es nicht um ein hochgeistiges Glasperlenspiel; es handelt sich vielmehr um einen, um meinen, ganz persönlichen Konflikt.

Und um einen Konflikt geht es auch mit meinem Thema.

Einerseits betrifft es mich offensichtlich viel zu sehr. Ich möchte schließlich mein Schreiben weder als Krankheit noch als Therapie ansehen. Im Gegenteil, ich möchte darin so etwas wie den Sinn meines Lebens erblicken, mein Leben schlechthin, meine Entelechie.

Andererseits sehe ich nun nicht einzig als Facharzt für Nervenkrankheiten, der ich immer auch noch bin, daß man gerade *mein* Schreiben besonders gut als Krankheit und als Therapie begreifen kann.

Ich selbst habe mein Schreiben immer zumindest *auch* so gesehen.

Die Frage, weshalb ich im Frühjahr 1961, mit knapp vierunddreißig, nach der ersten etwas längeren Krankheits- und Erholungszeit meines Erwachsenenlebens zu schreiben begann, hat mich unablässig beschäftigt.

Ich vermute sogar, daß ich eben deshalb von Ärzten und Patienten als Protagonisten meiner Erzählungen und Romane nie loskomme.

Allerdings spielt die Tatsache mit, daß ich noch immer ein Arzt und ein Patient bin, dieses Milieu kenne wie kein zweites, und daß mein Stil ein Milieu verlangt, das man kennt, dessen Atmosphäre man trifft – auch wenn ich ganz besonders meine Wissenschafts-Satire *Der Wiesbadener Kongreß* viel lieber in einer Chemischen Firma als in einer Psychiatrischen Klinik angesiedelt hätte.

Andere schreibende Ärzte *sind* von diesem Thema losgekommen. Schnitzler, Döblin, Tschechow ohnehin, die alle Medizin nur sehr kurze Zeit als Beruf betrieben haben. Aber auch Leute wie William Carlos Williams und Gottfried Benn.

Am ehesten gehören etwa Ernst Weiß und der neuerdings wieder einigermaßen rehabilitierte Hans Carossa zu dem Typus des schreibenden Arztes, der seine Praxis lebenslänglich führt und der vom Arzt-Patient-Thema nicht loskommt.

In der autobiographischen Aufzeichnung *Altern* habe ich versucht, meine Krankengeschichte und meine Schreibgeschichte auf eine ganz bestimmte Art darzustellen.

Altern ist einerseits ein Buch von rückhaltloser Offenheit, andererseits verfremde ich, trotz lauterer Wahrheit in den Fakten, mein Leben – bis an die Grenze der Pseudologie.

Wenn ich hier mein eigenes Leben und Schreiben auf den Aspekt der Krankheit einenge, besteht die Gefahr, daß eine kalte Phantastik hineinkommt, die ich wieder mittels eines trockenen, wissenschaftsähnlichen und unter Umständen absichtsvoll banalen Stils zu vermeiden trachte.

Nun denn: Mit siebzehn hatte ich den ersten Schub einer entzündlichen Darmkrankheit.

Mit zwanzig machte ich eine diagnostisch unklare halluzinatorische Phase durch – von der ich mich vor allem erinnere, daß mir alles vorkam, als hätte ich es nie gesehen, eine Art Erfahrung des Ersten Schöpfungstages.

Mit vierunddreißig, 1961, folgte der zweite entzündliche Schub der Krankheit, die inzwischen zu einer chronischen Verdauungsstörung geführt hatte.

In der Rekonvaleszenz trat wieder eine Art Halluzination auf – eine Erfahrung des Ersten Tages, mit leuchtenden Farben, unerhörten Klängen und einem erhöhten Symbolverständnis, das sich auch auf zwischenmenschliche Beziehungen bezog.

Im Anschluß an diese Erfahrung begann ich zu schreiben. Weshalb nicht mit siebzehn oder mit zwanzig?

Und weshalb begann ich überhaupt zu *schreiben?*

Was hatte sich verändert?

Nach der Darstellung, die ich in *Altern* gebe, faßte ich es als eine Langzeitveränderung des Gedächtnisses im Gefolge einer Störung des Chemismus des Blutes und der übrigen Körpersäfte auf.

Möglich.

Ich mißtraue manchen etwas billigen psychosomatischen Interpretationen. Ich halte psychologische Deutungen von Krankheit wie von Kreativität nicht etwa für falsch, nicht einmal für nichtssagend. Ich würde einfach sagen: Sie greifen zu kurz. Es bleibt doch immer ein Rest von Unbekanntem zurück.

Und aus diesem Unbekannten kommt nicht nur Kreativität, vielmehr unsere Motivation überhaupt. Um besonders krasse Beispiele zu erwähnen, auch Suizid und Mord.

Wirklich verstehen, das ist selbstverständlich eine Banalität, wirklich verstehen läßt sich weder Kunst noch Krankheit noch Kriminalität und Sucht.

Wer über die Hintergründe von Motivationen spekuliert, wird es unweigerlich, auch wenn er sich wissenschaftlicher Denkmodelle bedient, auf eine mythologisierende Art und Weise tun. Auch das ist eine Selbstverständlichkeit.

Wie auch immer, nach dem Krankheitsschub von 1961 veränderte sich mein Denken, meine Welt – und da ich unter dem Zwang stand zu sagen, bzw. zu schreiben, was ich erfahren hatte und noch erfuhr, änderte sich mein Leben.

Ich begann ja nicht zögernd, vorsichtig, wie es meinem Alter, meiner beruflichen und familiären Position entsprochen hätte, dann und wann etwas zu Papier zu bringen, es Freunden zu zeigen, endlich, zögernd, mich dazu überreden zu lassen, es zu publizieren – es handelte sich vielmehr um einen gewalttätigen Vorgang, um einen offenen, wenn auch keineswegs vollständigen Bruch mit meiner Vergangenheit.

Ich schrieb eine ganze Menge, fiebrig, ungesteuert, etwas gymnasiastenhaft, halbe Romane, ganze Tragödien, ungezählte Gedichte; viel Genialisches, von dem das meiste unbrauchbar war.

Wenn ich es quantitativ ausdrücken darf: Ich glaube mich zu erinnern, daß die Nutzungsquote meines Schreibens bei 10% lag – noch Jahre über meine ersten Publikationen hinaus.

Allmählich jedoch ging es um so etwas wie die Realität des Schreibens, um eine gewisse Ökonomie; denn schließlich schrieb ich nicht für die Schublade, nicht für mich selbst – was ich zu Papier brachte, sollte weder zu Herzensergießungen einer schönen Seele werden noch zu Enthüllungen, die man ohnehin erst zwanzig Jahre nach meinem Tod würde lesen, allenfalls veröffentlichen dürfen.

Ich schrieb für den Druck, für Leser, für Hörer, für Zuschauer, für Publikum.

Das prägte meinen Stil.

Wie ich endlich 1965, mit achtunddreißig, die Literaturszene betrat, mit meinem ersten schmalen Buch, vorwiegend Arztgeschichten etwas sonderbarer Art, aber selbst das war mir nicht bewußt, ich hielt meine Optik für völlig normal; ein Jahr später mit meinem ersten Roman *Wüthrich,* wiederum einer Arztgeschichte von etwas sonderbarer Art, mit meinem ersten Theaterstück *Höhenluft,* das sich in Zürich zum Theaterskandal auswuchs und das nie wieder aufgeführt wurde; dennoch hätte es möglicherweise, wäre es besser behandelt worden, zu so etwas wie einem Vorläufer der Edward-Bond-Welle werden können, zu einem «Pop Art de la Scène», wie ein Genfer Kritiker es nannte.

Für die Schweiz allerdings hätte es aus Übersee kommen müssen; so etwas durfte vielleicht ein Engländer geschrieben haben, allenfalls ein Kalifornier – aber bestimmt keiner aus dem eigenen Land.

Ich gebe zu, daß ich mit dem Stück nicht nur sämtlichen einflußreichen Kritikern und sonstigen Dorfbonzen in Zürich auf die Füße trat, sondern mein armes Publikum ganz schön vergewaltigte.

Inszenierung und Bühnenbild besorgten den Rest: Ich konnte schließlich mein eigenes Stück nicht mehr sehen.

Das Stück spielt in einem Sanatorium, dessen Chefärztin alte, ihr liebgewordene Patienten mit deren vollem Einverständnis beseitigt, weil sie ihre Betten braucht und weil man doch alteingesessene Patienten nicht mehr in die Brutalität des Alltags hinaus entlassen kann. Die Hauptfigur ist ihr etwas sonderbarer Sohn, der seinen Freund operieren lassen will, damit er ihn heiraten kann.

Vermutlich war es tatsächlich ein miserables Stück, die Kritiker und das zu Hause bleibende Publikum hatten recht.

Nur, meine Theater- und Fernseh-Laufbahn erwies sich auch später als dornenvoll. Niemand hat nämlich je bestritten, daß ich ein dramatischer Autor *wäre* – unter den Dramatikern figuriere ich beispielsweise in der ersten Auflage von *Kindlers Literaturgeschichte der Gegenwart.* Es ging bloß so lange jedesmal schief mit Theater und Fernsehen, bis ich und meine Produzenten müde waren.

Anscheinend haben Verlagslektoren doch einen längeren Atem. Vielleicht muß ich da – einigermaßen gegen mich selbst – den nicht-subventionierten, nicht-staatlichen, nicht-öffentlichen, echt und schonungslos privatwirtschaftlichen Betrieben, die die Verlage bei uns ja noch immer sind, ein Kränzchen winden, zumindest eingestehen: Wirtschaftliche Rücksichten, die es zu nehmen gilt, sind denn doch anscheinend die schlimmsten nicht, und in einem Privatbetrieb bildet sich wenigstens kein derartiges Mandarinat.

Amen.

Wie ich also die Literaturszene betrat, 1965/66, arglos, ahnungslos, voraussetzungslos – dafür voll von Illusionen über mich selbst wie über meine Produzenten und unser gemeinsames Publikum, ein Candide, ein Daniel, der sich in die Löwengrube werfen ließ, ohne zu wissen, was Löwen überhaupt sind – keine Ahnung von Zuschauern, Lesern, Öffentlichkeit – kein Verdacht, welche Gesetze hinter der Bühne herrschen, wer und was den Markt beherrscht; ohne die leiseste Vorstellung davon, daß es diesen Literatur-Sklavenmarkt überhaupt gibt: Das war und bleibt eine große Show, die Show meines Lebens. Ein Wunder, daß sie mich nicht das Leben gekostet hat.

So naiv und ahnungslos kann kein Neunzehnjähriger sein, der seine ersten Gedichte in kleinem Kreise vorträgt, kann kein Müllbewohner von Kairo, dem man seine Memoiren entreißt – so bar jeder konkreten Vorstellung vom Leben kann nur ein Bürgerkind aus einem ordentlichen Land sein, ein Akademiker, der sogar zu naiv für die akademische Laufbahn war.

Ich habe später, viel später, auch bloß einen einzigen kennengelernt, dem es ebenso erging: Albert Hofmann, der Entdecker des LSD, wurde, bereits pensioniert, durch sein populär gehaltenes Buch *LSD mein Sorgenkind* (1979) aus seiner lebenslänglichen Existenz als achtbarer, respektierter Gelehrter hinauskatapultiert, den Massenmedien und Massen-Mechanismen preisgegeben. Er war über Nacht zum Bauern in einem völlig anderen Spiel geworden.

Nicht einmal die *Entdeckung* des LSD hatte für ihn auch nur von Ferne bewirkt, was das *Buch*.

So, wie man feststellen kann, daß sich die amerikanische Öffentlichkeit seinerzeit über die realen Bomben weniger aufgeregt hat als über Gregory Corsos Gedicht «Bomb».

Aber weshalb verfiel ich denn, als unbescholtener

Röntgenarzt, der ich 1961 war, überhaupt auf *Literatur?*

Soweit ich mich erinnere, hatte ich nie auch nur daran gedacht, ein Schriftsteller zu werden.

Als Knabe mit ungewöhnlich hohem Sopran habe ich vielleicht von einer Laufbahn als Opernsänger geträumt. Später wurden meine Berufswünsche etwas realistischer; ich dachte tatsächlich an eine akademische Laufbahn, wußte bloß zu meinem Schaden nicht von vornherein, in welchem Fach.

Tatsächlich war ich wohl immer ein eher literarischer Typ gewesen, ein Intellektueller, ziemlich extrem – ein klassischer Gymnasiast, Endprodukt einer langen abendländischen Entwicklung.

Ungefähr, was man sich unter einem Wiener Gymnasiasten vorzustellen hat zur Zeit des jungen Loris-Hofmannsthal, zur Zeit von Stefan Zweigs *Welt von gestern –*, allerdings durch die veränderte Welt verunsichert und mit einem eindeutig kranken Zug, der über den normalen Neurotizismus eines Kaffeehausliteraten entschieden hinausging.

Daher wohl auch mein erstaunliches Bedürfnis, diese literarischen intellektuellen Züge zu unterdrücken, zu verdrängen, in einem beinahe körperlichen Sinn; eine übermäßig integrierte Laufbahn, ein ebenfalls beinahe physisch schweres Studium zu wählen.

Niemand, der mich als Gymnasiast einigermaßen kannte, hätte mir zugetraut, daß ich je ein Studium abschließen, eine Familie gründen würde.

Meine Mutter befürchtete immer, ich würde ein Alkoholiker werden und ein ewiger Student; genau genommen hat sie recht bekommen.

Nur: mit vierunddreißig, als ich endlich zu schreiben anfing, hatte ich ein Studium, eine Facharztausbildung hinter mir, hatte eine Frau und drei Kinder, ja, sogar in der Armee hatte ich es zum Stabsarzt im Hauptmannsrang gebracht – wenn auch nicht ohne Ironie.

Einzelne, die mich als Junge gekannt hatten, seufzten auf «Endlich!», als endlich mein erstes Buch erschien. Als hätte ich mich in den Jahren der sekundären sozialen Über-Integration verloren gehabt, mich endlich wiedergefunden.

So weit, so gut – um aber alle die von mir und meiner Umgebung aufgebauten Wälle und Barrieren niederzureißen, dazu brauchte es eine Krankheit.

Und die hatte ich nun, mit vierunddreißig, endlich gehabt.

Die Krankheit hat mich nie mehr völlig verlassen – ob sie nun als somatisch, psychosomatisch oder als psychogen anzusehen sei, die Ansichten meiner Ärzte scheinen zu schwanken, es ist auch egal.

Was ich selbst erst im Umgang mit meiner autobiographischen Aufzeichnung *Altern* gelernt habe: Krankheit ist meine Chiffre für meinen Umgang mit meinem Körper, mit mir selbst.

Ich lernte auch sehr rasch, in die Krankheit zu flüchten. Im allgemeinen, denke ich, verachtet man einen, der das tut. Man kann es jedoch auch anders sehen: Woher hätte ich die wirtschaftlichen Möglichkeiten genommen, die Rücksichtslosigkeit gegenüber meiner Familie, mich anders zu verhalten, die Kraft?!

Es blieb mir doch gar nichts anderes übrig, als den sanften Weg in die Krankheit immer wieder zu gehen.

Es war bestimmt für meine Umgebung auch viel angenehmer, wenn ich so gut als möglich somatisierte, Antibiotika schluckte, statt Psychopharmaka – was man meine Neurose, mein manisch-depressives Syndrom nennen könnte, ersetzte durch eine irgendwie behandelbare Körperkrankheit.

Ich betone, es war für meine Umgebung erträglicher, teils natürlich auch für mich selbst.

Immerhin habe ich mich im Laufe der Jahre so weit entwickelt, daß meine letzten Bastionen gefallen sind:

285

Was würde es mir heute noch ausmachen, als Manisch-Depressiver, schreiend und schmierend, das Personal von Irrenhäusern, die Kollegen in Atem zu halten?

Wenn ich es nicht tue, sondern mich artig wie ein wohlerzogener Junge, der ich ja trotz allem zu meinem Entsetzen geblieben bin, mit Bauchkrämpfen zu Bett lege, geschieht es doch wohl am ehesten aus einer Art von Höflichkeit des Herzens heraus.

Selbstverständlich hat man diese Dinge auch nicht völlig in der Hand.

Immerhin, es wäre eine andere kulturelle, gesellschaftliche Situation denkbar, in der ich, mein Fleisch, den anderen Weg gewählt hätte.

Im November 1969 warf ich meinen ersten Trip ein, eine Kombination von Morning Glory und LSD, die Erfahrung des Ersten Schöpfungstages wiederholte sich.

Zwei Jahre später landete ich bei der Nadel, bei Speed, Amphetamin; ein Jahr später, wie ich mir einredete, um von den Amphetaminen, später vom Spritzen loszukommen, bei den Opiaten, die ich mir legal aus der Apotheke beschaffte samt den appetitlichen Wegwerfspritzen mit ihren perfekt zugeschliffenen Nadeln.

Ich setzte mir zwar riesige Hämatome, blutunterlaufene Stellen, infizierte mich jedoch nie.

1974 im Frühjahr war ich reif für die Entziehungskur. Ich *mußte* entzogen werden – es geschah nicht einzig meiner Familie, meinem Beruf zuliebe, wie ich mir erneut einzureden versuchte. Ich hatte die nächtliche Schnappatmung, die nach Cheyne-Stokes benannt wird und die doch wohl ein Alarmsymptom darstellt. Bei jedem tiefen Einatmen, schreckte ich auf. Ich habe monatelang nicht mehr geschlafen, nur noch gedämmert, hatte mir den Schlaf völlig abgewöhnt; mußte ihn nach der Entziehung mühsam mit Barbituraten wieder lernen.

Wenn die Mutter in Cocteaus *Enfants terribles* sagt «Je ne dors pas, je somnole», wußte ich jetzt endlich

Am 22. April 1982 war ich, klinisch gesprochen, eine Achtjahresheilung.

Trinke Alkohol, zeitweise zuviel, aber kaum so viel wie die meisten Schriftsteller meines Alters. Nehme dann und wann ein Medikament.

Gut, die Drogen waren eine weitere Flucht, eine Flucht vor mir selbst. Aber eben auch nicht nur. Ich befriedigte mit den psychedelischen Drogen, Cannabis, LSD, eine alte Neugier auf das geheimnisvolle Reich der *Materia,* nicht der naturwissenschaftlichen Materie als etwas Erforschbarem, Erfaßbarem, als Material: ich meinte die Materia als Geheimnis des Seins.

Die meisten dieser Erfahrungen sind nicht mitteilbar – man spricht darüber, wenn überhaupt, in Andeutungen, oder so, wie man eben über Trips spricht, in bramarbasierendem Drogenlatein. Am ehesten ließe sich über die Phase des «erhöhten Symbolverständnisses», wie ich das nenne, reden – aber das überstiege wohl den Rahmen dieses Referates.

Vielleicht ein einziges, einigermaßen hermetisches Beispiel, das mich sehr beeindruckt und geprägt hat: ein blauer dunkler Gebirgswald im Februar, im Haschischrausch. Er blieb ein Wald, ich habe nie zu eidetischer Halluzination geneigt, aber: Er *bedeutete* jetzt Wald.

Zu gleicher Zeit sah eine Kollegin immerhin am selben Wald gebratene Eier von den Bäumen springen, mit demselben Stoff.

Kann sein, ich habe mich zu einer Art Alchemist entwickelt – nicht im psychologisch-übertragenen Sinn von C.G. Jung. Ich habe allerdings keine Theorie dazu, einzig gewisse Fakten. So sind die Geschichten des Erzählbandes *Booms Ende* (1979) unter einer Behandlung mit Nebennierenrindenhormonen, Kortikosteroiden, entstanden, *Altern* endlich mehr oder weniger unter Alkohol und im längst sanftgewordenen Entzug, in einem ganz bestimmten Stadium der Depression.

288

Altern hat sich übrigens als eine Art Epitaph erwiesen, auf Beziehungen, eine Lebensform, auf mich selbst. Nach der letzten Eintragung vom 13. Dezember 1979 habe ich kaum mehr etwas geschrieben.

Ein literarisch interessierter Patient zu diesem Thema: «Was wollen Sie denn danach noch schreiben?»

Man kann mein ganzes Leben als die Geschichte meiner literarischen Kreativität beschreiben, jenseits von Krankheit und Therapie.

Es gibt Analogien – möglicherweise hat die Drogenentziehung meine literarische Produktivität nicht nur wiederhergestellt, sondern sie mir auf längere Sicht auch entzogen.

In diesem Fall müßte ich allerdings für mein weiteres Leben etwas finden, was nicht so leicht zu finden ist: einen neuen Sinn.

Schreiben als Therapie, als Methode, sich am einzigen Zopf aus dem Sumpf zu ziehen, an dem man sich aus dem Sumpf ziehen kann, dem eigenen – das ist natürlich eine Banalität.

Kein Mensch wird bestreiten, daß Schreiben auch diese Funktion hat.

Die Frage ist einzig, weshalb es heute, und gelegentlich auf ausschließliche Art, zum Thema gemacht wird.

Möglicherweise handelt es sich – unter anderem – um den Versuch, weder den ersten noch den letzten, demjenigen, das eben gerade keinen *Zweck,* keine *Funktion* hat, durch ein Hintertürchen doch noch einen Zweck, eine Funktion zuzuschreiben, der Literatur, der Kunst – beunruhigend, irritierend, unheimlich, eben weil sie zwecklos, funktionslos und dennoch da ist, nicht einzuordnen in einem Universum von mechanisch verstandenen kausalen Vorgängen, von Nützlichkeit und Effizienz.

Zum Sinn – nehmen Sie das Wort in einem möglichst alltäglichen Sinne –, den Kunst und Literatur möglicherweise haben, dazu hat unsere wissenschaftlich-technokratische Welt ein gespanntes Verhältnis: Sie sieht, was in den exakten Wissenschaften als Methode berechtigt ist, in der Frage nach dem Sinn, keinen Sinn.

Wenn heute in der psychiatrischen Klinik Kunst-Therapie betrieben wird, als ließe sich Kunst wie ein Medikament verschreiben oder Kreativität wie Balint's *Droge Arzt* – wenn man endlich, faute de mieux, Heil und Handlung in der Kreativität sucht, liegt es selbstverständlich nahe, denselben Vorgang bei allem Schreiben, jeder Kunst-Übung, zu vermuten.

Autobiographisch oder psychopathographisch gesehen wird selbstverständlich weder das Fortbestehen der ursprünglichen noch das Auftreten neuer Krankheiten noch Suizid etwas ändern an der An-Schauung, der *Theoreia,* von Schreiben als Therapie, und sei es, weil zu guter Letzt Krankheit als Therapie eines heillosen Seins-in-der-Welt bezeichnet wird.

Daß die Kranken, und zwar gerade die Geisteskranken, es im allgemeinen nicht so sehen, wäre denn ausschließlich ihr Problem. Die junge Schizophrene der Madame Séchehaye zum Beispiel sehnte sich nach nichts so sehr wie nach der *douce réalité.* Ein altes Buch, ich weiß, fragwürdig wie alle derartigen Berichte – und dennoch, mir hat es vor fast dreißig Jahren einen unauslöschlichen Eindruck gemacht; einiges davon ist mir geblieben, und ich habe bei meiner klinischen Tätigkeit immer und immer wieder daran gedacht.

Wenn ich nach längeren, angedrehten Phasen, in denen ich alles mögliche und sozial unmögliche unternehme und anreiße, an einen toten Punkt komme, wo ich mich ernstlich fragen müßte: Wie soll das weitergehen? – dann spielen meine Eingeweide mit, ich bekomme Bauchkrämpfe, ein entzündlicher Schub wirft mich für Tage ins Bett. Sobald das Ärgste vorüber ist, ich mich in dem sanften, etwas flauen Zustande der Rekonvaleszenz befinde, komme ich mir oft wie ein Geretteter vor.

Daher, unter anderem, stammt wohl meine Ehrfurcht vor der Weisheit des Körpers.

Meine Gedärme haben allerdings auch zur Zeit meiner Morphium-Sucht mitgespielt. Wenn ich nicht artig war, die nächste Spritze vergaß oder zu sehr hinauszögerte, meldete sich mein Kolon mit Krämpfen – die selbstverständlich mit nichts leichter und gründlicher zu behandeln waren als mit einer Spritze von einem krampflösenden Morphin-Abkömmling.

Ich nehme an, Kurt Vonnegut jr., der Autor von *Slaughterhouse Five,* würde dazu sagen: «So it goes.»

Es kann sein, daß der ununterbrochene Dialog zwischen meinen Organen und meinem registrierenden Gehirn, von dem selbstverständlich nur das Allerwenigste ins Bewußtsein dringt, beim Schriftsteller etwas mehr vielleicht als bei anderen Zeitgenossen; möglicherweise ist der Schriftsteller eben dadurch definiert; ganz besonders vom Umgang meines Gehirns mit meinem kranken Eingeweide, das die amerikanischen Kliniker in der König-Lear-haften Blumigkeit ihrer Sprache «Unhappy Colon» nennen; es ist möglich, wollte ich sagen, daß durch eben dieses *große Hohlorgan,* das sich durch seine Krankheit meinem Bewußtsein ständig aufdrängt, sogar Dinge mit-bestimmt werden wie die psychisch-sexuelle Identität.

Zumindest habe ich mich in letzter Zeit mit zwei großen Frauengestalten der Literatur, Tennessee Williams' Mrs. Stone und der Hauptfigur von *Spätestens im November* von Erich Nossack, in einem Maße identifiziert, das für mich noch vor einigen Jahren undenkbar gewesen wäre.

Schließlich besteht eines der bedrängendsten Probleme des Schriftstellers im Verdacht, alles Erdenkliche er-leben zu müssen, um es be-schreiben zu können.

Wenn man von der autobiographischen Natur allen Schreibens überzeugt ist, gäbe es Schriftsteller, die aus ihrer äußeren, und Schriftsteller, die aus ihrer inneren Biographie schöpfen.

Es gibt Autoren, die recherchieren, sich in Irrenhäuser und Gefängnisse einsperren lassen, in Fabriken arbeiten, sich Labors zeigen lassen – all das, um Kenntnisse zu erwerben, die sie für ihre Produktion brauchen, um sich eine Atmosphäre anzueignen.

Andere wiederum schöpfen in der Tat einzig aus ihrer inneren Biographie.

Aber auch die innere Biographie ist zumindest durch frühe lebensgeschichtliche Erfahrungen geprägt *und* durch das innere und äußere Milieu, in dem der Schriftsteller lebt.

Ein hervorragendes Beispiel stellt Friedrich Dürrenmatt dar. Dürrenmatt behauptet von sich selbst, daß er ausschließlich aus seiner Phantasie heraus schafft. Er blickt mit einer schlecht versteckten Verachtung auf jene Schriftsteller herab, die, um zu schreiben, gezwungen sind, etwas zu erleben.

Selbstverständlich gibt es einen derartigen Unterschied zwischen Schriftstellern verschiedener Art – aber wie groß ist er denn, was hat er zu bedeuten?

Kein geringerer als der gewiß nicht phantasielose Miró hat einmal gesagt: «On ne peut rien inventer.»

Bei Dürrenmatt ist der Casus einfach, man könnte beinahe lachen: Dürrenmatt schöpft, so stellt er es selbst dar, aus Kindheitserfahrungen – er schafft sich immer wieder das Dorf, in dem er Kind war – weitet dieses Dorf aus, auf historische, kosmische Dimensionen und reduziert historische, kosmische Dimensionen auf sein Dorf.

Seine Metapher ist das Labyrinth, sich selbst identifiziert er in seinem autobiographischen Buch *Stoffe* unverhohlen mit dem Minotaurus, einem Wesen, das kein Du, kein Gegenüber, keinen Partner haben kann, weil es

seinesgleichen nicht gibt. Überdies schöpft Dürrenmatt,
ob er es nun selbst realisiert oder nicht, aus den Erfahrungen seiner körperlichen Krankheit – über die ich mich
nicht zu äußern befugt fühle, obgleich er selbst es gelegentlich in aller Offenheit tut. Der literarische Stellenwert dieser Krankheiten wird einmal ein Gegenstand für
Untersuchungen sein, die etwas anderes zu leisten haben
werden als die bisher geübte Psychopathographie. Was
Dürrenmatt anscheinend völlig übersieht: Er lebt auch
von seinem heutigen Environment, dem Theater, das er
überall und jederzeit anrichtet, wie von dem großen,
allerdings zugegeben auf besondere Art wieder, fast ausschließlich von seinen eigenen Figuren belebten Haus,
hoch über dem Neuenburger See, mit Blick über den
See, das Tiefland, die Alpen hinweg, in den gestirnten
Himmel über ihm, den er, der sich als Amateur-Astro-
nom feiern läßt, mit seinem Fernrohr betrachtet von der
großen Terrasse aus, die nach Süden geht.

Von einem Schreiben aus freier Imagination heraus
kann bei Dürrenmatt nur sehr bedingt die Rede sein.

Ein anderes Thema wäre allerdings Dürrenmatts Verhältnis zur Realität ...

Selbstverständlich hat man etwas mehr Mühe, die
lebensgeschichtlichen Bedingungen konkreter Poesie
aufzudecken.

Es gibt sie jedoch durchaus – zumindest in einer allgemeinen Art.

Konkrete Poesie stellt einen Rückgriff auf konkrete
Wort-Erfahrungen dar, die nach schönsten evolutionisti-
schen Prinzipien einerseits frühe geschichtliche, andererseits frühkindliche sind:

Den Rückgriff auf das erste, glückstrahlend lallende
Dada ... Auf welches die Dadaisten um 1916 herum sich
bewußt berufen haben, eine artifizielle Regression, der
man eine gewisse Sprengkraft nicht absprechen kann,
wirkt sie doch, wenn man von der unweigerlich ein-

tretenden konsumierenden Ästhetisierung absieht, bis
heute fort.

Eine spätere kindliche Erfahrung: daß man ein Wort
so lange murmelnd wiederholen kann, bis es seine Bedeutung, seinen semantischen Charakter als Zeichen für
etwas völlig verliert; als ein eigenes Etwas im Raum steht
und einen Schwindel, ja, Angst erzeugt, ein zwiespältiges
Gefühl von Angstlust und Thrill, vergleichbar dem
Gefühl, das wohl jedes Kind kennt: auf dem Rücken liegend in den blauen und schwarzen Himmel starrend
sich die Unendlichkeit vorzustellen.

Man darf, an der Schreibmaschine sitzend und einigermaßen gedankenlos Buchstaben drückend, nie vergessen, daß sich um die Entstehung des Alphabets im Juden-
tum Legenden ranken, die fremd und fern anmuten, wie
die Texte der alttestamentlichen Prophetie, und von
denen man dennoch betroffen ist: Jeder einzelne Buch-
stabe ein Schöpfungsakt, vergleichbar der Schöpfung
einer Welt.

Es gibt ferner die berühmte Stelle Amos 1, wo der
Herr vom Zion her brüllt und die grünen Weiden der
Hirten verdorren, der Gipfel des Karmel, in der Prophe-
tie eine stehende Metapher für Wachstum, Leben,
Fruchtbarkeit, wird kahl.

In Jesaja 9 fällt ein Wort herab auf Israel – wie ein
Stein. In beiden Fällen hat das Wort keine Aussage, keinen Inhalt, und für uns ungleich erstaunlicher: es hat keinen erkennbaren Adressaten. Es wirkt als *Wort-selbst.*

Es braucht keinen Vermittler, es ist kein Befehl – es ist
die Tat.

In derselben Linie liegt endlich die Fleischwerdung
des Wortes, das «Im Anfang war das Wort» in Johannes 1.

In der attischen Tragödie soll das Wort, der Rhyth-
mus, den Zuschauer geradezu gesteinigt haben. Und ist
es nicht bemerkenswert, daß im allgemeinen auf Worte
gesungen wird, und nicht auf Morgensterns «Großes

Lalula», auch wenn kein Mensch ein Wort von dem versteht, was gesungen wird, oft gar nicht darauf hört: Singen auf La-Lu-La ergibt einen Verfremdungseffekt – und der hat wieder mit dem konkreten Charakter des Wortes, keineswegs mit Inhalten zu tun: Wenn man wahllos am Radio Oper hört, kommt man doch oft gar nicht darauf, in welcher Sprache gesungen wird, ohne sich deshalb befremdet zu fühlen.

Eine andere Kategorie ist das Chanson, der Song – der seine Fans und Anhänger, oft primär, durch Inhalte anspricht.

Es gibt in der Schweiz im Augenblick eine Welle von Mundart-Umwelt-Rock, bei der es mich persönlich schaudert vor Grausen: Die Aussage ist mir zu unverblümt, undialektisch – zu direkt. Die Musik monoton, lahm und leiernd – wenn man eintunt: suggestiv. Das jugendliche Publikum gerät in Ekstase, nicht nur wegen der Musik, im Gegenteil: die jungen Leute leiern die Glaubenssätze mit, brauchen offensichtlich diese permanente Bestätigung – von etwas, das genaugenommen, so einfach auch wieder nicht ist.

Aber: Die Welt der Erwachsenen ist zu kompliziert geworden, zu unüberschaubar. Nicht nur Jugendliche suchen nach Vereinfachungen, nach *Grund-Sätzen,* die halten, mit denen man den Nebel, der die Wahrheit verbirgt, spalten kann, ungefähr wie Luke Skywalker mit seinem magischen Schwert.

Das Wort als Schwert, das teilt, zerteilt, das ent-scheidet, ist ein altes Bild.

Und hier, bei dem Publikum von Umweltrock, das mitsingt, die Parolen längst auswendig kennt, sich allmählich sanft hin und herzuwiegen beginnt, in Ekstase gerät, hier handelt es sich offensichtlich um ein Beispiel von Therapie durch eine Massenerfahrung.

Auch wenn man den Texten, die zelebriert werden, den Charakter von Literatur keineswegs absprechen will, die Erfahrung, die sie vermitteln, ist nicht verbaler Art, aber auch nicht einfach averbaler Art – es handelt sich gewissermaßen um eine transverbale Erfahrung.

Einzige Frage: Wieweit handelt es sich darum auch bei Literatur?

Was nun den Schriftsteller meines Typs betrifft: er schreibt in der Tat aus eigener Erfahrung heraus, Erfahrung in einem recht alltäglichen Sinn, manchmal mehr innere, manchmal mehr äußere Biographie, aber immer Eigenes – dabei gewinnt dieser Schriftsteller seine Erfahrung nicht etwa systematisch, nach einem Programm; sie stößt ihm vielmehr zu, er erledigt sie. Am Schluß steht der furchtbare Verdacht, zu er-leben um zu be-schreiben.

Zu guter Letzt hätte ich mein Leben zu Literatur gemacht?

Zu Papier??

Es gibt, bei im engeren Sinne autobiographischem Schreiben, ein weiteres Problem: man legt sich fest. Man legt sich auf eine bestimmte Version, eine bestimmte Lesart der eigenen Vita fest.

Ich habe es am eigenen Leibe erfahren, und zwar besonders bei *Vergessen und Erinnern,* der Geschichte meines Drogenentzuges. Für mich ist dieser Titel real: Ich begann aufzuschreiben, als ich mich noch eben erinnerte, was mir vor dem Vergessen zu bewahren wert schien.

Und nun habe ich keine alternative Erinnerung.

So, wie ich es aufgeschrieben habe, so war es, auch und ganz besonders für mich selbst.

Eine etwas beunruhigende Erfahrung, wie man zugeben wird.

Andererseits habe ich im Umgang mit *Vergessen und Erinnern,* beim Vorlesen zum Beispiel, den Vorteil, daß es sich um eine abgeschlossene Lebensphase handelt, von der ich sprechen kann, als ginge es um einen anderen, nicht um mich selbst.

Wenn man es richtig bedenkt, ist allerdings diese beruhigende Erfahrung erst recht beunruhigend und gespenstisch.

Bei *Altern,* dem Buch, das aus meinem gegenwärtigen Leben herausgeschnitten ist, habe ich durchaus alternative Erinnerungen – wenn auch das Aufgeschriebene mehr und mehr das Unaufgeschriebene zudeckt, auf die Dauer wohl auslöschen wird. Dafür fehlt das berühmte Element der abgeschlossenen Lebenszeit.

Wenn ich *Altern* ins Stadium einer abgeschlossenen Phase versetzen will, über die sich reden läßt, als ginge es um einen anderen, nicht um mich selbst: da bleibt mir doch gar nichts anderes übrig, als mein Leben, meine Gewohnheiten zu ändern –

Und wenn ich es mir jetzt eben, wie ich das aufschreibe, überlege: Genau dabei habe ich mich doch ertappt.

Wie nun aber, wenn das Werk selbst die innere Autobiographie eines Autors ist, ein Autor sich in seinem Werk darstellt?

Selbstverständlich nicht gerade nur sich selbst – vielmehr, als Zeitgenosse, auch seine Zeit?

Nur: Es gibt denn doch erstaunlich viele Autoren, die offensichtlich das Bedürfnis haben, in Tagebüchern oder Briefen eine andere Lesart anzubieten – gelegentlich in Tagebüchern, die offensichtlich zur Publikation bestimmt sind.

Der Benn der Oelze-Briefe ist nicht derselbe wie der Benn der Bennschen Schriften – er ist lesbarer, verständlicher, weniger hermetisch, zeigt, mit allen Anfechtungen und Schwächen, ein ungleich menschlicheres Gesicht.

Ob allerdings die Briefe an Herrn Oelze, zweifellos Dokument, zweifellos Werk, auch etwas, auch nur das Geringste beitragen zum Verständnis des literarischen Werks, das ist eine recht schwierige Frage.

Ich würde sagen: eher nicht.

Ich würde nicht einmal zu entscheiden wagen, welches nun der Bennere Benn war, der Benn der Briefe oder der Benn des literarischen Werks. Ich bin nicht einmal ganz sicher, ob nicht am Ende diese vertrackten Briefe, die einen nicht mehr loslassen, das bedeutendere Werk darstellen als das literarische Werk von Benn. Aber vielleicht brauchte es eben dieses ganze literarische Werk, damit die Briefe geschrieben werden konnten.

Ein sehr bekanntes Zen-Koan lautet: Klatsche in die Hände und horche nur auf den Ton der linken Hand. Ein Bild für meinen Versuch, über das Schreiben zu reden.

Ein Problem, natürlich kein unbekanntes, aber ich habe zufällig noch nie etwas Erleuchtetes darüber zu lesen bekommen, ein Problem des Schreibens über das Schreiben besteht immerhin darin, daß wir über das Schreiben im gleichen Medium zu schreiben gezwungen sind, wie wir schreiben.

Als Literat kann ich es mir vielleicht etwas einfacher machen als ein Literaturwissenschaftler oder Kritiker: Ich schreibe, oder rede, ohnehin nicht über das Schreiben, sondern aus dem Schreiben heraus.

Es gibt selbstverständlich ein nicht für die Öffentlichkeit bestimmtes Schreiben, und vielleicht handelt es sich eben dabei um Schreiben als Therapie: Selbstbesinnung, Ordnen von potentiell chaotischen Gedanken, ein Bannen von schwindelerregenden Erfahrungen im Tagebuch – eine Mitteilung an das Du, das noch längst keine Öffentlichkeit darstellt; das Kritzeln langjährig-chronischer Anstaltsinsassen, das so gut ein Kommunikationsangebot wie eine Kommunikationsverweigerung zu signalisieren vermag und bei welchem zeichnerische und schriftliche Elemente sich oft mischen.

Und insofern hatte Adolf Muschg mit dem absonderlichen Titel «Literatur als Therapie» recht – insofern als er von Gedrucktem zu handeln gedachte – weder von Tagebüchern noch von Briefen, noch von den Produktionen der Irren, noch von Selbstgesprächen, auch nur bedingt von sich selbst, aber beispielsweise von Kleist.

Bein Schreiben zur Veröffentlichung sollte das eigentlich konstituierende, spezifische Element dieses Schreibens nicht vergessen werden: die Öffentlichkeit.

Konnte Max Frisch seinerzeit, verharmlosend, noch mit «Öffentlichkeit als Partner» kokettieren, tritt nun in Dürrenmatts Memoiren wie in Muschgs Essays etwas anderes unverhüllt zu Tage: Öffentlichkeit als Sucht.

Ich möchte betonen: Davon nehme ich mich selbst nicht aus!

Im Grunde weiß es ja jeder, der damit zu tun hat, und nachweisen läßt es sich bereits in den einigermaßen sakral gehaltenen Passagen der Tagebücher von Thomas Mann: Öffentlichkeit ist ein Horror und eine Sucht. Eine Krankheit und eine Therapie…

Wenn ich hier, aus Bescheidenheit, von mir selbst reden darf: Ein Leser, einer, der mich kennt, sagte zu meinem Buch *Altern:* Aber der schreibt ja von sich selbst Dinge, über die er nicht einmal spricht.

Dabei hat unser heutiges Schreiben und Ver-Öffentlichen gegenüber der Antike, dem Mittelalter, der Renaissance einen neuen, gespenstischen Zug: wir schreiben doch gar nicht für eine Polis.

Im Gegenteil, es ist uns oft peinlich, daß es sich nicht vermeiden läßt, daß unsere eigene Stadt *auch* zur Kenntnis nehmen darf, was wir da publizieren.

Am liebsten richten wir uns an eine möglichst unbestimmte, möglichst internationale Öffentlichkeit.

Vielleicht gibt es das andererseits noch: Lokal-Poeten, die ihren Sachen gar keine weitere Verbreitung wünschen. Eher jedoch Punk-Bands oder Mundart-Rock-Gruppen, die eine Zeitlang den Verlockungen von Fernsehen und Plattenindustrie widerstehen.

Oft entspringt der Rückzug auf Dialekt und übermäßig Lokales in der Literatur eher einer Trotzhaltung, einer Frustration, oder aber der Einsicht, daß da eine Marktlücke, eine ökologische Nische besteht.

Es gehört zur antithetischen Struktur unserer universellen Fernseh-Welt, daß einerseits tatsächlich weltweit dieselben Streifen laufen, dieselbe Information angeboten wird, daß jedoch andererseits bisher abseitige Kulturen ganz plötzlich weltweite Geltung bekommen können – und daß schließlich als Gegenbewegung überhaupt der Neue Regionalismus entstanden ist.

Und dennoch: *Uns trägt kein Volk.*

Wir reden nicht zur eigenen Polis – oder höchstens über den Umweg einer größeren Öffentlichkeit –, denn eben diese zumindest zahlenmäßig erheblichere Öffentlichkeit spricht frei, spricht heilig, auch wenn sie «poète maudit» sagt: sanktioniert.

Und in letzter Instanz geht es demjenigen, der schreibt, doch wieder einzig um die eigene Stadt, das eigene Haus.

Über das Aussprechen hinaus, dessen therapeutische Funktion einigermaßen gesichert, wenn auch widersprüchlich erscheint, bedeutet das Aufschreiben ein Festhalten von etwas, das nicht vergessen werden soll – somit einen Akt der Selbsterhöhung, auch der Vergeltung.

Ich bestreite gar nicht, daß auch Selbsterhöhung und Vergeltung therapeutisch wirken können.

Sogar ein bißchen Selbstmitleid tut manchmal objektiv ganz gut.

Nur: Ich möchte beim Vorgang des Aufschreibens von Taten lieber von Geschichte als von Therapie sprechen.

Geschichte als Therapie also?

Damit wären wir bei einer säkularisierten und kleinlichen, ein bißchen lächerlichen, sich progressiv gebenden Form einer Heils-Geschichte angelangt...

Und wie verhält es sich denn mit Schweigen, Verschweigen und Verstummen – mit der «Rhetorik des Schweigens», wie Hart-Nibbrig es nennt?

Über Robert Walsers Verstummen ist viel geredet worden. Etwas Entscheidendes daran muß unbekannt bleiben, wie beim Verstummen, beim Erlöschen der Kreativität jedes Schriftstellers, Künstlers, Forschers und Propheten.

Das Verstummen, genauer: ein Verschweigen ist bereits in Walsers recht ungeheurer und recht schwatzhafter literarischer Produktion angelegt – sein pausenloses Rühmen, Loben, Preisen, Vergolden der Alltäglichkeit, das was ich gern, durchaus in Anlehnung an theologische Terminologie, sein Eulogisieren nennen möchte, wehrt offensichtlich die Schatten der Umnachtung ab, die ihn, das ist aus seiner Biographie abzulesen, früh, sehr früh befallen haben müssen, Jahrzehnte, bevor sie ihn endlich in Form einer manifesten Geisteskrankheit einholten.

Bei Walser hätte die Rede vom Schreiben als Therapie zumindest einen genauen, auch klinischen Sinn: Sein Schreiben war seine Art, mit der Welt zu kommunizieren.

Schreiben war sozusagen Walsers «direkte Rede», und zwar sein literarisches Schreiben; alles andere war mehr oder weniger offensichtliche Anpassung an bürgerliche Konvention, die er zwar sehr lange, aber mühsam genug, durchhielt.

Kreativität und Psychose ist seit der Diskussion um «Genie und Irrsinn» ein ständiges Thema. Generell kann psychische Krankheit Kreativität befreien; man kann es auf jeder Abteilung einer psychiatrischen Klinik beobachten: die integriertesten Bürger machen im akut-psychotischen Stadium Dinge, die wir als «Kunst» anzusehen gelernt haben – Prinzhorn hatte noch, sich weniger festlegend, von «Bildnerei der Geisteskranken» gesprochen – dabei allerdings übersehen, daß die Produktionen, die er gesammelt hat, weniger Ausdruck einer psychischen Krankheit waren als Ausdruck des Hospitalismus, Ausdruck des «Anstältlertums» der Patienten, der langjährigen Internierung.

Endlich kam es so weit, daß der Wiener Maler und Sammler von Art brut, Arnulf Rainer, 1969 darauf hinweisen konnte, daß die genuine Leistung der Kranken gar nicht in ihren oft etwas peinlichen «künstlerischen» Hervorbringungen zu suchen sei, sondern vielmehr in ihrer Art, sich zu bewegen, in ihren Stereotypen, ihrer ganzen Lebensform – ihrer Art zu reden und zu schweigen, im Environment, das sie sich schufen und das man ihnen schuf.

1969 war diese Äußerung möglich, notwendig und befreiend: Es war schließlich für jeden, der es sehen wollte, zu bemerken, daß die psychopathologische Kunst, verglichen mit den kühnen Entwürfen der damaligen Kunstszene, der Anti-Kunst, sich in dem bescheidenen, herkömmlichen Rahmen von etwas Surrealismus und Symbolismus hielt, inhaltlich vielleicht bewegend, aber an formaler Kühnheit durch die Kunst der Gesunden hoffnungslos überholt.

Durch Rainers Vorgriff auf die Existenzform als Kunst wurde an den ganz gewöhnlichen Irren etwas gutgemacht, was durch die Bevorzugung derer, die einigermaßen begabt zeichneten oder modellierten, schlecht gemacht worden war, und es eröffneten sich Perspektiven zu neueren Entwicklungen der Gegenwartskunst bis hin zu Happening, Environment-Kunst, Minimal-Art, Performance.

Gerade die Performance hat natürlich eine nicht zu übersehende Nähe zu Ritualen und Stereotypien, die sich bei Kranken finden und die schon immer zur Faszination durch die großen Geisteskrankheiten, auch in ihren hoffnungslosen Abbau-Stadien, beigetragen haben.

Eine Performance ist eine irre Kunst.

Auf dem Gebiet der Sprachschöpfung verblüfft es, welches ungeheure Material Spoerri noch in den sechziger Jahren mühelos in großen Kliniken zu sammeln vermochte. Es sind geradezu Blüten von «spontaner» psychopathologischer Lyrik darunter, obgleich die Materialsammlung überhaupt nicht unter dem Gesichtspunkt von Kunst entstanden war.

Inzwischen sind die großen Zeiten der Anstaltsoriginale entschieden vorbei: man hat gelernt, alle diese pathologischen Wucherungen und Auswüchse mit nur leicht überhöhten, klinisch durchaus zu verantwortenden Dosen hochwirksamer Psychopharmaka (Neuroleptika) zu verhindern.

Vermutlich handelt es sich dabei um einen Fortschritt.

Wenn ich mich selbst zitieren darf, ich habe, ebenfalls 1969, vor demselben internationalen Kongreß in Linz versucht, die etwas mühsam gewordene Diskussion um Kriterien und die Natur der Kunst und des Schreibens der Kranken auf eine etwas andere Ebene zu heben, indem ich sagte: Wer *schreibt,* ist verrückt.

Der Schriftsteller als Lobredner der Gesellschaft, als Dämon, poète maudit, als Hofnarr – all das hatten wir gehabt. Es war die hohe Zeit der gnadenlosen Forderung nach (politischem) Engagement.

Ich sagte, was ihr da nach ästhetischen Kriterien zu erfassen sucht, das ist dann zufällig krank.

Das war damals entschieden – nicht revolutionärer, aber wenigstens polemischer als das Gerede vom Schreiben als Therapie heute.

Der Schriftsteller als Hofnarr – auch den sollte man nicht unterschätzen. Er amüsiert ja nicht ausschließlich, er hält auch einen Zerr-Spiegel hin. Oder weigert sich, den Spiegel hinzuhalten, oder der Spiegel, den er hinhält, ist leer.

«Void is not nothingness» – das stammt aus Learys Version des *Tibetanischen Totenbuchs.*

Und damit könnte ich in guten Treuen schließen – wüßte ich nur ein bißchen besser, wer der Schriftsteller ist. Ein Kranker, ein Intuitiver, ein Handwerker an der Schreibmaschine. Ein Mensch, dem das Schreiben besonders leicht oder dem es besonders schwer fällt?

Unheimlich wird er mir, wenn der Schriftsteller sich als «Großer Heiler» zu profilieren beginnt.

Etwas anderes ist es nämlich, wenn er in seiner prophetischen Funktion angesprochen wird, das heißt, in seiner unerschrockenen gesellschaftskritischen Haltung, die nun allerdings eben gerade nicht aus den Fleischtöpfen der Tagespolitik und der Ideologie stammt.

Und dennoch – ist der Schriftsteller, gelegentlich auch als Dichter apostrophiert, nicht doch eher der Bruder des Irren?

Einer, der eben gerade dort irrt, wo er die Wahrheit spricht?

So gesehen, lebt der Schriftsteller als Bruder des Wahnsinnigen tatsächlich ein Schriftstellerleben voll Besessenheit und Zwang, voll innerer Siege und äußerer Niederlagen, voll äußerer Triumphe und innerer Verzweiflungen – voll abgründiger Melancholie wie von unbegründeter Heiterkeit: ein Leben *zwischen Krankheit und Therapie*.

Und das, meine Damen und Herren, wollten Sie ja vermutlich von mir hören.

Nun habe ich es gesagt.

Ich danke Ihnen für Ihre Aufmerksamkeit.

AUTODAFÉ

Als ich vor Monaten die Einladung erhielt, an Ihrem festlichen Anlaß zum Thema «Arzt-Sein und medizinische

Wissenschaft» zu sprechen, setzte diese Einladung bei mir einiges, sogar bestürzend viel in Gang.

Zuerst wollte ich von *allem* sprechen – vom Janusgesicht des medizinisch-wissenschaftlichen Fortschritts; über Psychosomatik, ein, genaugenommen spekulatives Fach, das aber zumindest scheinbar empirisch, experimentell, im Extremfall halbexakt betrieben werden muß, da es eine spekulative Medizin nicht geben kann, weil es sie nicht geben darf. Bis hin zu interessanten und oft vernachlässigten Aspekten, der Psychiatrie ganz besonders, wo es einen ständigen, nie ausgetragenen Widerspruch gibt zwischen Hermeneutik und Empirie, weniger hochgestochen ausgedrückt: zwischen Deutung und Erfahrung. Daß die medizinische Wissenschaft allgemein als Erfahrung, als Tatsache, als Faktum nur anerkennen kann, was zu ihren Axiomen und Theoremen paßt.

Und wie verhält sich die Erfahrung, die Praxis des ärztlichen Alltags dazu? Und was geschieht, wenn man die Denkmuster, den Erfahrungsbereich der sogenannten Schulmedizin verläßt? In einer zweiten Phase wollte ich über *nichts* zu Ihnen sprechen, aber auch das hätte seine Tücken gehabt. Eines Morgens erwachte ich dann mit dem Vorsatz, zu Ihnen von mir selbst zu sprechen, subjektiv, aber konkret – als Schriftsteller lag mir der Gedanke nahe, daß das Subjektive das einzige Objektive sei – subjektiv objektiv zumindest, oder dann wenigstens objektiv subjektiv.

Meine Frau sagte schon beim Frühstückskaffee, das erwartet man doch von dir, und Ihr Sekretär hat es mir am Telefon ein wenig umschweifender bestätigt. Es sei das Vorrecht des Schriftstellers, sagte er, von sich selbst zu sprechen. Man hat dieses Privileg auch schon als Narrenfreiheit bezeichnet. Und war ich denn nicht eher von der Schriftstellerei her zur Psychiatrie gekommen als von meinem vorherigen medizinischen Fach, der Radiologie?

Vom Chirurgen, dachte ich mir, um die beiden Extreme ärztlicher Tätigkeit zu erwähnen, vom Chirurgen nimmt man an, daß er entweder richtig oder falsch handelt, aber immer gut. Vom Psychiater hingegen, daß er entweder gut oder böse handelt, aber eigentlich immer falsch. (Oder in einer Weise, die den Kriterien von richtig und falsch entzogen ist.) Wenn ich schon, sagte ich mir, nicht als reiner Schriftsteller zu Ihnen sprechen kann, sondern zumindest auch als Arzt, und sei es von einem etwas unvertrauten Randgebiet der Medizin her, dann, sagte ich mir, war es ja nur logisch, auch gleich *als Patient* zu sprechen. Als Fall.

Und wenn ich schon von mir selbst als Krankem, als Patient sprechen sollte, dann wollte ich es unverblümt tun, nahm ich mir vor – meine Rede *Autodafé* nennen, und unter Autodafé eine Art öffentlicher Selbstverbrennung verstehen, wohl wissend, daß das Wort ursprünglich nicht ganz das bedeutete. Immerhin, soviel war mir klar, lebte ich nicht im luftleeren Raum, vielmehr in einem ganz bestimmten sozialen Kontext. Das setzte Grenzen, richtiger gesagt: es erzwang einen Stil.

Am 3. September 1982, für Astrologen unter Ihnen, in meinem 56. Jahr, frühmorgens um halb drei, erwachte ich mit einem schneidenden Bauchschmerz, der mich zusammenkrümmen ließ. Über die Natur dieses Schmerzes wäre für den Fachmann kaum ein Zweifel möglich gewesen, eine Perforation, ausgehend von einer jahrzehntealten, schubweise verlaufenden bakteriell-entzündlichen Divertikulose-Divertikulitis des Sigma, einfacher gesagt: ein eitriger Durchbruch in die Bauchhöhle, der von einer Dickdarmkrankheit ausging. Die Krankheit hatte ich seit meinem 17. Jahr.

Aber war ich denn das überhaupt, war ich es noch, ein Fachmann für Medizin, für Darmkrankheiten im besonderen, und nun gar für meine eigene Darmkrankheit, die ich im Verlaufe der letzten 20, 21 Jahre ganz schön zur Krankheit des Schreibens hinaufstilisiert hatte, das befallene große Hohlorgan zum Organ des Schreibens fetischisiert? Ein Fachmann für sich selbst – wer war das schon je! Zwei Wochen später, Sie wundern sich vielleicht, trat ich ins Spital ein, mit einem inzwischen faustgroßen entzündlichen Tumor, mit septischen Temperaturen, trotz Antibiotikaschutz, eine Woche später lag ich, perfekt vorbereitet, sogar der eitrige Durchbruch in die Harnblase hatte sich in der Zwischenzeit ereignet, auf dem Operationstisch.

Operation, Narkose, Nachbehandlung, alles perfekt. Ich verneige mich vor dem chirurgischen Team des Stadtspitals, wo ich zur Behandlung lag. Das Spital war ein bereits leicht schäbig gewordener Betonklotz aus den letzten Jahren des Hochbooms, wie ein etwas zu groß geratenes Kleid für die eher bescheidene Zahl von Patienten, die tatsächlich auf eine A-Klinik gehört hätten, aufgefüllt mit munteren und bedrückten Chronischen, wie anderswo, denen es, wie anderswo auch, in einem netten ländlichen Heim wohler gewesen wäre. Auf der Dachterrasse rasteten ziehende Drosseln, zu meinen Füßen der Helikopterlandeplatz – aus einer gewissen Distanz dräute das Bettenhochhaus des Universitätsspitals herüber, eine unmißverständliche Warnung, falls einer es sich einfallen lassen sollte, kapriziöse Komplikationen zu machen.

Ich machte keine, kam vielmehr, wie die Franzosen sagen, wie eine Blume, *comme une fleur,* blieb immerhin 33 Tage, meine Freunde glaubten, ich hätte Krebs.

Fuhr in eine Clinica oberhalb Locarno zur Erholung, lernte in den novemberlichen, duftenden Kastanienwäldern wieder laufen. Der alte Internist, der vorbeikam, betastete meinen Bauch und sagte: Sie haben Glück gehabt. Ich nickte höflich mit dem Kopf und sagte bescheiden, ja, ich weiß. Als meine Ärzte und Angehörigen jedoch unmittelbar nach der gelungenen Operation von mir erwarteten, daß ich im Bett hüpfen und halleluja zu schreien anfange, streikte ich, sagte, warten wir's ab. Wußte nicht, was ich mit der neugewonnenen Gesundheit anfangen sollte.

Wollte erst wissen, ob ich überhaupt noch würde schreiben können, überhaupt wieder *dasein* würde; reines Funktionieren, bloßes biologisches Überleben, scheint es, interessierte mich nicht.

Wurde ich in die Enge getrieben, auch wenn ich selbst mich in die Enge trieb, fragte ich mich: Was tut eine Krankheit, der man das Erfolgsorgan wegnimmt?

Mit ungefähr siebzehn, ich erwähnte es bereits, hatte ich den ersten entzündlichen Schub der Krankheit, die mir ganz allmählich immer mehr mein Leben vorschrieb, meinen Aktionsradius begrenzte, nach meiner eigenen Auffassung jedenfalls.

Das Organ des Schreibens

Ich war mit einem stummen Organ geschlagen, das sich, weil es krank war, lautstark in mein Bewußtsein drängte. Ich wurde früh mit der Frage nach einem körperlich-seelischen Gleichgewicht konfrontiert: wenn es mir schlecht ging, stellte ich fest, ging es mir gut. Immer wieder kam es vor, daß ich mich auf die Insel der Krankheit rettete aus den Stürmen meiner erst eher zwanghaften, später etwas chaotischen Existenz. Ich habe einige Theoreme entworfen, viel gelesen, einiges davon für möglich, vorübergehend für wahr gehalten – eine Antwort fand ich nicht. Nach dem zweiten entzündlichen Schub, mit 34, begann ich zu schreiben. Ich habe jahrelang daran herumgerätselt, was das zu bedeuten habe – daß es etwas bedeuten mußte, daran zweifelte ich nie. Fand jedoch auch dafür keine befriedigende Erklärung. So kam es, daß ich, ich wiederhole mich, mein krankes großes Hohlorgan mehr und mehr zum Organ des Schreibens emporstilisierte. Schreiben als Krankheit lag mir näher denn Schreiben als Therapie.

Die entzündlichen Schübe, von den rein funktionellen Beschwerden zu schweigen, häuften sich im Verlauf der Jahre. Die erste mutmaßliche Perforation erfolgte 1971, in meinem vierundvierzigsten Jahr. Sie wurde als akute Appendizitis behandelt, ich hatte es mir nicht anders gewünscht. Hatte dem Chirurgen das feierliche Versprechen abgenommen, mein Kolon in meinem Bauch zu belassen, bevor man mich narkotisierte. Immerhin, eine ziemlich lange horizontale Narbe blieb mir zur Erinnerung an eine auffallend lange Operation. Es gab vereinzelte weitere akute Zwischenfälle, gedeckte Perforationen nehme ich an – aber ich hatte zu meinem kranken Gedärm ein sehr persönliches, komplizenhaftes Verhältnis entwickelt: Wir kannten uns gegenseitig nur allzu gut, wußten, wie wir aufeinander reagierten. Ich fühlte mich gewiß ein wenig verunsichert, aber auch sehr bestätigt durch eine Art Ich-Nähe des als stumm vorausgesetzten Organs, das zu einem Partner geworden war, zu einer Partnerin.

Ähnlich komplizenhaft war zu guter Letzt auch die Beziehung zu meinem Kollegen, Freund und Arzt. Ich berichtete ihm zwar über meine Feststellungen und Symptome; er neigte dazu, sie psychosomatisch zu werten, ich dachte mir, er weiß es ja jetzt, und benutzte sein Wissen als Freipaß für mich.

Ich vermute, er wollte mein Arzt sein, nicht der Arzt eines kranken Organs, dessen mehr oder weniger zufälliger Träger ich war.

So mußte es schließlich, wir ahnten es beide, aber darüber sprachen wir nie, zu einer Katastrophe kommen. Kann aber auch sein, der akute Durchbruch war in meinem Fall der günstigste denkbare Verlauf. Wie dem auch immer sei, wir sind einander treu geblieben, er mein Arzt, ich sein Patient. Auch eine milde Form meiner alten Beschwerden hat sich wieder eingestellt – jedenfalls benötige ich dieselbe, ebenfalls milde, medikamentöse Dauertherapie wie zuvor.

So wäre alles beim alten geblieben?

Kaum.

Mit 42 habe ich tief inhalieren gelernt, aus dem einfachen Grund, daß Cannabis sonst nicht wirkt. Viereinhalb Jahre später hatte ich es über psychedelische Drogen, Kokain, Amphetamin, Opiate, Morphium in verschiedenen Abwandlungen, so weit gebracht, daß ich entzogen werden mußte – es war so lebensnotwendig wie Jahre später die große Operation. Ich habe aus dem expansiven Delir der Entziehung in meiner Erinnerung einen langen paradiesischen Trip gemacht. Habe diese Erfahrung unter dem Titel *Vergessen und Erinnern* veröffentlicht. Das Erschreckende für mich war, daß ich das Buch tatsächlich zwischen Erinnern und Vergessen schrieb – als ich mich noch eben erinnerte, die Erinnerung jedoch schon vom Vergessen bedroht war. Für mich war nun alles so gewesen, wie ich es aufgeschrieben hatte: Ich habe keine alternative Erinnerung, wie man sie sich normalerweise bei autobiographischem Schreiben immerhin bewahrt. Das stimmt jedoch nicht ganz. Ich weiß praktisch keine anderen oder zusätzlichen Einzelheiten mehr, aber ich weiß, daß es ebensogut ein Höllentrip hätte sein können – daß es möglicherweise ein Höllentrip war, den ich Tag für Tag, kann sein, Sekunde für Sekunde zum Paradiestrip machte, mit einer ungeheuren, unmenschlichen Anstrengung.

Aber vielleicht verhält es sich viel einfacher, daß Himmel und Hölle nur zwei Seiten desselben sind, jener anderen Befindlichkeit, die der Drogensüchtige sucht. Nicht Eu-phorie, eine Allo-phorie.

310

Bei psychedelischen Drogen ist das Sich-anders-Fühlen offensichtlich, bei Amphetaminen überwiegt von vorneherein der Horror, aber auch für Opiate habe ich ein einziges Bild gefunden, *restless tiger in a dark hollow,* ein ruheloser Tiger in einem dunklen Loch.

Und dennoch raucht, snifft, schluckt, spritzt man sie ja. Will man um jeden Preis ein anderer sein?

Oder endlich wirklich Ich-Selbst?

Auf keinen Fall das Ego des eingelernten, eingefahrenen sozialen Rollenspiels. Das soziale Rollenspiel lernt man unter Drogen noch einmal, wie man es schon einmal gelernt hatte, ironisch als Spiel zu spielen.

Es gibt anderes, das ich bei den psychedelischen Drogen, auf den Trips bewußter suchte: ein kindhaftes Sehen, eine Erfahrung des Ersten Schöpfungstages – so war mir die Welt vorgekommen, in einer halluzinatorischen Phase mit neunzehn, zwanzig, nach dem Entzündungsschub mit vierunddreißig, wie nie gesehen, wie neu.

Das suchte ich, dahin wollte ich, dahin kehrte ich, für Stunden, zurück. Bald jedoch begann mich das Spiel Himmel und Hölle zu langweilen, das Spiel Leben und Tod faszinierte mich immer mehr, das Spiel der Fixer, Selbstmörder und Generale.

Prosaisch gesagt, ich verfiel den härteren und harten Drogen, man mußte mich schließlich, wie erwähnt, entziehen, ich hatte es bis zu einer nächtlichen Schnappatmung gebracht, erwachte bei jedem tiefen seufzenden Atemzug, schlief monatelang nicht, dämmerte bloß, die Entziehung war lebensnotwendig geworden, das sah ich ein. Die Entziehung verlief, wie ich vermute, für meinen Fall in der etwas ländlichen Klinik an einem See, der lebenslänglich zu meinen liebsten Landschaften gehörte, optimal.

Ich requirierte mir geradezu einen 19jährigen psychotischen Jungen als Hilfsego oder als Gefährten, hängte mich dauerhaft an die Ärztin, die mich aufopfernd betreute, die medikamentöse Behandlung war so, wie sie an den meisten Orten in etwa gewesen wäre.

Als meine Ärztin nach einigen Jahren an einem hilusnahen kleinzelligen Lungenkrebs erkrankte, kehrten sich unsere Rollen um.

Ich nahm es ihr übel, als sie starb.

Wenn ich mich schon einmal an jemanden hänge, dachte ich.

Man hatte mich entziehen müssen, ich sagte schon, daß ich das einsah. Aber man hatte mir auch etwas entzogen.

Ich wußte nicht, ob man als Entzogener weiterleben konnte. Man konnte es. Es war, abgesehen von den schrecklichen Depressionen, problemlos, kein großes Reißen, keine ernsthafte Rückfallgefahr, nichts. Und, entscheidender, man war als Entzogener noch immer jemand. Irgendeinmal stellte ich sogar das Zigarettenrauchen für gut fünf Jahre ein – hatte es immerhin bis zu hundert Stück täglich, tief inhaliert, gebracht.

Die Erfahrung der Frau

Selbstverständlich verfiel ich dem Alkohol, in Grenzen selbstverständlich wirkte der Alkohol jetzt oft wie eine kaum berechenbare, mehr psychedelische Droge, abhängig von Zustand und Umgebung, in einer Art, wie es vorher nicht der Fall gewesen war. Und noch hatte ich mein krankes Gedärm, das große Hohlorgan, das sich eben durch sein Kranksein ständig ins Bewußtsein rief, da ich zum Organ des Schreibens stilisiert und fetischisiert hatte – und das mir, eben dadurch, daß es mir als großes inneres Hohlorgan bewußt und ständig gegenwärtig war, etwas, literarisch zumindest, erst ermöglichte: die Erfahrung der Frau.

Es war ein beklemmender Augenblick, als ich im Früh-sommer 1983, dreiviertel Jahre nach der Operation, zum erstenmal die kleine Ferienwohnung am See wieder betrat, wo ich mutterseelenallein von meiner akuten Krankheit befallen worden war. Das letzte Polaroidbild des vorangegangenen Sommers lag da, etwas verstaubt: mein kleiner Arbeitstisch, das aufgeschlagene Heft, Stifte, Bücher, die ich brauchte. Es war vom Vortag des akuten Durchbruchs datiert. Selbstverständlich konnte man auf dem Polaroid die Schrift nicht lesen. Aber ich wußte, was da stand, die letzten Worte einer Erzählung, die leicht meine letzte hätte werden können: *Ich, die Ungeheuerin.*

Ich hatte zum erstenmal in meinem Leben gewagt, für ein etwas längeres Prosastück eine Ich-Erzählerin zu wählen, mich mit einer Ich-Erzählerin schreibend zu identifizieren.

Man hatte mir das Leben gerettet, das bezweifelte ich gar nicht, aber man hatte mir auch etwas genommen. Vielleicht auch nicht nur das Organ des Schreibens, son-dern das Organ eines gewissen unbenennbaren Glücks? Das Organ der Erfahrung der Krankheit, der Erfahrung der Frau? Zumindest wollte ich den Erfolg der Opera-tion daran messen, ob ich weiter zu schreiben imstande sein werde, und wie. Ob vielleicht gar endlich *ich* würde zu schreiben anfangen – ohne das fetischisierte Stück Darm, das in meinen Ängsten und Phantasmen zum federführenden Organ geworden war. Bestimmt zwan-zig, möglicherweise vierzig Jahre lang, oder fast, hatte ich diesen Eiterherd in meinem Körper gehätschelt und aufgepäppelt – immer wieder mit Antibiotika auf sein, auf mein noch eben knapp zuträgliches Maß zurückge-führt. Ich vermochte mich von ihm so wenig zu trennen wie von einem behinderten Kind. Ein Kind, das sich ein-zig durch mein Schreiben, meinte ich, auszudrücken ver-mochte. So wie, genau genommen, ich selbst ja auch.

Und nun hatte ein beherzter Chirurg die 30, 40 cm kranken Darm einfach entfernt.

Ich kam mir verlassen vor, beraubt.

Ich habe seither wieder geschrieben. Ob ein Stilwandel sich eingestellt hat, sich einstellen wird, das wird sich erst hinterher einigermaßen beurteilen lassen.

Vielleicht reicht das mir zugebilligte Vorrecht des Schriftstellers, von eigenen Erfahrungen auszugehen, so weit, daß ich hier kurz etwas zu meinem Schreiben sagen darf. Ich schreibe ja nicht einfach zunehmend autobiographisch im Memoirensinn. Ich mache mich sehr bewußt zu einem Personnage, zu einer literarischen Figur meiner selbst – zum Objekt, wie es im Stil einiger meiner Erzählungen gewiß heißen würde, eines kleinen privaten Forschungsprogramms. Einer durch und durch unwissenschaftlichen, literarischen Forschung, wie ich zu Ihrer Beruhigung, verehrte Kolleginnen und Kollegen, präzisieren darf. Ich fühlte mich, wie gesagt, alleingelassen nach der Operation, kam mir in den Kastanienwäldern des Locarnese, wo ich wieder laufen lernte, alleingelassen vor. Ich war nicht mehr akut, kein Notfall mehr, zwar ein schöner Erfolg, aber bestimmt nicht mehr interessant.

Man hatte mir das verzogene, ständig schreiende Kind aus dem Körper entfernt. Das Kind, das meinen Lebensstil geprägt, mir den Aktionsradius begrenzt hatte; das Kind hatte auch mitgespielt: Wenn mein Körper zum Beispiel Morphium-hungrig war, war es mein Stück krankes Gedärm, das Schmerzen und Krämpfe produzierte, denen anders als mit der Spritze nicht abzuhelfen war, das hatte ich schließlich so gelernt. Später war ich oft versucht, von einer höheren Weisheit des Körpers zu sprechen – nicht ohne jedoch hinzuzufügen, das sei klinisch unhaltbar und auch keineswegs klinisch gemeint Wer sagt denn nun aber, daß nicht sogar die Psychose die ich mir zu guter Letzt angefixt hatte, lebens- und

314

überlebensnotwendig für genau dieses Ich an der Lebensmitte geworden war? Aber war es denn tatsächlich ein Kind in meinem Bauch – gehörte das nicht zu den literarischen, vielleicht gar wissenschaftlichen oder doch scheinwissenschaftlichen Verharmlosungen, zu denen ich wie jedermann neigte, handelt es sich denn nicht, ich wiederhole mich, um die Frau in mir? Erst nachdem das kranke Stück Darm herausoperiert worden war, lernte ich zögernd davon zu sprechen, davon zu schreiben, daß der Mann nicht viel anderes darstellt als eine Maske der Frau.

Ich hasse gesunde Leute

Es war aber auch ein sehr beruhigendes Gefühl, sich jederzeit sagen zu können: Wenn alle Stricke reißen, wirst du krank. Und zwar wirklich krank, ernstlich, nachweislich, fiebrig, krampfartig, intestinal krank, anatomisch, bakteriell. Leben ohne dieses Gefühl der Sicherheit machte mir Angst. Ich würde nicht mehr somatisieren können, würde den Anforderungen des Alltags, der ganzen Öde und Leere des Alterns ausweglos preisgegeben sein. Dann gab es bei mir auch ein gerüttelt Maß Mißtrauen gegenüber einer staatlich oder gesellschaftlich verordneten Gesundheit als Bürgertugend. *Ich hasse gesunde Leute,* ein Spruchbild des Malers Salvisberg hing lange Zeit gut sichtbar an meinem Arbeitsplatz.

Ich war auch nicht mehr auf meinem Trip.

Entzündliche Krankheiten, Sie wissen es, führen auf chemischem Wege zu einer Bewußtseinsveränderung, oft zu dem, was man eine Bewußtseinserweiterung sich zu nennen angewöhnt hat. Psychedelie. Man schreibt den Europäern des Mittelalters zu, daß sie ganz besonders im Winter durch chronische und akute Entzündungen, Vitaminmangel, Fehlernährung, Unterernährung ständig auf einer Art Trip waren: Die Farben wurden leuchtender, die Töne zum fast überirdischen Schall, Visionen traten auf. Anders hätten die Europäer das europäische Mittelalter gar nicht ausgehalten. Von diesem Trip also hatte man mich heruntergeholt. Ich fühlte mich in der Tat unsicher, grau, leer, alt, dysphorisch, *spaced*. Was blieb einem da viel anderes als entweder der Tröster Alkohol oder die Räusche der Nüchternheit. Schlossen sich diese beiden Möglichkeiten überhaupt aus, ergänzten sie sich nicht vielmehr? Ich möchte wissen, was die medizinische Wissenschaft dazu sagt, die in den letzten Jahren sehr gemächlich, dafür wissenschaftlich herauszufinden anfängt, was jeder Säufer seit Jahrtausenden weiß.

Vielleicht fühlte ich mich auch durch den ständig vorhandenen, dabei irgendwie begrenzten, überblickbaren Krankheitsherd auf unbestimmte Art gegen größere Gefahren gefeit. Die Phantasie des Gefeitseins hat jeder Fixer, jeder Abenteurer, ich hatte sie auch.

Mir wird das ja nicht passieren, mir nicht, daß ich abhängig werde, zum Beispiel.

Was harte Drogen, Sucht, Abhängigkeit anbelangt komme ich mir wie ein Davongekommener vor. Als Operierter, von einem beinahe lebenslänglichen Leiden befreit, fühle ich mich einstweilen gesundgemacht. Allerdings: um welchen Preis?

Ich war ja nicht bloß der Täter, ich war das Opfer zugleich. Dieselbe Zeit, Gesellschaft, Zivilisation, Chemie, die mich krank gemacht hatte, machte mich auch gesund.

Ich war ein Produkt dieser selbstzerstörerischen Welt. Nichts Eigenständiges. Nichts besonderes. Einer von vielen. Ungern genug.

DIE STELLUNG DES ALTEN MENSCHEN
IN UNSERER GESELLSCHAFT

Älter und alt

Ich bin 58, Schriftsteller und Psychiater, oder Psychiater und Schriftsteller, verheiratet, drei längst erwachsene Kinder.

Ich komme wirtschaftlich für drei Personen auf, die Katze, das Auto, das Haus in Muri bei Bern, einem sogenannten Villenvorort, das mit Hypotheken noch immer, wenn auch maßvoll belastet ist.

Ich habe es offensichtlich versäumt, während der fetten Jahre des Booms Schätze anzuhäufen, Vorräte anzulegen für die dürftige Zeit.

Vielleicht hat mir ein Träume deutender Josef gefehlt, kann auch sein, ich habe falsch geträumt, im falschen Märchen gelebt.

Kürzlich kam aus dem Kreis weitläufiger Verwandtschaft die Todesnachricht von einem 85jährigen Arzt, dem es, so das Zirkular, vergönnt war, bis in die letzten Wochen vor dem Tode seine Praxis zu führen.

Mir dies und das dabei gedacht.

An sich geht es mir nicht schlecht, mein Schicksal ist nicht ungewöhnlich, eine Art europäisches Mitte-Achtziger-Jahre-Schicksal: ich arbeite mehr und verdiene weniger. Es gibt in dieser Stadt von Jahr zu Jahr mehr praktizierende Kollegen, das psychiatrisch-psychologische Behandlungsbedürfnis der noch immer ländlich geprägten Bevölkerung bleibt hingegen beklagenswert gering. Vom Idealzustand einer Gesellschaft, in der es zum Standard mindestens der etwas gehobeneren Schichten gehört, einen Psychologiater zu haben, sind wir, wie es scheint, weiter entfernt als je.

Auswandern ist schwierig, Taxi fahren lernen im zunehmenden Dickicht dieser Stadt in meinem Alter längst unmöglich geworden. Als Kellner eigne ich mich schon gar nicht, erstens wegen der Krampfadern, zweitens aber auch, weil ich den sonderbaren Eßgewohnheiten durchschnittlicher Gäste von Restaurants mit so etwas wie erschrockener Verständnislosigkeit gegenüberstehe.

Schon spricht man von der Gefahr einer Verwilderung der Rechtspflege durch die zunehmende Anwaltsdichte, schon steht uns eine Theologenschwemme ins Haus. Und noch hat meine Generation den idiotischen Tonfall des Sprechers in einem patriotischen Pavillon der Expo 64 im Ohr: Mancano dentisti, es fehlen Ärzte, Apotheker, Ingenieure, Lehrerinnen. Klingt gute 20 Jahre später wie nackter Hohn.

Mitte fünfzig gehen unweigerlich, mit und ohne Krise, die mittleren Jahre zur Neige, man gelangt in ein Zwischenreich, einen schlecht definierten Zustand, man ist *älter,* noch nicht *alt* – man schiebt das Alter vor sich hin: mit 40 ist 50 schon alt, mit 50 dann 60, mit 60 wird 70 alt sein, usw. usf.

Und einmal wird man tot sein.

Ich erinnere mich fast überdeutlich, daß mir mit zehn oder zwölf 18 als die äußerste Grenze eines erreichbaren, ja vorstellbaren Alters vorkam – erinnere mich allerdings auch, wie sang- und klanglos ich dann diese Grenze überschritt, ins Niemandsland des Erwachsenenlebens hinein.

In sieben Jahren werde ich 65, meine Frau 62 sein. Wir werden oder würden eine Ehepaar-Altersrente bekommen, von der AHV, die zur Zeit nicht in ihre zehnte Revision gehen kann, weil man unter Revision bisher immer nur die Anpassung der Renten nach oben verstanden hat.

Vier Professoren aus Z. haben drei Vorschläge gemacht zur Behebung dessen, was ein finanzieller Engpaß des Jahrhundertsozialwerks oder so ähnlich genannt wird: 1. Erhöhung der Beiträge, 2. Herabsetzung der Renten, 3. Heraufsetzen des Rentenalters.

Eine intellektuelle Leistung, die ihresgleichen sucht. Schade, daß es keine Olympiade für so etwas gibt. Vermutlich wird unser Land, längst Weltmeister im Sparen am falschen Ort, die Heraufsetzung des Rentenalters, gepaart mit einer mäßigen Erhöhung der Beiträge und einer politisch verantwortbaren Herabsetzung der Renten wählen: Wer Vieles bringt, wird Manchem etwas bringen. Meint Goethe.

Meine Frau und ich werden also mit 65 mit 66 eine Rente bekommen, mit 66 mit 67, mit 67 mit 68 – und für diese Zukunftsrente, eine Art Wechsel auf das Prinzip Hoffnung, von Jahr zu Jahr höhere Beiträge zahlen, und zufrieden sein werden wir auch. Wichtig ist ja nur, einen Wohlfahrtsstaat zu haben, keineswegs, daß man auch noch etwas davon hat.

Und: So sehr ich manchmal unter der Last meines Doppelberufes stöhne, ich habe mich aber schon beim Gedanken ertappt, mich kann wenigstens niemand in Pension schicken.

Auch wenn ich dereinst voll dement in meinem Sprechstundensessel sitzen und meine Patienten imaginieren werde, wird das noch immer ein vergleichsweise mildes Alterslos sein. Und wenn meine Frau, sie wird mich statistisch ohne Zweifel überleben, mit immer brüchigerer Stimme zu immer kärglicheren Abendessen rufen wird, kann ich meine Notizen, nachdem der letzte *eingebildete Kranke* gegangen sein wird, ebensogut in eine Niemandskrankengeschichte schreiben, meine Notizen werden in jedem Falle real sein, das Datum, wie ich mich kenne, korrekt. Ich werde tatsächlich den wirklichen Rolladen bei der Gartentür des nach Jahren noch immer etwas improvisierten Sprechzimmers herunterlassen, immer peinlich darauf bedacht, daß der Riemen nicht überstrapaziert wird, nicht reißt, denn die Tarife der Handwerker für Hausbesuche, die kennt man ja. Ich werde mir, wie immer schon, dabei vorkommen wie der zufriedene Bäckermeister in Max und Moritz, der zu Ostern seine Backstube schließt.

Eine vierte Lösung haben die vier Professoren aus Z. unerwähnt gelassen: Die Herabsetzung der Zahl der alten Leute, oder *Menschen,* wie sie neuerdings gern genannt werden.

Ehre Mutter und Vater, auf daß du lange lebest, ich weiß. Aber es gibt auch andere Lösungen. Die großartigste in dem allerdings zumindest teilweise fiktionalen Buch von Fukazawa, *Schwierigkeiten beim Verständnis der Narayama-Lieder, Etude à propos des chansons Narayama,* übrigens unter dem Titel *Narayama* auch verfilmt. Die Geschichte einer armen Dorfgemeinschaft in einem gebirgigen Land, Hauptfigur eine alte Frau, die, weil sie alt ist, zur überzähligen Esserin wird, die sich, zum Beweis, daß sie den anderen das Essen nicht weiter streitig machen will, sich ihre durchaus gesunden Zähne ausschlägt – endlich sich von ihrem jungen kräftigen Enkelsohn huckepack auf den heiligen Berg tragen und in einem weiten offenen Geröll- und Felstal oberhalb der Baumgrenze, einem Tal des Todes, unter Raben und Skeletten aussetzen läßt. Ein Zeichen besonderer Verheißung: Im Augenblick, da die alte Frau sich zum Sterben niederläßt, fällt der erste Schnee.

Eine ergreifende Antithese zu unseren Altersnachmittagen, Silbergruppen, Universities of third age, Alterskosmetik, Altersmedizin, Alterszahnpflege, Alterspsychiatrie, Gerontokratie, Todesverleugnung, Nekrophilie.

Gottfried Benn, der Arzt und Schriftsteller, dessen 100. Geburtstag wir 1986 unweigerlich *irgendwie* begehen werden, zitiert in einem Essay die Sitte eines Indianervolkes, wonach der Sohn, sobald der Alte «lästig geworden ist» von außen seinen Speer durch die Zeltbahn steckt, und der Vater stürzt sich im Zelt drin in den

Speer. Oder, noch einmal Benn, im Essay «Irrationalismus und moderne Medizin» von 1931: «1870 hatte der Neugeborene eine Chance, vierzig Jahre zu werden, heute sechzig. Zwanzig Jahre – für die Masse an die Riemen und für die Obrigkeit an die Sprudel von Gastein und Karlowy Vary. Und nun tritt noch der Geist herzu und spricht im Konzernjargon: stehe auf und wandele, großer Sohn der intellektuellen Ära, die billigsten Ersatzteile bekommst du bei meinem Vetter nebenan und die billigsten Verjüngungsdrüsen bei meiner Tante um die Ecke» – folgt einer der längeren und spitzeren Sätze deutschen Literatur.

In den 60er, 70er Jahren hielt sich eine Weile das Gerücht, wonach die Regierung der USA die Freigabe von Heroin an Leute über fünfundsechzig erwäge. Das Projekt scheiterte an der naheliegenden Überlegung, daß die Rentner, besonders diejenigen ohne Rente, den Stoff nicht selbst konsumiert, vielmehr einen blühenden Handel damit aufgezogen hätten. Und von Amtes wegen spritzen wollte man «unsere lieben Senioren», wie sie wohl hießen, denn doch lieber nicht.

Kein Gerücht hingegen ein Bericht, wonach Gruppen barmherziger junger Leute in amerikanischen Großstädten die völlig vereinsamten Alten lautlos und diskret mit Cannabis, Shit und Gras versehen. Billiger und besser als Alkohol ohne Zweifel, eine Droge der Stille, man spürt den Hunger nicht mehr, und wer Heißhungeranfälle bekommt, «frißt» was er eben hat, eigentlich ideal.

Die Hochhaussiedlung La Brea in Los Angeles, wo die Alten siedeln, sieht von den Freeways her hübsch und komfortabel aus, eine Überbauung, wo alte Leute auch einmal verloren gehen können, ohne daß irgendwer sich erinnert, und La Brea ist auf die Teergruben, die Tar pits gebaut, und eigentlich sieht man beim Vorüberfahren immer nach, ob die Hochhäuser noch nicht versunken sind.

Und der guterhaltene Sechziger, der an der Ocean Avenue aus seinem Wagen steigt, auf dem breiten Rücken seines Shirts die Schrift: I'm not a dirty old man. I'm just a sexy senior citizen.

Es soll, laut einer Befragung, in den USA alte Leute geben, die vor dem Altersheim mehr Angst haben als vor dem Atomkrieg. Wenn man die Hausordnung von Altersheimen liest, kann man es verstehen.

Wir gehen, hier bei uns, jedermann weiß es, auf eine Bevölkerungspyramide zu, die auf die Spitze gestellt ist. Unten dreißig Jahrgänge in der Ausbildung, oben zehn bis zwanzig Jahrgänge in Pension, in der Mitte fünfunddreißig Jahrgänge arbeitslos.

Neidvoll liest man von Nationen wie Tunesien, wo 60 % der Bevölkerung unter zwanzig ist.

In China ist die Lebenserwartung von 1949 bis 1985 von 39 auf 69 gestiegen, also beinahe ein Jahr Lebenserwartung pro Kalenderjahr.

Eine bescheidene, vorwiegend in ländlichen Kommunen organisierte Gesellschaft mag eher geeignet sein, die Probleme einer Altersmassengesellschaft aufzufangen als unsere nachindustrielle Wohlfahrtsgesellschaft mit den Merkmalen Eigennutz-Isolation-Jugendkult. Und in einem Land wie China, scheint es, hat bisher das Alter seine Würde bewahrt. Im England der 60er Jahre gab es unter den Jahrgängen um 1940 eine Scheidungswelle, mit zahlreichen Wiederverheiratungen mit dem verwitweten Elternteil des bisherigen Partners: Alter bot der beschädigten Kriegsgeneration, scheint es, Vertrauen und ein Gefühl der Sicherheit.

Die Lebenserwartung von Berufsgruppen, aus dem Gedächtnis zitiert: die mieseste haben die Gastwirte, dann kommen Ärzte und Künstler, weitere freiberufliche und selbständig-erwerbende Kategorien, an der Spitze stehen die Beamten und unter den Beamten die Pfarrer. Die Lebenserwartung unserer Pastoren, so die deutschen Evangelischen Kommentare, wird nur noch durch diejenigen ihrer Witwen übertroffen.

Warum leben die Frauen länger?

Biologie? Soziopsychologie?

Sehen Frauen in der Weiterführung des Haushaltes einen unveränderten Sinn?

In der Betreuung der Enkel? – Falls sie es tun.

Oder in einer schüchternen, gelegentlich auch nicht halb so schüchternen Spätemanzipation?

Claire Goll, die sensible, in ihren Memoiren boshafte Dichterin, hatte mit 76 ihren ersten Orgasmus. Es brauchte, schreibt sie, einen zwanzigjährigen Jungen dazu. Die ersten 75 Jahre ihres Lebens hatte sie fast ausschließlich mit Prominenzen oder Patriarchen verbracht, oder verbraucht. Unsere lieben Forscher werden uns ohne Zweifel eines Tages ein Hormon oder ein Enzym präsentieren, das alles an der unterschiedlichen Lebenserwartung von Mann und Frau erklärt – bloß den Unterschied im Hormon- oder Enzymhaushalt nicht.

Daß die Pensionierung mit 65, vom betroffenen Individuum her gesehen zumindest, besonders unglücklich ist, man ist zu alt, um etwas Neues, zu wenig alt, um gar nichts mehr zu tun, das steht ja wohl fest, darüber, nehme ich an, gibt es ernsthafte Untersuchungen, die sich, wie alle ernsthaften Untersuchungen auch widersprechen, denke ich. Eine Herabsetzung des Pensionierungsalters ist zur Zeit wirtschaftlich undenkbar. Die Heraufsetzung des Pensionierungsalters ein Unsinn angesichts des Arbeitslosenmarktes. Und das bestehende Pensionierungsalter, wie gesagt, die wohl schlechteste unter den befriedigenden Möglichkeiten. Schon fast eine klassische Aporie. Also wird es wohl beim Pensionierungsalter von 65 für Männer bleiben, das sich zu guter Letzt bewährt haben wird, einfach weil man gar nie etwas anderes versucht. Und für *nachher* wird man eine Betreuercrew auf die Beine stellen. Methoden ersinnen,

Beschäftigungen, Reisen, kleine Freuden. Warum auch nicht.

Ich nehme nicht an, daß unsere Tagung grundsätzlich neue Möglichkeiten eröffnen wird – vielleicht wird für einmal nicht einmal von den gewaltigen und, wie es scheint, durchaus unaufhaltsamen Fortschritten der Medizin die Rede sein. – Schön wär's.

Eine Frage beschäftigt mich auch in bezug auf mich selbst: Warum hat das Alter seine Würde verloren?

Es gibt, wenn man das Leben des Menschen von außen, biologisch betrachtet, vorerst zwei Besonderheiten, die wohl tatsächlich reine Biologie sind, das extrauterine erste Lebensjahr und der zweite Wachstumsschub in der Pubertät, ohne die es m. W. nie einen Homo sapiens gegeben hat. Es gibt ferner, vorwiegend gesellschaftlich-historisch bedingt, die kritischen, oft pubertätsähnlichen Phasen, besonders bei den sensibleren Typen, was man heute gern Midlife-Crisis nennt. Und die Errungenschaft der letzten zivilisatorischen Epoche: der alte Mensch.

Mittlere Lebenserwartung zur Zeit der Römer vielleicht 22, im Neolithikum, scheint man anzunehmen, etwa 18, was immer solche Zahlen bedeuten mögen. Heute, Sie wissen es, 79,6 für Frauen, 72,7 für Männer (*Neue Zürcher Zeitung* 31.7.85) in unserem Land.

Das Neue, Unerwartete, Überraschende, die *Mutation* im Jargon der Science fiction wäre demnach der alte Mensch.

Die Jungen werden zwar immer größer, immer früh-reifer, sagt man, immer schneller, smarter, schöner – aber die Alten, *wir* Alten, wir werden immer älter. Schon träumen wir von potentieller Unsterblichkeit, oder haben doch vor zehn, fünfzehn Jahren noch davon geträumt.

Und was haben wir aus dieser historisch-biologischen Errungenschaft gemacht?

Ist es einfach so, daß der alte Mensch einst eine Rarität war, aus dem Seltenheitswert eine selbstverständliche Würde bezog? Daß wer alt wurde eben eine Auslese darstellte? Und heute, wo jeder alt wird, wir uns mit einer Altersmassengesellschaft konfrontiert sehen, werden eben auch die «Unwürdigen» alt – oder werden die Alten unwürdig, bloß *weil* sie so zahlreich geworden sind?

Es gibt, auch heute, ein grandioses Altern, bei Frauen wohl häufiger als bei Männern, es gibt Alterswerke, die ein junger Mensch so nie zustande gebracht hätte. Altwerden ist, noch heute, nicht nur die einzige Möglichkeit, lange zu leben, um auch dieses Bonmot noch zu zitieren, es hat auch sein Gutes. Eine gewisse Ungebundenheit, Rücksichtslosigkeit, die allerdings wohl nur bei den allerwenigsten zum Tragen kommt, bei Künstlern, Wissenschaftlern, Philosophen, was weiß ich, eine Veränderung des Gedächtnisses, ein neues Wissen, Erfahrungswissen. –

Allerdings ist der traditionelle Erfahrungsschatz der Matrone, des alten Mannes größtenteils, wie es scheint, verlorengegangen oder aber wertlos geworden, dürfte sich zur Zeit hauptsächlich in Form eines unzeitgemäßen unbedachten Fortschrittsglaubens äußern.

Das ist eben das Leide mit den Alten: Sie sind wirklich alt.

Einen unschätzbaren Vorteil haben wir, die höheren Jahrgänge, mit Sicherheit: angesichts der Weltlage, Welternährungslage, Weltüberbevölkerungslage, Weltumweltzerstörungslage und was derartiger bedrohlicher Lagen mehr sind, kann, eine Lebenserwartung von weiteren zehn, fünfzehn Jahren zu ertragen, ganz komfortabel sein.

Wenn man aber an junge Leute denkt, die noch 50, 60 Jahre vor sich haben, mit dem vollerblühten und bereits wieder resignierten Bewußtsein vieler Zwanzigjähriger, dann versteht man zumindest die Ängste, die sie haben, ihre Rückzugsbewegungen, Fluchten, ihr Ausweichen: Wenigstens nicht selbst an offensichtlich destruktivem Handeln beteiligt sein!

Das Angenehme dieser Welt hab ich genossen,
Der Jugend Freuden sind wie lang! wie lang! verflossen.
April und Mai und Junius sind ferne,
Ich bin nichts mehr, ich lebe nicht mehr gerne.

dichtete der arme Hölderlin, als er schon seit Jahren in der Umnachtung weilte.

Und Jahre vorher, als ein noch junger Mann, in der «Ode an die Parzen» (1798):

Einmal
Lebt ich wie Götter, und mehr bedarf's nicht.

Werden wir alle es lernen, mit einer Altersmassengesellschaft zu leben? Oder müssen denn Katastrophen, Untergänge und Apokalypsen, die uns mit Angst erfüllen, auch unsere letzte Chance bleiben – daß möglicherweise nach Generationen im Schoß einer zumindest nicht mehr derart zahllosen Menschheit einzelne *Glückliche* wieder erfahren werden, was es bedeutet *alt und lebenssatt* zu sterben, wie es von den Erzvätern oder von Hiob zum Beispiel berichtet wird.

Trostlose Aussichten, die letzte Hoffnung in Katastrophen setzen zu müssen, in Auferstehungen nach einem Atomschlag, was nicht einmal gedacht werden darf, nach Hungersnöten, Epidemien, beinahe mythologischen Seuchen hoffnungslos; aber ohne eine gewisse, beinahe biologische Hoffnung kann ich jedenfalls nicht leben.

Was endlich bedeutet alt werden, alt sein in einer Welt, wo die jungen Menschen gelernt haben, Leben und Überleben als Gegensätze zu sehen?

326

Jean Améry, eigenwilliger Schriftsteller und Denker, ursprünglich Jude aus Österreich, der das überlebt hat, was eigentlich nicht zu überleben ist, Flucht, Gefangenschaft, KZ, Folter, Exil – Améry hat über seine KZ-Erfahrungen geschrieben, er hat *Über das Altern* geschrieben, mit dem Untertitel «Revolte und Resignation», er hat unter dem Titel «Hand an sich» legen seinen höchstpersönlichen «Diskurs über den Freitod» verfaßt (aus *Über das Altern,* S. 133):

Es lebe der Alternde hin in seinem Lügenkompromiß mit der Unentrinnbarkeit seiner Kondition, die ihm bewußt wurde, seit er zum erstenmal bei einer x-beliebigen Gelegenheit sich altern spürte ... Je tiefer das Falsche oder vielleicht besser das Verfälschende, der Tod, ihn überschattet, desto falscher wird sein Leben. Je näher das Nein an ihn heranrückt, um so verdrehter und unaufrichtiger wird sein Ja.

Das schrieb Améry Mitte fünfzig. Zehn Jahre später, als er anerkannt und berühmt war, endlich sogar Deutschland, seine Sprach-Heimat bereisen konnte, ohne seine alten Ängste, mit neuen Schwierigkeiten freilich, die jeder haben konnte, der sensibel genug reagierte, da hat er angesichts der Unausweichlichkeit des für ihn immer unerträglicher gewordenen Prozesses des Alterns *seine* Konsequenzen gezogen, den Freitod gewählt, Hand an sich gelegt. Als er so weit war, daß er für diese Tat in das Land seiner Geburt, seiner Kindheit zurückzukehren vermochte.

Über Mishima, dessen ritueller Selbstmord vom 25. November 1970 bestimmt etwas mit der Unfähigkeit, in Schönheit und Würde zu altern, zu tun hatte, wage ich nichts zu sagen. Weiß nicht, ist mir diese Welt zu fremd oder zu nah.

Schließen allerdings möchte ich mit einer Erinnerung

an eine alte Frau, die ich sehr verehrt habe, an die Töpferin Margrit Linck, die hier in Bern vor zwei Jahren mit 86 gestorben ist. Sie hat mit über 80 noch einmal eine völlig neue Formensprache für ihre Tonfiguren gefunden; als die Figuren nach dem Tod der Töpferin bei Medici in Solothurn ausgestellt, auf einer weißen Fläche beisammen standen, sah es wie eine Versammlung von Todesvögeln, Totengottheiten aus. Soll man von einem späterfüllten Leben sprechen?

Als sie schon reichlich 70 war, rief sie einmal aus: «Wenn ich mich nur endlich so alt fühlen würde, wie ich bin!»

Auch das, meine sehr verehrten Damen und Herren, auch das ist nämlich ein Problem.

DAS ENDE EINER EPOCHE

Man mag den Gedanken zynisch, fortschrittsfeindlich, meinetwegen sogar menschenfeindlich finden, aber ich frage mich, wieviel glücklicher wären wir doch, hätten wir weder das Virus noch den Test – wir würden, wie ganz im Anfang, als die Krankheit auftrat, vor einem Syndrom stehen, einer Immunschwäche, die prozentual viele Fixer betrifft, aber Fixer leben im allgemeinen ungesund und riskant, dann merkwürdigerweise die Schwulen, die sich doch oft durch ein eher hohes, sogar übertriebenes Gesundheitsbewußtsein auszeichnen, man würde sich fragen, ist es Poppers, die Droge, die fast ausschließlich in der Jugend- und Schwulenszene genommen wurde, oder wird, oder haben die Schwulen, ängstlich auf Gesundheit, gutes und jugendliches Aussehen bedacht, wie es die eisernen Gesetze der Szene von einem jeden verlangen, sonstwie zu viele Drogen, Medikamente geschluckt, Abmagerungsmittel zum Beispiel, oder Anabolika wie die Body-Builders, die sich damit oft bleibenden Schaden zufügen, oder Antibiotika, Tranquilizer, Schmerzmittel, oder einfach «etwas gegen die Depression»? Allmählich würde das Syndrom, dessen Ursache niemand kennt, nach dessen Erreger man vergeblich geforscht hätte, auf die normale, vorwiegend heterosexuelle Bevölkerung übergreifen, der unbestimmte Verdacht, es könnte sich um eine sexuell übertragbare Krankheit handeln, würde fallengelassen, denn die normale heterosexuelle Bevölkerung, vielleicht 90% der Gesamtbevölkerung, davon ein Prozentsatz, über den ich mich lieber nicht äußern möchte, tatsächlich im engeren Sinn sexuell aktiv, lebt bekanntlich festverpaart monogam, in einer ausschließlichen Zweierbeziehung. Auch die ursprüngliche Annahme, daß es sich um eine schwule Krankheit handelt, die paar Fixer könnte man gleich mit dazuzählen, müßte allmählich fallengelassen werden – es würden ohne Zweifel auch verwegene Annahmen, Hypothesen diskutiert, wonach diese geheimnisvolle Krankheit eben nicht eigentlich die Schwulen, sondern das Schwule an jedem Menschen, an gewissen Menschen zumindest, befällt. Sollte sich diese abenteuerliche Unterstellung, und daran ist kaum ein Zweifel möglich, im allgemeinen Bewußtsein durchsetzen, wäre die Folge eine ungeheure grundlose Angst, gepaart und verstärkt durch ebenso grundlose Schuldgefühle, schuldlos im Doppelsinn des Wortes, abgründig und ohne reale Ursache – die verheerendste Paarung von Existenzangst, Weltangst, Lebensangst und Todesangst und von Sozialängsten, die man sich denken kann.

Also denn doch lieber Virus und Test, mit allen heiklen und zum Teil entsetzlichen Folgen, welche die beiden ohne Zweifel rein wissenschaftlich großartigen Entdeckungen, Entwicklungen für Gefährdete und Befallene, für die Betroffenen haben.

Vergessen wir nicht, daß es an einem Faden hing, daß die heute Aids genannte Krankheit Grids getauft worden wäre, gay related immunodeficiency syndrome, auf amtsdeutsch, mit Schwulsein, oder mit schwulem Verhalten, das eben ist die Frage, verhängtes oder verbundenes Krankheitsbild. Klingt, wenige Jahre danach schon, wie ein sehr, sehr schlechter Witz. In San Francisco, zusammen mit New York, der Stadt mit dem höchsten bekannten prozentualen Aidsbefall der Welt, gilt Aids schon heute als family disease, als eine Krankheit, welche ganze Familien betreffen kann, ohne Rücksicht auf Alter und Geschlecht.

Die Fakten sind bekannt, sie sollen hier nicht im einzelnen wiedergekäut werden, zur Zeit in der Schweiz generell etwa drei von Tausend testpositiv, 10 Prozent in Gefängnissen, gegen 20 Prozent der Schwulen, 50 Prozent der überhaupt zu erfassenden FixerInnen. Ansteckend sind ausschließlich Samenflüssigkeit und Blut.

Weltweit soll es so etwas wie 30 000 Aidskranke geben oder etwas mehr – keine sehr eindrucksvolle Zahl, wenn man, nur zum Beispiel, mit den 100 000 Säuglingen und Kleinkindern vergleicht, die jährlich allein im Smog von Mexico City sterben – Mexico ist, zumindest scheinbar, weit weg, wer von uns kennt schon einen mexikanischen Säugling persönlich, vor allem aber scheint es sehr viel leichter zu sein, auf Sex zu verzichten als auf Autofahren, auf die wahnsinnigen Raumtemperaturen, die noch immer an vielen Orten erheizt werden, auf alle die sinnlosen Gadgets, die unsere Verschleißindustrie herstellt, eine Kampagne gegen Sex läuft auch ungleich weniger Gefahr, von mächtigen Kartellen, endlich vom Staat abgewürgt zu werden als eine Kampagne gegen lebensfeindliche, zu guter Letzt lebensgefährliche Konsumgewohnheiten, weder Frauen und Mädchen noch pubertierende Jungen sind immer und überall Freiwild, das wären Übertreibungen, aber die Sexualität ist es, über, vor allem gegen, die menschliche Sexualität kann jederzeit und überall alles überhaupt Ausdenkbare geäußert werden, straflos, kaum angefochten, nur zaghaft widersprochen, mit Applaus aus den Bänken der Mächtigen, über die Rolle der sogenannt christlichen Kirchen in den letzten zweitausend Jahren möchte ich mich nicht äußern. Sexualität hat keine Lobby.

Natürlich, Sexwelle, sexuelle Befreiung, ich weiß, ich bestreite es nicht, bezweifle es nicht einmal, es gibt oder gab sogar so etwas wie sexuellen Leistungsdruck, der für manchen sensiblen Jungen, manche nachdenkliche junge Frau zuviel werden konnte, man war in der Tat, eine Zeitlang zumindest, gegen sexuelle Gruppenzwänge kaum mehr durch eine noch so oberflächliche, noch so heuchlerische, noch so doppelte Moral geschützt. Und dennoch, falls wir Heutigen, und gelegentlich sieht es fast so aus, glauben sollten, wir hätten die Sexualität erfunden, täuschen wir uns, es ist weniger die Frage, was in der Öffentlichkeit diskutiert, erwartet und vertreten wird, als was tatsächlich geschieht und geschah.

Wir haben nicht einmal die Verhütungsmittel erfunden, die alten Ägypterinnen sollen sich eine bestimmte Art eines feinen Nilgrases in die Vagina gestopft haben, sie erreichten anscheinend ihren Zweck, was ihre Männer dabei zu spüren bekamen, steht auf einem andern Blatt.

Dennoch, es ist ungeheuer viel geschehen in den vergangenen vielleicht dreißig Jahren, besonders was die Emanzipation der Frau betrifft, die Schwangerschaftsunterbrechung wurde zwar nicht legalisiert, aber immer öfter legal durchgeführt, ein uneheliches Kind wird ungleich leichter akzeptiert als früher, die Sexualität als solche, ohne den Zweck der Fortpflanzung, wurde gesellschaftlich nicht bloß geduldet, ich würde eher sagen, gefördert, selbstverständlich nicht nur als eine Möglichkeit der Befreiung und der Selbstverwirklichung, ziemlich offentsichtlich vielmehr auch als eine Art Überlebenstechnik in einer Welt, die immer perfekter verwaltet, weder brutaler noch grausamer wurde, konnte sie kaum mehr, aber unmenschlich im Sinne von immer totalerer Verfremdung, man steckte in unüberblickbaren Arbeitsprozessen, die eigene Tätigkeit mußte vom Einzelnen als sinnlos erfahren werden, die Kleinfamilie in der komfortablen Blockwohnung, einer Art von Batteriehaltung, entpuppte sich weniger als Lebensgrundlage denn als Käfig, dem nur noch durch rücksichtslose Flucht oder Selbstmord überhaupt zu entweichen war, der Staat hatte spätestens in den Auseinandersetzungen der Jahre um 1968, im wirtschaftlichen Hochboom seine Würde endgültig verloren, das hinderte ihn nicht, seine, nennen wir sie Einwohner immer straffer an die Kandare zu nehmen, das Zahlen von Steuern war nun wirklich keine freie Bürgerleistung mehr, die mit einem gewissen Stolz erbracht wurde, sondern ein nackter Zwang, die Zwecke des Staatshaushaltes wurden immer fragwürdiger und undurchschaubarer, endlich kamen Tschernobyl und die Sandoz-Katastrophe – keineswegs unerwartet, aber abschreckend eben doch. Blieb als Freiraum, als Spielwiese, als ein Ort, wo ein Mensch, er selbst sein, eine Menschin sie selbst, oder fast, oder wenigstens etwas von ihren Wünschen, Trieben, Träumen realisieren durfte, die genaugenommen nichts als selbstverständliche Ansprüche, Rechte der wunschbesessenen Träumer waren, die mehr oder weniger befreite Sexualität.

Man durfte, in den siebziger Jahren, zur hohen Zeit der Pille, zur Zeit einer erstaunlichen und möglicherweise seit dem Altertum nie mehr dagewesenen Akzeptanz des Schwulseins, als einige Jahre lang bisexuell sogar eine Mode wurde, anspruchsvollere Frauen zogen die bisexuellen Männer den heterosexuellen, etwas stureren Typen vor, dann kam die Softie-Welle, was abschätziger klingt, als ich es je meinen würde, denn das Androgyne, der Kindfraujunge, gehört zu den ältesten Mythen und Phantasien der Menschheit, die extremeren Haltungen der Feministinnen tendieren offen auf lesbische Liebe – man durfte, wollte ich eigentlich sagen, an Sex ohne Angst vorübergehend glauben.

Und dann kam Aids. Keine sehr häufige Krankheit vorläufig, nicht einmal sonderlich ansteckend, wie man weiß, und dennoch angsterzeugend wie nichts, eine Bedrohung für jeden Einzelnen, eine Bedrohung an dem Ort, wo, wie angedeutet, die letzten Freiräume waren, eine Bedrohung weniger des Lebens als biologischer Tatsache, des puren atmenden Vorhandenseins, als eine Bedrohung der Sexualität, und die Sexualität war zur Zuflucht, zu einem Reservat des wahren, auch vegetativen, animalischen, körperlichen, fleischlichen, seelischen Lebens geworden, in einer zu Tode verwalteten Welt, einer offensichtlich nekrophilen, einer lustlosen mutmaßlichen Selbstmordgesellschaft.

Lustfeindlich war diese Gesellschaft nördlich der Alpen und in den USA vor allem anderen, die wahnsinnigsten Orgien wurden geduldet, wenn sie nur lustlos genug waren, und sie waren es – nicht unbedingt unbefriedigend, der Nutzen einer rein körperlichen Befriedigung wurde durchaus eingesehen, diese Befriedigung konnte, wenn der Mensch schon ein Es-Wesen, Triebwesen, oder was immer zumindest auch war, in die Pläne und Logistik einer Leistungsgesellschaft eingebaut werden, aber zur Lust, wie ich sie verstehe, gehören zwei Dinge dazu, die der Leistungsideologie absolut widersprechen, das Spielerische und die Erfüllung. Diese angeblich nachindustrielle, gelegentlich auch postmodern genannte Gesellschaft lebt bestimmt weder vom spielerischen Element im Menschen noch von einer wie auch immer gearteten Erfüllung, sie lebt vielmehr von deren krassestem Gegenstück, von Zwang und Frustration, besinnungsloser Arbeitsdisziplin und ständiger Unerfülltheit, genaugenommen wird ein Suchtverhalten angestrebt und auch erreicht, der suchthafte Arbeitsmensch, nicht umsonst sprechen die Angloamerikaner vom Workaholic, dem Arbeitsalkoholiker, dem Arbeitssüchtigen, dessen Droge eben die Arbeit ist, die ihn sich selbst vergessen läßt, wie jede andere Droge auch, ein gewisser Prozentsatz von anderen Süchtigen, Alkoholikern, Medikamentenabhängigen, Fixern wird in Kauf genommen – sie alle sind nicht nur Verfemte, Außenseiter, Ausgestoßene, sie stellen vielmehr auch bewunderte, heimlich beneidete Vorbilder, Paradigmen des gesellschaftlich erwünschten und erzwungenen allgemeinen Suchtverhaltens dar, nicht ohne weiteres wird ein Arbeitstier von seinem Suchtmittel, der Arbeit, so total körperlich abhängig wie ein Fixer von seinem Heroin, ein echter Alkoholiker von seinem Stoff, der eine jedoch auch vom Akt des Spritzens, der andere von dem ungeheuerlichen Akt des maßlosen Trinkens – da wären wir schon näher beim Akt des unbesehenen und grenzenlosen Tuns. Ohne eine gewisse, perfekt übergeordneten Zielen untergeordnete suchthafte Arbeitswut läßt sich eine hochtechnisierte Gesellschaft weder aufbauen noch erhalten, noch, falls das ihr wahres, innerstes, verschwiegenstes Ziel sein sollte, wirksam zerstören. Niemand wird bestreiten, daß die Atombombe, die neuerdings wohl Kernbombe heißen muß, in Übereinstimmung mit der Kernenergie, und wieviel Bedeutung steckt in dem Wort Kern-Bombe für eine Endzeitwaffe, die keiner Verteidigung, keinem wie auch immer definierten strategischen Ziel mehr zu dienen vermag, nur noch der Vernichtung, niemand wird anzuzweifeln wagen, daß die Kernbombe eine großartige wissenschaftlich-technologische Errungenschaft war, Rückschlüsse sind eher gestattet auf das Wesen dieser Wissenschaft und Technologie.

Ich fühle mich außerstande, die Zukunft der Sexualität außerhalb der Zukunft dieser Welt zu sehen, das einsame, in einem mühseligen Begattungsakt sich abstrampelnde Menschenpaar am Tag danach gehört nicht zu meinen bevorzugten Visionen, die überstürzte Wiederbevölkerung, Wiederbesiedlung der verstrahlten Territorien würde zu nichts als zu lebensunfähigen Mutanten, zu Mißbildungen und Monstren führen.

Gehen wir aber vernünftigerweise von einer Zukunft ohne Atomschlag aus – da steht uns *safer sex* ins Haus, die Vision einer Menschheit, die keinen Sex ohne Angst mehr kennt, wo ständiges Mißtrauen zwischen Sexualpartnern herrschen wird, weil es herrschen muß, das Virus kennt bekanntlich keine Moral, aber es ist drauf und dran, die älteste und haarsträubendste Sexualmoral wieder zu erzwingen – am Ende steht die nicht sehr beglückende Vision einer begattungswütigen Menschheit, von oben bis unten verpackt in Gummischutz und Plastikhüllen, denn selbstverständlich gibt es nicht nur dieses eine potentiell tödliche Aids-Virus, es gibt wohl auch nicht nur diese eine Immunschwäche, man darf annehmen, daß wir auf eine allgemeine Immunschwäche, eine allgemein erhöhte Infektionsanfälligkeit zugehen, mit jedem Atemzug, mit jedem Bissen nehmen wir Substanzen auf, von denen hinlänglich bekannt ist, daß sie kein Immunsystem stärken, somit wird jeder Partner, jede Partnerin zu einer Gefahr, weil nun einmal jedes Individuum ein Bazillen- und Virusträger ist.

Meine Leser werden sagen, du kannst lachen mit deinen bald sechzig, ich lache aber nicht, ich denke, man sollte in meinem Alter ohne viel Sex auskommen, das stimmt jedoch nicht, ich habe auch einmal gemeint, in meinem Alter sollte man mit einem positiven Test leben können, auch das trifft überhaupt nicht zu. Dennoch ist eine pessimistische Zukunftsvision selbstverständlich für junge Leute ungleich schlimmer als für alte, mit einer

Lebenserwartung von zehn, fünfzehn Jahren sollte diese entsetzliche und faszinierende Welt zu bestehen sein, wie aber sieht es für junge Menschen aus, die noch fünfzig, sechzig Jahre vor sich haben, das entzieht sich menschlicher Vorstellung.

Bei der Safer-Sex-Kampagne sollte man meines Erachtens unterscheiden zwischen einer allgemeinen Prävention, die plakativ zu sein hat, die, brutal gesagt, mit Prozenten rechnen darf, und der individuellen Beratung, wo es darum geht, dieses bestimmte Einzelmenschenwesen vor Gefahren zu bewahren. Die Generalprävention wird mit gutem Gewissen den geschützten Verkehr propagieren dürfen, im Klartext gesagt, den Pariser, das Kondom für vaginalen und analen Sex, safer, nicht safe Sex, ein hinlänglicher, kein absoluter Schutz beim vaginalen Akt für beide, beim analen Sex für den aktiven Partner, möglicherweise jedoch nicht für den passiv-analen Partner. Die Analschleimhaut, mit und ohne die vielzitierten kleinen Verletzungen, scheint um ein Vielfaches empfänglicher zu sein als die Vaginalschleimhaut, noch etwas geringer ist die Empfänglichkeit des Penis, sehr gering dürfte die Infektionsempfänglichkeit der Mundschleimhaut sein. Deshalb empfehlen viele amerikanische Autoren Verzicht auf Analverkehr. Anal ist weder für Hetero- noch für Homosexuelle die einzige, alleinseligmachende sexuelle Aktivität, wenn auch anal für manche die absolute Befriedigung darstellt. Junge Menschen, die eben in die bunte Welt des Sexuellen, des Partner-Sex, einsteigen, sollten besser mit anal gar nicht anfangen, sich gar nicht erst daran gewöhnen, die Fehler und Versagermöglichkeiten sind einfach zu groß, meiner persönlichen Meinung nach. Und es handelt sich nicht um eine lebenslängliche Versagung, eher um eine Frist, ein Moratorium, in drei, vier Jahren werden wir mehr wissen und, was Aids betrifft, alles anders sehen.

Dann gibt es auch immer wieder den einen, einzigartigen Augenblick, wo eine Frau, ein Mann die Gefahr in Kauf nimmt, aus Liebe oder aus einer augenblicklichen Ergriffenheit, alles riskiert, die ganze Fülle von Liebe, Sexualität und Schlaf und Tod erfahren will, auch das ist jeder und jedes Einzelnen freier Entschluß, nur muß jede und jeder Einzelne wissen, was sier tut, auf sich nimmt, riskiert.

Anhang

EDITORISCHE NOTIZ

Die vorliegende Ausgabe gründet auf einer Auswahl aus dem umfangreichen Nachlaßbestand. Im Vordergrund stand dabei die Absicht, wichtige ungedruckte Texte und bedeutende, verstreut erschienene Beiträge in einem Band zugänglich zu machen; zugleich wurde versucht, die Themen und ihre Gewichtung in den nachgelassenen Schriften angemessen wiederzugeben.

Nicht aufgenommen wurde *DRÖX,* dessen Länge den Rahmen dieses Essaybandes gesprengt hätte. *DRÖX* ist ein Werkbericht zu Walter Vogts Drogenzeichnungen und ein aufschlußreicher Essay im Zusammenhang mit dem Roman *Erinnern und Vergessen* (1980). Der Werkbericht ist 1986 als selbständige Publikation im Kurt Salchli Verlag, Bern, erschienen.

Angesichts der oft disparaten Entstehungsdaten thematisch zusammengehörender Texte wurde auf eine chronologische Reihenfolge verzichtet. Dagegen schien eine inhaltliche Gliederung sinnvoll: sie erleichtert die Übersicht und ermöglicht die gegenseitige Erschließung von Texten.

Die Ausgabe folgt in Text und Schreibweise der letzten Manuskriptfassung ungedruckter Texte und – mit Ausnahme der im Verlag «Die Arche» veröffentlichten Reden und Predigten – dem Erstdruck bereits erschienener Beiträge. Korrigiert wurden lediglich offensichtliche Druckfehler.

Beim Essay «Mensch Adamatom», in dem Vogt acht selbstgestellte Fragen zu seinem literarischen Engagement beantwortet, handelt es sich um eine Erstveröffentlichung. Weitere programmatische Erklärungen finden sich u.a. in «Warum schreiben Sie?», in: *Der Schweizer Buchhändler,* 2/1968, S. 33–48. Von seinem Aufenthalt in Kalifornien als «Swiss writer in residence» an der University of Southern California berichtet Vogt in: «Leben an der USC» (*Neue Zürcher Zeitung,* April 1978), «Südkalifornisches Nirwana» (*Neue Zürcher Zeitung,* Juni 1978) und «Mein Los Angeles» (*Tages-Anzeiger Magazin,* September 1978).

Über die unter dem Titel «Reden und Predigten» versammelten Beiträge hinaus zeugen u.a. die Radiosendung «Zeitraster 2», die im Mai 1970 von Radio DRS ausgestrahlt wurde, der Artikel «Maulender Prophet», der im April 1977 in der *Basler Zeitung* erschien und der Zeitschriftenartikel «Die Zeit Jesajas» in *du,* Heft 12/1979, von Vogts beachtlichem theologischem Wissen. Dennoch verstand er sich ausdrücklich als Laie. Die Reaktionen auf seine Reden und Predigten, die zum Teil durchaus auf Provokation angelegt waren, hält Vogt erstmals in den Ausgaben des Arche-Verlags fest. Die letzte Predigt, «Dein Reich komme», die in den *Lokal-Nachrichten Muri* erschien, war dem Lyriker und Theologen Professor Rudolf Bohren zum 60. Geburtstag gewidmet. Bohren hatte «Legion ist mein Name» in seiner Reihe *Predigt im Gespräch* herausgegeben. Mit der Verantwortung des Menschen gegenüber der Schöpfung, die Vogt in «Dein Reich komme» behandelt, befaßt er sich in den späten siebziger und in den achziger Jahren häufig, vorab in seinem Tagebuchroman *Altern,* aber auch in Erzählungen und in Zeitungskolumnen.

Vogts allseits bescheinigte Rednerbegabung widerspiegelt sich nicht zuletzt in der Zahl der gehaltenen Vorträge. Neben den unter dem Stichwort «Kultur» abgedruckten Reden enthält der Nachlaß u.a. einen Vortrag vor Deutschlehrern am Gymnasium Interlaken (1977), eine Ansprache an der Generalversammlung des Verbandes deutscher Schriftsteller in Dortmund (1977), im weiteren sprach Vogt anläßlich der Vernissage von Margrit Linck in der Galerie Kornfeld, Bern, (1979; vgl. auch S.

328 des vorliegenden Bandes), zur Eröffnung der Berner Buchhändlerschule (1985), zur Eröffnung einer Berner Buchhandlung (1985), etc. Das im Anschluß an «polapola» etwas unvermittelte Zitat aus dem Prosaband *Metamorphosen,* der im Jahr zuvor erschienen war, ist Teil der Ansprache. Zur Tischrede «Kurt Marti D.h.c.» – «D.h.c.» war nach Vogts Meinung die unter Theologen übliche Abkürzung für den Ehrendoktortitel, der Kurt Marti von der Universität Bern verliehen worden war – bemerkt der Pfarrer und Schriftsteller: «Walter Vogt unterlag hier einem Irrtum! Die Abkürzung «D.» für Dr. ist in der deutschen Schweiz auch unter Theologen nicht üblich. Das ist ein deutscher Akademismus. In der Schweiz heißt ein Dr.theol. immer Dr.theol., also auch ein Dr.theol.h.c.» Weitere Schriftsteller, zu denen Vogt öffentlich Stellung nimmt, sind u.a. Friedrich Dürrenmatt, mit dem ihn eine langjährige Freundschaft verband, und Robert Walser. Gleich drei Artikel erschienen zum 100. Geburtstag von Robert Walser im April 1978: «Der Gehülfen-Zögling» in *Vorwärts,* «Robert Walser – neu gelesen» in der *Neuen Zürcher Zeitung* und der in die Sammlung aufgenommene «Robert Walser – eine Erinnerung». Über Dürrenmatt, auf den Vogt in seinem Werk oft bezug nimmt, schrieb er anläßlich der Feier für Dürrenmatts 60. Geburtstag (in *Alinea* 1/1981), auch verteidigte er das Theaterstück *Porträt eines Planeten,* das bei der Kritik durchgefallen war (in *Vaterland,* Juni 1969), und er rezensierte die *Stoffe I–III* in einer Radiobesprechung des Südwestfunks im Oktober 1981.

In den gesellschaftskritischen und politischen Artikeln des Nachlasses fällt insbesondere Vogts Verständnis für die unruhige Jugend und seine Sorge um eine zunehmende zerstörte Umwelt auf. Vogt betrachtete es als ein Glück, die Pariser Studentenunruhen im Mai 1968 an Ort und Stelle miterlebt zu haben. Im eigenen Land verfolgte er die gesellschaftlichen Umwälzungen selbstredend mit Interesse. In «Agora» (Juni 1968) und «L'état de siège» (Juli 1968), zwei der Kolumnen, die er vom Dezember 1967 bis zum Juni 1978 für die Basler *National-Zeitung* schrieb, setzte er sich anläßlich der Zürcher «Globus-Krawalle» für eine tolerante Haltung von Bevölkerung und Behörden ein, und im August 1968 wandte sich Vogt nach einem fragwürdigen Polizeieinsatz anläßlich eines Pop-Konzerts in Zürich in einem offenen Brief an den Stadtpräsidenten. 1970 ließ sich Vogt als Kandidat für den Berner Großrat zur Wahl stellen, doch es blieb beim Wunsch nach größeren politischen Einflußmöglichkeiten. Vom Januar 1978 bis November 1979 schrieb Vogt in unregelmäßigen Abständen Kolumnen für den Berner *Bund*. Die Kolumnen befassen sich vorwiegend mit Umweltthemen. In «Zurück» (Juni 1978) – Vogt war eben aus Kalifornien zurückgekehrt – bedauert er die Ablehnung der Initiative für zwölf autofrei Sonntage, und in «Demokratie à la Swiss» (Februar 1979) plädiert er für die Annahme der sogenannten «Atomschutzinitiative», die dann, wenige Wochen vor dem Reaktorunfall in Harrisburg, mit großer Mehrheit verworfen wurde. Dem Thema Natur- und Landschaftsschutz, das Vogt auch in den abgedruckten Artikeln «Zehn Jahre» und «Versuch, durchs Fenster zu sehen» aufgreift (bei «C.» in letzterem handelt es sich um den Schriftsteller Christoph Geiser), widmete Vogt die Kolumnen «Umweltkultur» (Januar 1978) und «Leben und Überleben» (März 1979).

Kritik am ungebremsten wirtschaftlichen Wachstum und am blinden Fortschrittsglauben übt Vogt nicht nur in seinen literarischen Werken, auch in zahlreichen medizinischen Artikeln – am deutlichsten vielleicht im abgedruckten Beitrag «Das telegene Herz». Unmittelbarer Anlaß für diesen Aufsatz war, wie einer handschriftlichen Notiz zu entnehmen ist, die 1. Schweizer Herztransplantation, die am 14. April 1969 von Åke Senning am

Universitätsspital Zürich durchgeführt wurde. In «Arzt und Autor» äußert sich Vogt zu *Wüthrich* (s. editorische Notiz der Werkausgabe Bd. 1), «Autodafé» vermittelt Hinweise zur Entstehung des Buches *Maskenzwang* (1985). An dem in «Autodafé» geäußerten Satz «Ich hasse gesunde Menschen» nahm ein Arzt aus Langenthal Anstoß (Schweiz. Ärztezeitung 41/1985, S. 1870):

Schon dieser Satz – vorgetragen vor einer andächtig lauschenden ärztlichen Zuhörerschaft – erregt im unbefangenen Leser ein Unbehagen, das sich bei der eingehenderen Lektüre des Vortrags noch verstärkt. Wie kommt ein Arzt dazu, einen solchen ungeheuerlichen Satz auszusprechen? Haßt ein Arzt gesunde Leute, so haßt er auch die Gesundheit an sich. Was will denn ein solcher Arzt überhaupt? (...) Warum beschreibt denn eigentlich Walter Vogt ... diese seine eigene Verirrung und trägt sie der Ärzteschaft vor? Offenbar sucht er mit seiner ichbezogenen und selbstmitleidigen Darstellung die Anteilnahme und vielleicht sogar die Zustimmung seiner Kollegen – und offenbar findet er sie tatsächlich.

Vogt in seiner Duplik (ebda., S. 1871–2):

Im Kontext meiner Ansprache bezieht sich der Satz auf mein «Mißtrauen gegenüber einer staatlich oder gesellschaftlich verordneten Bürgertugend», und dieses Mißtrauen habe ich wirklich... (...) Nur um himmelswillen nicht mit der Krankheit leben! Dabei ist das Kränkste an unserer Zeit eben gerade ihr puristischer, perfektionistischer Gesundheitswahn...

Neben dem Thema Altern, das u.a. im gleichnamigen Tagebuchroman von 1981 und im abgedruckten Vortrag «Die Stellung des alten Menschen in unserer Gesellschaft» aufgegriffen wird, ist Aids das wichtigste Thema der letzten Jahre. Vogt trat der Berner Aidshilfe ein halbes Jahr nach ihrer Gründung im Dezember 1985 bei und präsidierte sie vom April 1987 an bis zu seinem Tod. Über Aids schrieb Vogt Artikel wie «Drogen und Aids: Wo liegt der Unterschied?» (in: *Basler Zeitung,* Juli 1987), er hielt Vorträge – etwa «Drei Kreise des Grams», eine Ansprache anläßlich der Verleihung des Großen Literaturpreises des Kantons Bern am 18. Oktober 1986 – und von Aids handelt auch das Stück *Die Betroffenen,* das kurz nach seinem Tod in Zürich uraufgeführt wurde.

Kurt Salchli

QUELLEN

«Mensch Adamatom». Manuskript. Dezember 1971.

«Ein Schriftsteller in Los Angeles», in: *Wir Brücken-bauer,* Zürich, Nr. 24, 16. Juni 1978, S. 11.

«Vorrede», in: Walter Vogt, *Die Schizophrenie der Kunst,* Verlags AG Die Arche, Zürich 1971, S. 9–15.

«Die ganze Gemeinde ist heilig». Laienpredigt 1. September 1968, Matthäuskirche Bern, in: Walter Vogt, *Die Schizophrenie der Kunst,* Verlags AG Die Arche, Zürich 1971, S. 17–32.

«Das manipulierte Glück». Rede 19. Oktober 1968 an der Informationstagung für Pädagogen und Gestalter des Schweizerischen Werkbundes Zürich, in: Walter Vogt, *Die Schizophrenie der Kunst,* Verlags AG Die Arche, Zürich 1971, S. 33–59.

«Legion ist mein Name». Laienpredigt 1. September 1969, Gellertkirche Basel, in: Walter Vogt, *Die Schizophrenie der Kunst,* Verlags AG Die Arche, Zürich 1971, S. 61–79.

«Die Schizophrenie der Kunst». Rede 28. September 1969 anläßlich des VI. Internationalen Kolloquiums der Société de la Psychopathologie de l'Expression in Linz, in: Walter Vogt, *Die Schizophrenie der Kunst,* Verlags AG Die Arche, Zürich 1971, S. 81–98.

«Zu den einzelnen Reden», in: Walter Vogt, *Die Schizophrenie der Kunst,* Verlags AG Die Arche, Zürich 1971, S. 99–112.

«Mein Sinai-Trip». Laienpredigt 14. November 1969 Vaduz, in: Walter Vogt, *Mein Sinai-Trip.* Mit einem Nachwort des Autors und des Pfarres, Verlags AG Die Arche, Zürich 1971.

«Dein Reich komme». Laienpredigt 3. Februar 1980 Muri bei Bern, in: *Lokal-Nachrichten Muri,* Muri, Nr. 12, 20. März 1980, o.p.

347

«Die Moral des Schreibens». Ansprache bei der Verleihung des Literaturpreises der Stadt Bern, Dezember 1966, in: *Der Bund,* Bern, Nr. 501, 23. Dezember 1966, o.p.

«Kurt Marti D.h.c. Tischrede gehalten von Walter Vogt», in: *Der Bund,* Bern, Nr. 290, 10. Dezember 1977, S. 39.

«Robert Walser – eine Erinnerung», in: *Der Bund,* Bern, Nr. 87, 15. April 1978, «Kleiner Bund» S. 1–2.

«pola-pola». Ansprache in der Hans-Huber-Galerie Bern anläßlich der Ausstellung «Polaroids von Walter Vogt 1981–1985» 1985, Manuskript.

«Anatomie des Holzbodens», in: *Zürcher Woche Sonntagsjournal,* Zürich, Nr. 19, 10./11. Mai 1969, S. 27.

«Versuch, durchs Fenster zu sehen». Manuskript. 1971.

«Zehn Jahre», in: *Der Bund,* Bern, Nr. 181, 5. August 1978, o.p.

«Tourist in Paris», in: *Neutralität.* Kritische Schweizer Zeitschrift für Politik und Kultur, hrsg. v. Paul Ignaz Vogel, Biel, Nr. 6, Juni 1968, S. 8–15.

«Arzt und Autor». Vortrag anläßlich der Jahresversammlung der Appenzeller Ärzte am 9. November 1967 in Herisau, in: *Schweizerische Ärztezeitung,* Bern, Nr. 6, 7. Februar 1968, S. 33–39.

«Das telegene Herz», in: *Reformatio,* Schaffhausen, Nr. 5, 1968, S. 295–301.

«Schreiben als Krankheit und als Therapie?» Manuskript (abgeschlossen 22.6.82). Vortrag im Gerontology Center, Boston University, November 1982.

«Autodafé», Vortrag gehalten am Jubiläumsakt zum 175jährigen Bestehen der Ärztegesellschaft des Kantons Zürich am 23. Mai 1985, in: *Schweizerische Ärztezeitung,* Bern, Nr. 35, 28. August 1985, S. 1574–1578.

«Die Stellung des alten Menschen in unserer Gesellschaft», Vortrag gehalten an der Jahresversammlung der Schweiz. Ärztegesellschaft für Psychotherapie (SAGP)

am 16. November 1985 in Bern, in: *Psychother. med. Psychol.,* Nr. 36, 1986, S. 323–326.
«Das Ende einer Epoche», in: *Magma.* Monatszeitschrift, Zürich, Februarheft 1987, S. 28–29.

NACHWORT

Je mehr Walter Vogt sich als eine Figur der literarischen Öffentlichkeit profilierte, desto häufiger wurde er nicht allein zu Lesungen, sondern ebenfalls zu Interviews, Referaten, Zeitungs- und Zeitschriftenbeiträgen eingeladen. Selten nur entzog er sich derartigen Aufforderungen. Schreiben ist, wie man weiß, eine einsame, auch einsam machende Arbeit. Der zeitlich oder räumlich direkte Kontakt zu Lesern oder Hörern war deshalb ein willkommener, oft stimulierender Ausflug aus der bücherschreibenden Einsamkeit, kein sabbatischer allerdings, denn mit der Vorbereitung von Referaten, mit der Abfassung von Artikeln bürdete der Autor sich zusätzliche Arbeit und – wegen des Termindrucks – auch zusätzliche Unruhe auf. Dennoch und trotz gelegentlicher Klagen darf man, glaube ich, sagen, daß Walter Vogt diese Verpflichtungen nicht ohne Lust einging, sie meist auch mit Lust absolvierte, selbst auf jener Kirchenkanzel, wo ihn aufs Mal die Angst überkam, «der Gott Abrahams, Isaaks und Jakobs könnte mich verschlingen» («Zu den einzelnen Reden»). Nur dürfte selbst in dieser plötzlichen Angst lustvolle Spannung mitvibriert haben. Ich meine mich erinnern zu können, daß der Kanzelredner Vogt ein bißchen denn doch enttäuscht war, daß der biblische Gott ihn weder einer Verschlingung noch irgendeiner anderen spektakulären Bestrafung würdigen wollte. Er hätte sich einen dramatischer auftretenden Gott gewünscht und insgeheim wohl auch einen, der ihn, den herausfordernden Prediger, wichtiger genommen hätte. Ohnehin scheint sich in ihm eh' schon der Wunsch geregt zu haben, verschlungen zu werden, sich einer solchen Verschlingung lustvoll hinzugeben. Nietzsche hätte darin vermutlich einen Hang zum Dionysischen, zur Ekstase erkannt. Für Vogt war Nietzsche freilich keine Bezugsfigur, wohl aber Gottfried Benn, Schriftsteller und Arzt ebenfalls. Benns Briefwechsel mit Oelze war eine seiner späten Lieblingslektüren.

Wie Benn versuchte auch Vogt die eigene Triebstruktur, die eigenen Motivationen nicht in geisteswissenschaftlichen, sondern in medizinischen Kategorien zu erfassen. In seinem für Entzündungen anfälligen «Gedärme» glaubte er das Körperorgan gefunden zu haben, das sein Schicksal bestimmt, auch seine literarische Kreativität ausgelöst hat und so zum Organ seines Schreibens wurde. Gesundheit hielt er für einen unproduktiven, langweiligen Zustand («Ich hasse gesunde Leute»). Der Ausdruck «heillos gesund» hätte von ihm sein können, er ist jedoch von Strindberg. Ist Vogt Arzt geworden, weil er Patient war? Jedenfalls ist er als Arzt Patient geblieben, sein eigener und der seiner Arztkollegen und -kolleginnen. Dank seiner unablässig reflektierten Patientenerfahrung muß er *seinen* Patienten ein verständnisvoller Arzt und Psychiater gewesen sein.

Müßig wäre es wohl zu fragen, ob Vogts Selbstdiagnose objektiv zutraf, ob er an sie auch wirklich geglaubt hat. Tatsache bleibt, daß er mittels dieser diagnostischen Theorie sich selbst ebenso erklären wollte wie erklären konnte, wofür es in der vorliegenden Textauswahl manche Belegstellen gibt.

In der Regel brilliert Walter Vogts Gedankenführung durch eine keck dosierte Mischung von Spiel und Ernst. Es machte ihm durchaus Spaß, die Leser oder Zuhörer zu verblüffen, zu provozieren, mindestens aber in ihren Lebens- und Denkgewohnheiten zu verunsichern. Daß oft gerade in lustvoll geschliffenen Pointierungen Abgründe aufgerissen, scheinbar aber gleich darauf wieder überspielt werden, verrät eine Neigung zu spitzbübischer Clownerie, doch auch eine fast jünglingshafte Scheu, ja Ängstlichkeit, die sich mit der Maske alterter Keckheit zu schützen wußte. Ich verwende das Wort «Maske» hier

keineswegs in pejorativer Absicht, vielmehr in Anknüp-
fung an die ursprüngliche Bedeutung des Begriffs «per-
sona», Person, was bekanntlich Maske bedeutete. «Maskenzwang» heißt denn auch ein Spätwerk Vogts.

Dem Jungen, dem Jüngling, der er einst gewesen, hat
Walter Vogt, je älter er wurde, stets intensiver nachgetrau-
ert, nachgesonnen, hat diesen Jungen und Jüngling
gesucht, beschworen, hat sein Bild auf Gott projiziert,
wie z. B. in dem langen, psalmartigen Gebet 1 zur Predigt «Legion ist mein Name», wo er vom «Ewigwährenden» u. a. sagt:

ich stelle ihn mir vor wie einen Jungen im Schwimm-
bad
groß
mit kräftigen Händen
einem wilden Mund
und mit einem phantastischen Mutterkomplex
mit dieser schrecklichen Sehnsucht nach kühlenden
Händen und einem blauen Tuch…

Der Junge im Schwimmbad: Projektionsfigur ebenfalls,
denn im «phantastischen Mutterkomplex» ist unschwer
Vogts eigener Komplex zu erkennen, der ihn zeitlebens
begleitet hat und schließlich zur nicht minder phantastischen Vorstellung mutierte, der stets wieder eiternde
Darm – das «federführende Organ»! – sei gewissermaßen
sein Kind und die jahrzehntelange Erfahrung mit dem
kranken Hohlorgan so etwas wie «die Erfahrung der
Frau» («Autodafé»). Jedenfalls glaubte Vogt, der ununterbrochene «Umgang meines Gehirns mit meinem kranken Eingeweide» habe zuletzt selbst seine «psychisch-
sexuelle Identität» verändernd mitbestimmt, so daß er
sich mit literarischen Frauenfiguren von Tennessee Williams und Erich Nossack identifiziert und sich, Prosa
schreibend, erstmals in die Rolle einer Ich-Erzählerin

habe versetzen können («Schreiben als Krankheit und als Therapie?» / «Autodafé»). Ich bin nicht Psychiater, könnte mir aber denken, daß Vogts Äußerungen über sich selbst interessantes Material zur Erforschung schicksalsbestimmender Mutter-Sohn-Bindungen enthalten. Nur – was soll's? In diesem Band der Werkausgabe geht es um den Autor Vogt, um das Geheimnis seiner Autorschaft, um die viel- und feinfädigen Verbindungen zwischen psychischer Struktur und literarischer Produktion. Und in dem allem immer auch um die Beziehung eines Schriftstellers zur Öffentlichkeit.

Erstaunlich die Offenheit, mit der Vogt schließlich über sich selbst zu sprechen wagte! Seine Gelegenheitstexte, auch die für diesen Band aus einem weit umfangreicheren Nachlaßbestand ausgewählten, sind zumeist Selbsterforschungen, Selbstbekenntnisse. Worüber er auch immer schrieb und sprach, er schrieb und sprach von sich selbst. Es ist wahr, das tut wohl jeder Autor, nur tun es nicht alle so offen, so obsessionell, auch so gescheit wie Vogt. Er wußte das Spiel von Selbstentblößung und Selbstverhüllung in vielen Varianten durchzuspielen, verschieden je nach Ort, Zeitpunkt, Publikum. Freilich, und auch seltsam: Je mehr Vogt von sich preisgab, desto mehr schien er gleichzeitig auch zu verschweigen. So unverblümt er im Rückblick z. B. von seiner Drogenabhängigkeit sprechen konnte, so verblümt blieben die Andeutungen, die sich auf die Entdeckung und die Erfahrungen seiner Homosexualität beziehen. Neben der noch fehlenden Distanz mag dabei auch verständliche Rücksicht auf seine Umgebung eine Rolle gespielt haben. Jedenfalls wußte er seine Selbstenthüllungen klug zu dosieren, die jeweilige Öffentlichkeit richtig einzuschätzen. Er war viel zu intelligent, um sich unbedacht, blindlings der Öffentlichkeit preiszugeben. Auch warnte er vor voreiligen Kurz- und Rückschlüssen mit der Erklärung: «Ich mache mich sehr bewußt zu einem

Personnage, zu einer literarischen Figur meiner selbst – zum Objekt eines kleinen privaten Forschungsprogramms» («Autodafé»). Selbststilisierung also? Doch was wäre die Alternative? «Man kann die Wahrheit nicht sagen, natürlich nicht» («Die Moral des Schreibens»). In ähnliche Richtung weist der Bescheid: «Verstehen Sie Ihr Werk als eine Herausforderung? Oder als Zeitkritik? Ich selbst verstehe mein Werk überhaupt nicht» («Mensch Adamatom»). Das ist nicht bloß Koketterie, sondern Abwehrreflex gegen Fragen, die dazu verleiten, mehr oder sogar anderes zu sagen, als man redlicherweise sagen kann. In seiner besonderen Art war Vogt ein radikaler Wahrheitssucher. Deshalb hat er sich auch nie auf eine bestimmte Wahrheit endgültig festlegen lassen.

Max Frisch verstand – «verharmlosend», merkt Vogt an – Öffentlichkeit als Partner. Bei Dürrenmatt, Muschg und bei sich selber aber sah Vogt etwas anderes unverhüllt zu Tage treten: «Öffentlichkeit als Sucht». Leider ist diese Formulierung, weil mißverständlich, nicht eben glücklich. Aber man errät, was gemeint ist, welche Erfahrung dahinter steht. Vogt hatte die Gabe, Gedanken, Situationen, Personen mit schnellen, wenigen Sätzen charakterisieren zu können. Ab und zu stolperte er über die eigene Formulierungsfertigkeit. Oder er karikierte, ohne karikieren zu wollen. Unverkennbar auch die Neigung zu apodiktischen Behauptungen. Meist stand er eben unter dem Druck von Terminen – doppelt belastend bei seinem Doppelberuf – und unter dem Druck des eigenen Formulierungszwanges, «der so vital sein kann wie die physiologische Notwendigkeit zu atmen oder zu essen» («Vorrede»).

Glaubte Vogt an die Möglichkeit, mit seinem Schreiben, Reden öffentliches Bewußtsein bewegen oder gar verändern zu können? Nein, er glaubte nicht daran. Darum wollte er seine Beziehung zur Öffentlichkeit als Suchtverhalten verstanden haben, nicht als Dialog mit einem Partner resp. einer Partnerin (auch Frisch ist hier ja ein Lapsus unterlaufen, ein patriarchaler sozusagen!). Illusionslos also: «Ich glaube ganz einfach, daß so ein Vortrag nichts bewirkt» («Das manipulierte Glück»). Ohnehin gelte für heutige Schriftsteller: «Uns trägt kein Volk» («Schreiben als Krankheit und als Therapie?»). Durch solche Sätze hindurch schimmern Bennsche Formulierungen vom «Ausdruckszwang», von der Einsamkeit und Wirkungslosigkeit der Kunst. Warum hat Vogt sich dennoch stets wieder als Redner, als Prediger oder als Essayist, Kolumnist, Feuilletonist gewinnen lassen? Zunächst: weil er Lust dazu verspürte (auch sie gehört ja zur «Sucht»). Zudem schätzte er wahrscheinlich die Ehre, die ihm mit dergleichen Anfragen, Aufträgen erwiesen wurde. Und zweifellos waren ihm Gelegenheiten willkommen, wo er vis-à-vis eines bestimmten Publikums (einer Zeitung, einer Tagung, einer Kirchgemeinde) seine Denk- und Formulierungskunst erproben und geschmeidig erhalten konnte, in intellektuellen und verbalen Fitnessübungen gleichsam.

Dachte Vogt nicht generell an «Öffentlichkeit», sondern z.B. an einzelne konkrete Hörer und Hörerinnen, war er dann doch nicht mehr ganz wirkungsungläubig und konnte einräumen: Der «innere Formulierungszwang befreit sich in der Rede, und wenn die Rede gut war, hat sie auch die Zuhörer von unformulierbaren Gedankenzwängen befreit» («Vorrede»). Dies immerhin dürfte Vogt bisweilen gelungen sein: Zuhörer und Leser aus ihren unformulierbaren Gedankenzwängen ins Wagnis eines offeneren, unkonventionelleren Denkens herauszuholen, insofern also anzuregen, Gespräche, Diskussionen anzuzetteln. So fällt z.B. etwa auf, daß den anfänglichen Attacken aus Kreisen der Arztkollegen mit den Jahren immer mehr Einladungen folgten, vor Ärzteversammlungen zu sprechen. Ganz ohne jede Wirkung scheinen Vogts Bücher, Auftritte, Artikel denn doch nicht gewesen zu sein. Allerdings: Bestimmte und meist ja relativ kleine Öffentlichkeitssegmente machen noch lange nicht aus, was die Soziologie (die Vogt nie sehr ernst nahm) «Gesellschaft» nennt. Skeptischer als junge 68er und obgleich er doch die Mai-«Revolution» 1968 in Paris «live» miterlebt hatte («Tourist in Paris»), hütete sich Vogt davor, das Wort «Gesellschaftsveränderung» ebenfalls modisch nachzuplappern. Schon damals hielt er Veränderungen, die lautlos in der Natur vor sich gehen, für weitaus folgenschwerer, auch für die gesellschaftliche Entwicklung. Deswegen glaubte er nicht an eine gesellschaftsverändernde Wirkung der Literatur im allgemeinen und der seinen im besonderen – schon gar nicht in einem Lande wie der Schweiz: «Die Schweiz als Ganzes ist das, was man ein echoloses Milieu nennt» («Anatomie des Holzbodens»). Wie der Irre gelte auch der Künstler hier nicht als Mutation zukunftwärts, sondern als «Übriggebliebener», als «ein erratischer Block in einer Häuschen- und Gärtchenwelt» («Schizophrenie der Kunst»). Man kennt diese Klagen nachgerade. Ihre Häufigkeit bedeutet allerdings nicht, daß sie unberechtigt sind, im Gegenteil. Dennoch dachte Vogt nie daran auszuwandern. Von seinen Auslandsaufenthalten her wußte er, daß es anderswo zwar anders, aber nicht auch schon besser ist. Vor allem aber hatte er erfahren, daß er anderswo derselbe blieb wie hier in der «Häuschen- und Gärtchenwelt», wo er trotzdem sein Leben und Schreiben zu einem ungewöhnlichen Abenteuer machte, als Täter und Opfer zugleich: «Ich war ein Produkt dieser selbstzerstörenden Welt. Nichts Eigenständiges. Nichts Besonderes. Einer von vielen. Ungern genug» («Auto-dafé»).

Muß noch unterstrichen werden, zum Schluß, daß Walter Vogt, der Redner, ausgesprochen eloquent war? Er sprach ein perfektes Bühnenhochdeutsch. Als Gymnasiast hatte er es bei Margarethe Schell-Noé gelernt. Seine

Vorträge, Referate waren von urbaner Eleganz, zumal die Sätze meist entsprechend zugeschliffen waren und der Referent durchaus einen Sinn für pointierte Effekte hatte. Ihm zuzuhören war ein Genuß, kein Wunder, daß er als Redner gesucht war. Gerade in der deutschen Schweiz fiel er mit seinem rhetorischen Talent, selten auch unter Schriftstellern, jedenfalls auf. Von diesen Live-Auftritten Vogts vermögen die Vortragstexte selbstverständlich kaum einen Eindruck zu vermitteln. Immerhin lassen manche Textpassagen oder Satzperioden aber die Freude an Rhetorik und Eloquenz erahnen. Wie gesagt: Vogt trat durchaus lustvoll vor das jeweilige Publikum. Doch was überlebt, überdauert, sind Texte.

Kurt Marti

INHALT

Der Verlag dankt der Stiftung Pro Helvetia, der Stadt
und dem Kanton Bern sowie der Gemeinde Muri für
die Förderung dieses Werks.

© 1992 Verlag Nagel & Kimche AG, Zürich / Frauenfeld
Umschlag von Urs Stuber
unter Verwendung eines Fotos von Peter Friedli
und eines Bildes von Salvador Dalí
Alle Rechte der Verbreitung, auch durch Film, Funk
und Fernsehen, fotomechanische Wiedergabe, Tonträger jeder Art
und auszugsweisen Nachdruck, sind vorbehalten
ISBN 3-312-00163-00164-1

Doris Halter, geb. 1941. Arbeitete nach dem Studium der Anglistik und Germanistik in mehreren Verlagen, war langjährige Lektorin Walter Vogts beim Verlag «Die Arche», Zürich, und beim Benziger-Verlag, Zürich. Ist heute als Psychotherapeutin tätig.

Kurt Marti, geb. 1921. Pfarrer und Schriftsteller. Schrieb u.a. *republikanische gedichte,* 1959; *gedichte am rand,* 1963; *leichenreden,* 1969; *Abratzky oder Die kleine Brock-hütte,* 1971; *Paraburi.* Eine Sprachtraube, 1972; *Zum Beispiel: Bern 1972,* Ein politisches Tagebuch, 1973; *undereinisch.* gedicht ir bärner umgangsschprach, 1973; *Zärtlichkeit und Schmerz.* Notizen, 1979; *Ruhe und Ord-nung.* Aufzeichnungen, Abschweifungen 1980–1983, 1984; *Tagebuch mit Bäumen,* 1985; *Die gesellige Gottheit.* Ein Diskurs, 1989; *Högerland.* Ein Fußgängerbuch, 1990.

Kurt Salchli, geb. 1960. Buchhändler und Verleger. Betreut seit dem Tod von Walter Vogt das Archiv in Muri bei Bern, in dem der literarische Nachlaß aufbewahrt wird. Kurt Salchli wurde von der Erbengemeinschaft Walter Vogt als Nachlaßverwalter eingesetzt.

EDITIONSPLAN DER WERKAUSGABE

Theaterstücke und Hörspiele	Die Königin des Emmentals (1967)
	Spiele der Macht (1970)
	Typhos (1973)
	Pilatus vor dem schweigenden Christus (1974)
	Amos, Gott und sein Prophet (1979)
	Jesaja (1981)
	Die Betroffenen (1988) und andere (Band 9)
Herbst 1993: Erzählungen I	Der Vogel auf dem Tisch (1968)
	Husten (1965)
	Der Irre und sein Arzt (1974)
	Unveröffentliche Erzählungen (Band 6)
Frühjahr 1994: Prosa, Aphorismen, Gedichte	Alle Irrenhäuser sind gelb (1967)
	Klartext (1973)
	Metamorphosen (1984)*
	Gedichte, Aphorismen (Band 8)
Herbst 1994: Romane III	Vergessen und Erinnern (1980)*
	Altern (1981)* incl. unveröffentl. Teile (Band 3)
Frühjahr 1995: Erzählungen II	Die roten Tiere von Tsavo (1976)
	Booms Ende (1979)*
	Maskenzwang (1985)*
	Der Garten der Frau des Mannes ... (1987)*
	Unveröffentliche Erzählungen (Band 7)
Herbst 1995: Romane V	Das Fort am Meer (unveröffentlicht) (Band 5)

* = geplant als Lizenzausgabe

Walter Vogt
Wüthrich · Der Wiesbadener Kongreß
Werkausgabe, erster Band
Romane I

Wüthrich

«Das Gespräch zwischen Professor Wüthrich und seinen
Assistenten beweist einen ungemeinen Sinn dafür, wie man
mit Sprache Masken setzt, Masken herunterholt und die Verlegenheit mit Lachen überbrückt. Da schaut dann einer
vom Kaliber des Docteur Knock herein.»
(Werner Weber)

Der Wiesbadener Kongreß

«Gewiß, da ist das Spiel auf die Spitze getrieben, ein ganz
und gar unernstes Spiel zweifellos; aber es deutet auf unheimliche Möglichkeiten: auf Leerläufe purer Wissenschaftsgläubigkeit, auf Spiele der Macht und auf Prestigekämpfe, auf
das Auseinanderklaffen, möglicherweise, von wissenschaftlicher Qualifikation und Verstand. Die leicht und elegant
geschriebene Geschichte hat Fußangeln.
Auch das spricht für sie.»
(Neue Zürcher Zeitung)

Walter Vogt
Melancholie · Schizogorsk
Werkausgabe, zweiter Band
Romane II

Melancholie

«*Wo Entspannung und Literatur zusammentreffen, spricht
man von einem Glücksfall. Walter Vogt liefert solche Glücks-
fälle. Legitime, schöne Kriminalfälle, eingebettet in eine
satirische Erzählprosa, die originell ist, ohne es absolut zu
wollen, und ausgestattet mit skurrilen, ebenso amüsanten
wie unheimlichen Figuren. Das liest sich spannend wie
Wasser – bis man des Hinterhältigen gewahr wird und das
exzellente Buch dann noch mehr genießt.*»
(Norddeutscher Rundfunk)*

Schizogorsk

«*In seinem Roman ‹Schizogorsk› verknüpft der Psychiater
und Schriftsteller Walter Vogt eine wendungsreiche Krimi-
nalhandlung mit dem scharfen Röntgenblick auf menschliche Hintergründe und schweizerische Wirklichkeit. ‹Schizogorsk›, der Deckname für das Dorf Zweispältigen, meint
eine Welt, die die Ursachen für Schizophrenie in sich
enthält, auch und gerade in dem, was
sich als ‹normal› gibt.*»
(LNN)*